新能源汽车产业 ESG发展报告

（2024）

北京艾迪智联科技有限责任公司
浙江极氪智能科技有限公司 ◎组 编

人民邮电出版社
北京

图书在版编目（CIP）数据

新能源汽车产业 ESG 发展报告. 2024 / 北京艾迪智联
科技有限责任公司，浙江极氪智能科技有限公司组编.
北京：人民邮电出版社，2025. -- ISBN 978-7-115
-65742-8

Ⅰ. F426.471

中国国家版本馆 CIP 数据核字第 20242Y0R83 号

内 容 提 要

随着绿色低碳发展成为全球共识，新能源汽车因其具有天然的低碳属性和减碳优势，已成为交通领域低碳转型和实现"双碳"目标的重要路径。将 ESG 理念和实践融入新能源汽车产业，是促进新能源汽车产业高质量发展以及承担更多社会与环境责任的重要抓手。因此，对新能源汽车产业进行摸底、梳理、研究，分析目前我国整个新能源汽车产业的 ESG 发展全貌，可为我国新能源汽车产业及其 ESG 的发展提供新的思路。本书共 6 章，分析了新能源汽车产业 ESG 发展态势，介绍了披露准则、评级机构、第三方检测机构、专业院校、法律服务、碳足迹管理等支撑和保障体系，梳理了 ESG 评级模型和碳足迹模型，为新能源汽车 ESG 评级、碳排放管理等制定科学依据，列举了典型的企业实践，可为其他企业的发展提供可借鉴的经验和启示，总结了国际 ESG 发展经验，展望了 ESG 的未来发展。

本书既可作为高等学校汽车工程和可持续发展管理等相关专业的硕士研究生或高年级本科生的教材，也可作为新能源汽车产业、金融机构、环保组织等领域从业人员的参考书。

◆ 组　　编　北京艾迪智联科技有限责任公司
　　　　　　浙江极氪智能科技有限公司
　责任编辑　刘盛平
　责任印制　马振武

◆ 人民邮电出版社出版发行　　北京市丰台区成寿寺路 11 号
　邮编　100164　电子邮件　315@ptpress.com.cn
　网址　https://www.ptpress.com.cn
　固安县铭成印刷有限公司印刷

◆ 开本：710×1000　1/16
　印张：16.75　　　　　　　　　2025 年 1 月第 1 版
　字数：273 千字　　　　　　　2025 年 1 月河北第 1 次印刷

定价：99.80 元

读者服务热线：**(010)81055410**　印装质量热线：**(010)81055316**
反盗版热线：**(010)81055315**
广告经营许可证：京东市监广登字 20170147 号

本书编委会

中国电子节能技术协会

北京绿色交易所有限公司

深圳市国际低碳发展研究院

必维国际检验集团

琦威质量检验认证（北京）有限责任公司

新世纪检验认证有限责任公司

中环联合（北京）认证中心有限公司

北京市炜衡律师事务所

中国国新基金管理有限公司

北京艾迪智联科技有限责任公司

浙江极氪智能科技有限公司

宁德时代新能源科技股份有限公司

氢动力（北京）科技服务有限公司

当前，全球面临着前所未有的环境挑战和可持续发展压力，新能源汽车作为绿色出行的重要载体，正快速改变着交通生态与能源结构，引领着全球能源消费结构的深刻变革，并成为应对气候变化的关键力量。在这一波澜壮阔的改革进程中，ESG 理念在全球范围内的广泛传播与深入实践，不仅为新能源汽车产业注入了新的活力，也为全球可持续发展目标的实现提供了重要支撑。

ESG 强调企业的长远发展与社会责任的履行。对于新能源汽车产业而言，ESG 不仅是对企业自身发展的要求，更是对整个产业生态的塑造与引领。在环境维度，新能源汽车产业通过电动化显著降低汽车使用环节的碳排放，减轻环境污染，为提高空气质量、保护生态环境作出了积极贡献；同时，新能源汽车产业重视电池、电机、电控等关键零部件及充换电基础设施等产业链上下游的绿色升级，推动汽车全产业链向低碳环保方向转型。在社会维度，新能源汽车产业重视实现社会价值，包括产业升级、促进就业、创造经济增长点等；开发推广智能网联技术以提高出行便利性和驾驶体验，为政府部门提供更加高效、精准的交通管理策略，推动社会文明进步。在治理维度，越来越多的新能源汽车企业重视公司治理结构，提高管理水平和运营效率，加强信息披露和沟通，提升市场透明度和投资者信心。这些努力不仅有助于企业自身的发展壮大，也为整个产业树立了良好的治理典范，凸显了 ESG 理念对新能源汽车产业发展的非比寻常的正向影响。

然而，也必须清醒地认识到，新能源汽车产业在 ESG 发展过程中仍面临着诸多挑战和问题。例如，新能源汽车的全生命周期碳排放需进一步降低，特别是在电池生产、回收处理等环节，仍存在较大的环境压力；新能源汽车企业在 ESG 实践、信息披露以及风险管理等方面仍存在不足，部分企业对 ESG 理念的认识不够深入，缺乏系统的 ESG 管理体系和有效的执行机制。此外，我国尚未搭建新能源汽车产业 ESG 披露和管理的方法学和标准体系。

面对这些挑战和问题，新能源汽车产业需要继续深化 ESG 理念在产业发展中的融合与应用，推动产业向更高质量、更可持续的方向发展。未来还需在以下方面努力：继续加强技术创新和产业升级，降低新能源汽车产业全生命周期的碳排放，减轻环境污染；积极履行社会责任，加强信息披露和沟通，提升市场透明度和投资者信心；加强国际合作与交流，推动全球 ESG 标准的统一与协调，构建符合国情的标准体系；社会各界力量应携手并进，形成合力，共同推动新能源汽车产业的可持续发展。

在此背景下，启动《新能源汽车产业 ESG 发展报告（2024）》的编纂与出版，是顺应新能源汽车产业发展的重要举措。该书不仅为全面了解新能源汽车产业在 ESG 领域的最新进展和发展趋势提供了宝贵的资料与参考，更为深入思考如何推动新能源汽车产业向更高质量、更可持续的方向发展提供了有益的启示与借鉴。

我相信，在全球各经济体共同的努力下，新能源汽车产业将成为推动全球能源结构转型和经济社会绿色发展的重要力量；未来将会有更多的新能源汽车企业加入 ESG 发展的行列，将 ESG 理念融入企业的战略规划和日常运营，共同推动新能源汽车产业的可持续发展。我更相信，只有那些真正关注环境、社会和治理的企业，才能在未来的竞争中立于不败之地。

柳昱信

2024 年 11 月

新能源汽车产业以其独特的减碳属性,已成为推动汽车产业转型升级、调整全球能源消费结构、促进可持续发展的重要力量。然而,新能源汽车产业的快速发展也伴随着一系列新的挑战,如供应链绿色化、生产过程的节能减排、产品全生命周期的碳足迹管理等。在此背景下,将ESG理念融入新能源汽车产业的发展战略中,不仅有助于提升企业的社会责任感和品牌形象,更能促进整个产业链的绿色低碳转型,为实现全球气候目标贡献力量。

本书旨在全面梳理并深入分析新能源汽车产业在环境、社会与公司治理三大维度的最新进展、面临的挑战及未来趋势,为行业内外提供一份权威、前瞻、专业的参考指南。本书共6章,每章要点如下。

第一章为产业环境,概述了新能源汽车产业ESG的意义、发展态势、问题与挑战以及应对措施,为理解中国新能源汽车产业在全球格局中的位置提供了重要视角。

第二章为技术服务,梳理了ESG披露准则、评级机构、第三方检测机构、专业院校、法律服务以及碳足迹管理等为ESG发展提供的支撑和保障。

第三章为评级体系,构建了汽车产业ESG评级模型和碳足迹模型,为新能源汽车产业的ESG评级、全生命周期碳排放核算提供了科学依据,也为企业提升ESG表现、实现可持续发展提供了重要参考。

第四章为企业实践,通过具体案例展示了新能源汽车企业在ESG实践中的积极探索和显著成效。浙江极氪智能科技有限公司、氢动力(北京)科技服务有限公司、宁德时代新能源科技股份有限公司等企业的成功实践,不仅为行业树立了标杆,也为其他企业提供了可借鉴的经验和启示。

第五章为国际经验,通过分析地区和行业的实践与经验,提供了更为广阔的视野与深刻的启示,为推动国内新能源汽车产业ESG发展提供了有益的参考与借鉴。

第六章为未来展望，在前文分析的基础上，对新能源汽车产业 ESG 发展的未来趋势进行了展望。在政策法规体系的不断完善、金融与投融资的大力支持以及碳交易市场的有力推动下，新能源汽车产业 ESG 发展将迎来更加广阔的空间和更加美好的前景。

本书的编纂与出版是新能源汽车产业界、学术界及其他社会各界共同努力的结果。本书致力于为我国新能源汽车产业 ESG 发展以及可持续发展目标的实现贡献一份绵薄之力。同时，也衷心希望广大读者能够从中获得有益的启示与帮助，共同携手推动新能源汽车产业向着更加绿色、可持续的未来迈进。

本书主要内容是在工业和信息化部装备工业发展中心指导下完成的。本书的编写得到了中央财经大学、首都经济贸易大学、中国汽车技术研究中心有限公司、中国汽车工程研究院股份有限公司、中汽信息科技（天津）有限公司、中国消费品质量安全促进会汽车工作委员会、中国电子节能技术协会、北京绿色交易所有限公司、深圳市国际低碳发展研究院、必维国际检验集团、琦威质量检验认证（北京）有限责任公司、新世纪检验认证有限责任公司、中环联合（北京）认证中心有限公司、北京市炜衡律师事务所、中国国新基金管理有限公司、北京艾迪智联科技有限责任公司、浙江极氪智能科技有限公司、宁德时代新能源科技股份有限公司、氢动力（北京）科技服务有限公司等数十家高校、机构和企业的大力支持与帮助，在此表示衷心的感谢。

由于编者水平有限，书中难免存在疏漏和不足之处，敬请广大读者批评指正。

目录 CONTENTS

第四章　企业实践

第五章　国际经验

第六章　未来展望

附　录

参考文献

第一章
产业环境

本章概述了新能源汽车产业在环境、社会与治理（environmental, social and governance，ESG）领域的发展态势。ESG理念倡导企业注重环境友好、社会责任及公司治理，与可持续发展、"双碳"目标相辅相成。在国际方面，欧盟、美国、日本等在新能源汽车产业的ESG政策、评级和投融资方面均有积极进展。欧盟通过多项法规加强ESG信息披露和碳足迹追踪；美国虽面临反ESG运动，但仍积极推动新能源汽车产业发展；日本则通过税收减免和补贴等措施支持新能源汽车产业。我国自2005年左右开始关注ESG，近年来在政策推动下，新能源汽车产业在ESG领域发展迅速，ESG信息披露率和评级覆盖率已经相对较高，但还面临一系列问题和挑战。未来，需要进一步完善ESG标准体系，加强信息披露和第三方鉴证，以寻求新能源汽车产业与ESG的融合发展，推动整个汽车产业向绿色低碳和可持续发展目标迈进。

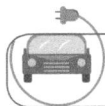

第一节　概述

李方正

工业和信息化部装备工业发展中心科技创新处副研究员，北京艾迪智联科技有限责任公司总经理

2004 年，在联合国全球契约组织（United Nations Global Compact，UNGC）支持下发布的《在乎者即赢家》（*Who Cares Wins*）报告中首次提出了 ESG 的概念。ESG 是"可持续发展"理念在企业微观上的具体体现，意在倡导企业在发展过程中注重环境友好、社会责任以及公司治理等方面的工作，引导资本将追逐利益与追求社会价值相结合。ESG 跟"双碳"目标是整体与局部的关系，也是长期与短期相辅相成的关系，二者的结合将促进 ESG 和"双碳"目标的实现。一方面，由于人类所面临的气候变暖威胁，"双碳"目标的实现成为 ESG 中的关键议题之一；另一方面，"双碳"目标的提出正在引领着 ESG 的发展。

我国 ESG 起步于 2005 年前后。党的十八大以来，我国持续将生态文明建设摆在突出位置。ESG 在国内的萌芽体现在"绿水青山就是金山银山"这样以环境保护为导向的层面。直至 2020 年我国在第 75 届联合国大会上首次提出碳达峰碳中和目标，即"双碳"目标，才推动我国 ESG 进入高速发展阶段。2021 年，中共中央和国务院发布《中共中央　国务院关于完整准确全面贯彻新发展理念做好碳达峰碳中和工作的意见》，同年，国务院发布《2030 年前碳达峰行动方案》。这两个纲领性文件和其他具体行业的碳达峰实施方案共同构建起目标明确、分工合理、措施有力、衔接有序的碳达峰碳中和"1+N"政策体系。2022 年，党的二十大报告中提出"积极稳妥推进碳达峰碳中和"，"双碳"目标已经纳入我国国家重大战略和生态文明建设的整体布局。然而，我国"双碳"治理面临着经济结构转型、人口基数大、能源需求大、低碳技术仍然处于起步阶段等挑战。

2018 年 9 月，中国证券监督管理委员会（简称"中国证监会"）修订《上市公司治理准则》，首次确立了 ESG 信息披露的基本框架。2022 年 4 月，中国证监会发布了《上市公司投资者关系管理工作指引》，要求上市公司就 ESG 事项对投资者进行说明。2024 年 4 月，上海证券交易所、深圳证券交易所和北京证券交易所发布了《上市公司可持续发展报告指引》，我国有望进入 ESG 信息强制披露时代。

新能源汽车具有独特的低碳属性和减碳优势，是我国推进交通领域低碳转型和可持续发展战略的重要方向。从产业规模、产业链、技术创新和贸易出口方面来看，新能源汽车产业已取得了显著的成绩，是确保其在 ESG 领域快速发展的重要前提和优势。其中，在产业规模方面，新能源汽车产销量持续保持快速增长态势，中国汽车工业协会数据显示，截至 2023 年年底，我国新能源汽车产销量分别为 958.7 万辆和 949.5 万辆，同比分别增长 35.8% 和 37.9%，保有量达到 2041 万辆，新能源汽车已成为我国汽车市场的重要组成部分；新能源汽车产销量连续 9 年位居全球第一，我国已成为全球规模最大、影响力最大的新能源汽车市场。在产业链方面，我国已建立起相对完整和自主可控的新能源汽车产业链体系，包括整车制造和电池、电机、电控等零部件的生产，特别是在动力电池领域，基本实现了 100% 自主可控，固态电池也有望实现量产应用。在技术创新方面，自动驾驶、车联网等智能网联技术取得了显著的进展，2024 年工业和信息化部公布了首批自动驾驶 L3/L4 级别准入和上路通行试点名单，我国新能源汽车产业的发展正在进入更高级别的自动驾驶功能阶段。在贸易出口方面，中国汽车工业协会数据显示，2023 年我国新能源汽车出口量达到 120.3 万辆，同比增长 77.2%，创历史新高。其中，欧洲市场是主要出口地区，出口量占总量的 38%，其他地区如亚洲、南美洲和北美洲的出口也实现了显著增长。出口规模的显著增长和出口地区遍布全球，体现了我国新能源汽车在全球市场强劲的竞争力。

伴随着新能源汽车产业的高速发展，其 ESG 发展也呈现积极态势。一是新能源汽车产业 ESG 信息披露率和评级覆盖率相对较高。目前，我国新能源汽车上市公司 ESG 及可持续发展报告披露率已超过八成，获得国际 ESG 评级的比例也接近八成，越来越多的新能源汽车企业自愿披露 ESG 信息。二是新能源汽车产业 ESG 表现正逐渐向好。许多新能源汽车企业在减少碳排放方面采取了多项措施，如加大绿电能源使用比例、提高生产运营过程中的节能减排能力等，有效降低了企业的二氧化碳排放量；还有部分企业开始打造可持续供应链，并披露相关认证信息，万得（Wind）数据显示，2021 年至 2023 年披露可持续供应链信息的企业比例从 3.39% 增长至 11.86%，每年以翻倍的速度在增长。三是设立 ESG 治理架构的企业比例也有显著提升，万得数据显示，2021 年，32.2% 的新能源汽车企业披露了 ESG 治理架构信息，到 2023 年，已有 62.71% 的新能源汽车企业设立 ESG 治理架构，搭建和完善 ESG 治理架构已成为大部分新能源汽车企业的选择。

虽然新能源汽车的 ESG 发展已取得阶段性成果，但是仍然存在许多问题和挑战，例如，尚未形成完善的 ESG 管理体系和评级标准体系，ESG 信息披露率高但第三方鉴证率低，ESG 披露报告质量参差不齐、披露渠道单一，部分新能源汽车企业尚未明确从董事会层面提出整体的 ESG 战略，且在生产过程中仍存在污染物排放、员工权益难以保障、公司治理不规范等方面的问题。针对这些问题和挑战，还需要通过完善新能源汽车企业的 ESG 标准体系、加强第三方机构对新能源汽车企业 ESG 信息的鉴证、推动新能源汽车企业强化 ESG 信息披露、推动 ESG 理念在企业内部的深入实施等具体措施来解决。

新能源汽车产业的崛起，不仅标志着全球汽车产业的一次深刻变革，更是人类社会向绿色低碳、可持续发展目标迈进的重要一步。在这一背景下，新能源汽车与 ESG 融合发展，将赋予新能源汽车产业广阔的发展空间和更加美好的发展前景。

第二节 国际新能源汽车产业ESG发展态势

柳学信

首都经济贸易大学工商管理学院教授，中国 ESG 研究院执行院长

王传丽

首都经济贸易大学工商管理学院博士研究生

ESG 是将环境、社会和治理议题融入商业模式和管理体系的理念和方法论，是一种评价企业环境、社会和治理的可持续绩效指标体系，鼓励企业从追求经济利益最大化到追求可持续价值最大化。践行 ESG 理念对新能源汽车产业发展具有重要意义。一方面，ESG 有助于新能源汽车产业顺应时代变化和政策导向需求，提高新能源汽车企业全球竞争力。以电力驱动的新能源汽车替代传统燃油汽车，可以大幅减少二氧化碳等温室气体的排放，践行 ESG 有助于企业在应对气候变化的全球行动中占据主动地位。此外，新能源汽车产业作为绿色经济的重要组成部分，践行 ESG 符合科学发展观、高质量发展和新发展理念等国家战略方向，有助于推动生态文明建设和实现"双碳"目标。另一方面，ESG 有助于新能源汽车产业满足利益相关者需求，促进新能源汽车产业可持续发展。对于投资者来说，ESG 有助于筛选优秀新能源汽车企业，提高投资效率并降低损失风险。ESG 评级在全球投资生态中扮演着"筛选投资标的"和"指引资金流向"的作用，ESG 评级高的企业往往在成本控制、生产效率、运营效率及公司风险管理和公司治理方面表现优异，体现出较强的竞争优势。对于供应链来说，良好的 ESG 表现有助于企业管理和筛选供应链企业，优秀的 ESG 表现有助于赢得客户。研究显示，超过 30% 的企业已经将 ESG 实践纳入其供应商评选和筛选流程，该比例预计将在未来 5 年内迅速增长。对于消费者来说，ESG 可能不仅仅代表企业的社会责任和社会声誉，更是了解品牌和品牌对比的重要感知手段，良好的 ESG 有助于提高

消费者对新能源汽车产业的认知，从而扩大新能源汽车产业的市场规模。

一、政策体系

随着全球对气候变化和环境影响的关注不断增强，新能源汽车产业正成为全球可持续发展的重要推动力量。各国及地区组织都在积极推动新能源汽车产业的发展，在减少传统燃油车辆碳排放的同时，有效改善环境、促进社会发展和提高公司治理水平。

（一）欧盟

欧盟作为全球范围内的 ESG 先行者和领导者，从新能源汽车的海关市场准入、新能源汽车供应链及关键原材料、车企内部治理与 ESG 要求以及用户隐私和数据保护等多层面提出更高的政策要求。例如，2022 年欧洲理事会通过《企业可持续发展报告指令》（Corporate Sustainability Reporting Directive，CSRD），旨在加强欧盟企业的 ESG 信息披露。对于碳足迹而言，2023 年欧洲议会通过《欧盟电池和废电池法规》，对电池回收、电池护照、碳足迹追踪以及制造商尽职调查等方面提出严苛要求。同年，欧盟理事会批准《2035 年欧洲新售燃油轿车和小货车零排放协议》（以下简称《协议》），就 2035 年原则上禁止销售燃油车达成共识。其中，《协议》重申了阶段和最终减排目标，2030 年到 2034 年，新销售小货车的二氧化碳排放量要在 2021 年水平上减少 50%，新销售燃油轿车的二氧化碳排放量要在 2021 年水平上减少 55%；2035 年起，新销售燃油轿车和小货车的二氧化碳实现零排放。为了在 2035 年达成停售燃油车的计划，欧洲各国针对新能源汽车产业提供了全方位、多层次的扶持政策。一方面，在税收上给予优惠或者减免征收，减少新能源汽车购买成本。例如，法国为纯电动车或燃料电池车提供最高 5000 欧元的补贴，德国为售价低于 4 万欧元的纯电动车提供 6750 欧元的补贴。另一方面，提供配套设施资助或补贴，降低新能源汽车的使用成本。例如，奥地利为 2023 年年底前购买新能源汽车基础设施的用户提供 600 ～ 1800 欧元的基础补贴，瑞典对家用电动汽车充电箱实行 50% 的税收减免。但是《协议》遭到意大利、德国等以内燃机汽车技术为主，拥有多个知名汽车品牌的国家的反对。因此，在 2023 年 3 月，欧盟委员会又达成一项协议，即欧盟同意 2035 年之后使用电子合成燃料（e-Fuel）的内燃机新车仍可以销售。电子合成燃料是由水和二氧化碳以及风光等绿电三者共同制成的合成燃料，例如光伏制甲醇。电子合成燃料的碳排放和碳回收可以在碳循环中实现平衡，但燃烧依然会产生有害排放，比如氮氧化物、一氧化碳、碳氢化合物，仍然依赖尾气后处理系统。使用电子合成燃料方案被认为是欧盟禁售燃油车的一个过渡举措，最终将会过渡到新能源汽车路线。

（二）美国

美国虽然是 ESG 重要的推动者和践行者，当前却迎来了日益高涨的反 ESG 运动浪潮，新能源汽车行业也同样受到 ESG 波动的影响。例如，2022 年特斯拉公司作为全球领先的电动汽车制造商被剔除出标普 500 ESG 指数，具体原因主要是种族歧视以及与特斯拉自动驾驶系统有关的事故。此事件引发了特斯拉公司股价下跌，导致特斯拉公司高管公开质疑 ESG 的合理性、科学性和存在价值。在碳足迹方面，2021 年，美国总统拜登签署行政命令提出，到 2030 年零排放汽车将占美国乘用车和轻卡新车销量的 50%。其中，零排放汽车包括纯电动汽车、插电式混合动力汽车和燃料电池汽车。这是迄今为止美国提出的最激进的新能源汽车政策，虽然不具有法律约束力，但它得到了通用、福特、斯特兰蒂斯、现代、丰田等美国及海外多个主流车企的普遍支持。同时，美国能源部协同环保署建立专门的公示平台，公示包括车辆型号、燃料经济性、年度燃料成本、能耗、温室效应气体排放等级等内容在内的数据和信息。新能源汽车碳足迹在各州的发展阶段不一，其中加利福尼亚州表现最为突出。加利福尼亚州计划将于 2035 年禁止销售装有内燃机的新车，2040 年公共汽车实现零排放，2045 年销售的中重型卡车全部为零排放汽车。美国政府采取了诸多举措来促进新能源汽车产业的发展，包括财政补贴、税收优惠、充电站建设等。例如，2021 年，美国总统拜登提出的《重建更好未来》法案获得众议院通过，其内容包括大力支持新能源领域，投入 5550 亿美元用于新能源行业发展；2022 年，美国总统拜登签署《减少通胀法案》，该法案的内容有：支持投资国内能源生产和制造业，包括对光伏电池板、风力发电机、电动汽车的税收抵免，以及降低污染对低收入社区的影响。

（三）日本

日本在新能源汽车产业 ESG 政策方面采取了综合性的措施，鼓励新能源汽车企业在经营中融入 ESG 理念，推动环境和社会责任的实践。其中，日本政府养老投资基金成为日本 ESG 发展的领导者，《尽职管理守则》和《公司治理守则》倡议则从尽职管理和公司治理两方面为 ESG 实践打下坚实基础，以支持企业在 ESG 方面的持续改善和投资。在碳足迹方面，日本政府最初将汽车电气化的重点放在氢燃料电池上，因此日本更青睐混合动力汽车，但也一直努力跟上全球新能源汽车的发展趋势。为此，日本政府发布了一系列新能源汽车产业政策，例如，《能源基本计划》和《日本再兴战略》中提出，到 2030 年国内新车销售的目标是 50%～70% 为新能源汽车。同时，日本在国土交通省设有公示平台，公示内容包括检测模式、实验条件下的燃油指标、不同路况的燃油指标、减排等级、指标达成情况等。此外，日本推出一系列税收减免奖励和补贴等新能源汽车扶持政策，以促进新能源汽车产业发展：一是推行绿色税制，在购置环节依据环保性能要求，降低节能环保车各环节税负；二是支持充电基础设施建设，提高新能源汽车使用便利性；三是对于私人和公共领域购买新能源汽车给予财政补贴。具体而言，经济产业省推出"清洁能源汽车导入补贴"，电动汽车补贴额度的大小与所购买车型的单次充电续航里程直接挂钩；日本政府对用于新能源汽车购买和用于新能源汽车基础设施建设相关的个人或者企业贷款适用降低利息的优惠政策；加强对充电基础设施的补贴，力争在 2030 年将充电桩的保有量提高到 18 万个。

二、ESG 评级

ESG 评级由商业机构和非营利组织共同创建，用以评估企业如何将其承诺、绩效、商业模式和组织架构与可持续发展目标相匹配。基于新能源汽车产业 ESG 信息披露的增加和 ESG 评级生态体系的完善，新能源汽车产业的 ESG 评级呈现整体向好的趋势，在环境管理和社会责任方面表现突出。摩根士丹利资本国际公司（Morgan Stanley Capital International，MSCI）（中文常称"明晟"）评级（2024 年 1 月 29 日数据）显示，在以特斯拉、梅赛德斯 - 奔驰为代表的 17 家全球头部上市汽车企业 MSCI 评级中，无车企获 AAA 评级；宝马汽车、本田汽车 2 家企业获 AA 评级，占比 11.76%；A 级及以上评级占比 35.29%，行业中位数分布于 BBB 评级；1 家企业（现代汽车）获 CCC 评级。值得一提的是，2022

年 5 月，特斯拉公司被剔除出标普 500 ESG 指数，2023 年 4 月被重新纳入标普 500 ESG 指数。此前，由于富时罗素（FTSE Russell）将"特斯拉工厂排放"也计算在其评级范围之内，因此富时罗素将特斯拉列为 ESG 最差评级。总体来说，虽然新能源汽车企业 ESG 评级不断完善，但也存在多个评级机构和评级标准的问题，评级结果的有效性、一致性和客观性仍有待提升。因此，加强 ESG 评级监管，建立利益冲突管理机制将是新能源汽车产业 ESG 发展的重要趋势之一。

三、ESG 投融资

ESG 投资指在投资研究实践中融入 ESG 理念，在基于传统财务分析的基础上，通过环境、社会和治理 3 个维度考察企业中长期发展潜力，推动资本流动和可持续发展。随着全球对气候变化和可持续发展的重视，新能源汽车产业吸引了大量 ESG 投资，且呈现快速增长趋势。2003 年成立于美国加利福尼亚州湾区的特斯拉公司，2020 年公司股价冲破 1000 美元关口，创上市以来新高，超越丰田集团成为全球市值最高的汽车公司。此外，由于新能源汽车具有资金和技术密集的行业特征，在上游环节涉及电池、新材料技术企业的发展，在中游涉及传统工业制造业，在下游环节连接互联网企业、充电及售后服务企业，且企业肩负着持续推动低碳环保的使命，在其投融资过程中会更加注重新能源开发、碳捕捉与封存等有益于环境的研发项目，因此更受到 ESG 投资人与投资机构的青睐。整体而言，ESG 投资发展迅速，且具备上万亿资金池，而新能源汽车产业拥有巨大的市场空间和成长潜力，仍需要更多的 ESG 投资。因此，吸引和加强新 ESG 投融资将是新能源汽车产业 ESG 发展的重要趋势之一。

四、发展趋势

汽车是重要的碳排放来源，科学计算汽车碳足迹是减少汽车产品碳排放的重要一环。因此，了解碳足迹以及形成国际互认的碳足迹核算体系，对于推动新能源汽车的国际贸易和高质量发展具有重要意义。在国际上，新能源汽车产业碳足迹不仅是推动企业减排的重要措施，也是全球气候变化行动和国际贸易的重要博弈领域。2023 年年初，全球电池联盟首次发布了电池护照概念验证成果，电池护照概念得到欧美国家的认可。根据《欧盟电池和废电池法规》，自 2027 年 2 月 18 日起，进入欧洲的大部分电池需持有电池护照，对电池相关的主要信息进行披露。其中，一份用户友好型电池护照需要记录电池和制造商信息、合规性和认证、碳足迹、供应链尽职调查、电池材料和成分、循环和资源效率、性能和耐久性等约 90 个强制性数据属性以及自愿建议，这将对我国新能源汽车及电池企业出口贸易产生重大影响。总体而言，加快碳足迹生态体系构建、制定产品碳足迹核算规则标准、建设碳足迹数据库、落实优化碳标签将是新能源汽车产业碳足迹发展的重要趋势。

第三节 国内新能源汽车产业ESG发展态势

吴胜男

中国汽车工程研究院股份有限公司政研咨询中心政策研究总监

刘 佳

中国汽车工程研究院股份有限公司高级研究员

李 恒

中国汽车工程研究院股份有限公司高级研究员

企业社会责任概念在 20 世纪 80 年代被引入我国，但前期均停留在理论研究层面。自 2005 年开始，我国正式将企业"承担社会责任"列入《中华人民共和国公司法》总则，并鼓励企业公布社会责任报告，企业社会责任管理体系建设进入新的发展阶段。2006 年，国家电网公司发布了我国本土企业的第一份社会责任报告，当年共有 12 家企业发布社会责任报告。2008 年起，在政策引导和产业绿色发展理念驱动下，我国汽车制造企业开始陆续发布社会责任报告以及制订社会责任战略行动计划，强化企业绿色战略转型。其中，上汽集团于 2009 年发布了《2008 年度社会责任报告》，是我国最早发布社会责任报告的整车企业。

随着国家"双碳"目标的提出，可持续发展理念由国家层面持续下探至企业层面，当前各大新能源汽车企业、零部件企业开始重视企业的环境信息披露，陆续对外发布可持续发展专项报告或 ESG 专项报告。目前，我国大部分涉及新能源汽车的整车企业（如比亚迪、吉利、广汽、上汽、理想、小鹏、蔚来、长城、极氪等）均发布了年度 ESG 报告或社会责任报告。整体来看，我国新能源汽车产业的 ESG 信息披露意愿较为积极。

一、政策体系

我国加快 ESG 信息披露体系建设，主要作用于上市公司、中央企业等。一方面，政府及监管部门多次对 ESG 信息披露作出重要部署。2021 年 5 月，生态环境部发布《环境信息依法披露制度改革方案》，明确建立健全环境信息依法强制性披露规范要求，同年 12 月至次年 1 月，生态环境部连续下发《企业环境信息依法披露管理办法》《企业环境信息依法披露格式准则》以规范企业环境信息披露规则。另一方面，国务院国有资产监督管理委员会（简称"国务院国资委"）、中国证监会、证券交易所等国家及行业机构陆续强化对企业 ESG、可持续发展信息披露的相关要求。2022 年 5 月，国务院国资委发布《提高央企控股上市公司质量工作方案》，力争央企控股上市公司实现 2023 年 ESG 报告全覆盖。2024 年 4 月，我国三大证券交易所——上交所、深交所和北交所正式发布上市公司可持续发展报告指引，要求上证 180 指数、科创 50 指数、深证 100 指数、创业板指数样本公司及境内外同时上市的公司应当最晚在 2026 年首次披露 2025 年度可持续发展报告，并鼓励其他上市公司自愿披露。

我国加快完善汽车产品碳足迹管理体系，鼓励机构将产品碳足迹纳入 ESG 评级指标。企业碳排放披露是 ESG 信息披露的重点内容，但随着我国汽车产业电动化发展提速，汽车碳排放正由燃料生命周期向车辆生命周期转移。因此，汽车全生命周期碳排放管理体系建设近年来成为我国重点工作任务。2021 年 9 月，《中共中央 国务院关于完整准确全面贯彻新发展理念做好碳达峰碳中和工作的意见》提出"制定重点行业和产品温室气体排放标准，完善低碳产品标准标识制度"。此后，各部委陆续发布产品碳足迹管理针对性政策，如 2023 年 1 月工业和信息化部等六部门联合发布的《关于推动能源电子产业发展的指导意见》中明确提出"开展电池碳足迹核算标准与方法研究，探索建立电池产品碳排放管理体系"。进入 2024 年，新能源汽车碳足迹管理体系建设更进一步。2024 年 5 月 22 日，生态环境部等十五部门联合发布《关于建立碳足迹管理体系的实施方案》，优先选取锂电池、新能源汽车等 19 类重点产品发布核算规则标准，同步探索建立碳足迹信息披露制度，鼓励投资机构和评级机构将产品碳足迹纳入 ESG 及可持续发展尽职调查。

二、ESG 评级

我国新能源汽车上市公司 ESG 及可持续发展报告披露率超过 80%，但第三方鉴证率低。截至 2023 年 9 月，我国新能源汽车产业共有 62 家上市企业，包括整车企业 20 家和零部件及其他相关企业 42 家。其中，有 50 家新能源汽车企业发布了 ESG 相关的信息披露报告，包括 19 家发布 ESG 报告、5 家发布可持续发展报告以及 26 家发布企业社会责任报告，披露率达 80.65%。但仅有 8 家新能源汽车企业在报告中明确说明并提供了第三方鉴证，仅占已发布 ESG 相关信息披露报告企业总数的 16%。相比之下，传统燃油汽车上市企业有 286 家，仅有 54 家企业发布了 ESG 相关的信息披露报告，披露率仅 18.88%，并且只有 1 家企业提供了第三方鉴证。可见，新能源汽车企业的 ESG 相关披露率远高于传统燃油汽车企业。

新能源汽车企业的 MSCI 评级主要集中在 BB 评级及以下，整车企业的评级优于零部件及其他企业。目前，国际上主要有 7 家评级机构，分别是明晟（Morgan Stanley Capital International，MSCI）、路孚特（Refinitiv）、晨星 Sustainalytics（Morningstar Sustainalytics）、汤森路透（Thomson Reuters）、全球环境信息研究中心（Carbon Disclosure Project，CDP）、富时罗素（FTSE Russell）、标普全球（S&P Global）。截至 2023 年 11 月，我国共有 46 家新能源汽车企业获得 MSCI 评级（评级从高到低排序为 AAA、AA、A、BBB、BB、B、CCC，AAA 和 AA 为领先水平，A、BBB 和 BB 为平均水平，B 和 CCC 为落后水平），覆盖率达到 74.2%。其中，2 家 AAA 评级（均为整车企业）、3 家 AA 评级（均为整车企业）、5 家 A 评级（2 家整车企业，3 家零部件企业）、2 家 BBB 评级、8 家 BB 评级、15 家 B 评级、11 家 CCC 评级。此外，晨星 Sustainalytics 和路孚特对我国新能源汽车企业的 ESG 评级覆盖率分别达到 71% 和 93.5%。

新能源汽车企业在国内的 ESG 评级优于零部件及其他企业。目前，国内主要有 6 家评级机构，分别是万得、华证指数、商道融绿、中证指数和盟浪。截至 2023 年 9 月，共 62 家新能源汽车企业获得万得 ESG 评级（评级从高到低排序为 AAA、AA、A、BBB、BB、B、CCC），覆盖率达 100%。其中，整车企业有 2 家获得 AA 级、7 家 A 级、8 家 BBB 级、3 家 BB 级，零部件及其他相关企业有 4 家获得 AA 级、13 家 A 级、15 家 BBB 级、8 家 BB 级、2 家 B 级。共 61 家获得华证指数 ESG 评级（评级从高到低排序为 AAA、AA、A、BBB、BB、B、CCC、CC、C）。其中，整车有 1 家获得 A 级、2 家 BBB 级、13 家 BB 级、4 家 B 级，零部件及其他相关企业有 4 家获得 A 级、11 家 BBB 级、12 家 BB 级、10 家 B 级、4 家 CCC 级。共 61 家获得商道融绿 ESG 评级（评级从高到低排序为 A+、A、A–、B+、B、B–、C+、C、C–、D）。其中，整车企业有 6 家获得 A– 级、8 家 B+ 级、6 家 B 级，零部件及其他相关企业有 1 家获得 A 级、11 家 A– 级、13 家 B+ 级、4 家 B 级、10 家 B– 级、2 家 C+ 级。

我国新能源汽车产业 ESG 评级整体表现亮眼，优于全球头部汽车企业，也远超中国 A 股上市公司平均水平。其中，在 MSCI 评级的 12 家中国上市新能源汽车企业中，有 2 家获 AAA 评级（理想汽车、小鹏汽车），占比 16.67%；A 评级为行业中位数，A 级及以上占比高达 58.33%；CCC 评级仅一家企业。

三、ESG 投融资

我国主流机构投资者正在加速拥抱 ESG。在政策推动、监管助力、理念普及等多重因素作用下，国内机构陆续进入 ESG 投资领域，国内签署联合国责任投资原则组织（The United Nations-supported Principles for Responsible Investment，UN PRI）的机构陆续增加。截至 2024 年 6 月底，国内共有近 140 家机构签署了 UN PRI，如图 1-1 所示，其中以资产管理机构为主，占比约 73%。从责任投资市场规模看，截至 2023 年第三季度，可统计的中国责任投资市场规模合计 33.06 万亿元，其中绿色信贷总额为 28.58 万亿元、可持续证券投资市场总额为 3.66 万亿元、可持续股权投资约为 0.82 万亿元。

新能源领域成为 ESG 投资重心。在应对气候变化目标下，市场逐渐将 ESG 看作投资的重要标准，而新能源行业成为应对气候变化和促进清洁能源转型的关键领域。一方面，资本市场积极布局新能源领域，以 IDG 资本为例，截至 2023 年 12 月，IDG 资本在光伏太阳能、新能源汽车、储能、氢能和电驱动等领域的投资规模已超过 150 亿元；另一方面，新能源汽车产业非常重视 ESG 发展，传统车企、新势力企业陆续将绿色低碳融入企业经营方略，新能源产业相关企业均开始发布可持续发展、ESG 报告。如广汽集团的"GLASS 绿净计划"，其目标是在 2050 年前实现产品全生命周期的碳中和，致力于通过研发新能源产品及技术打造绿色广汽。

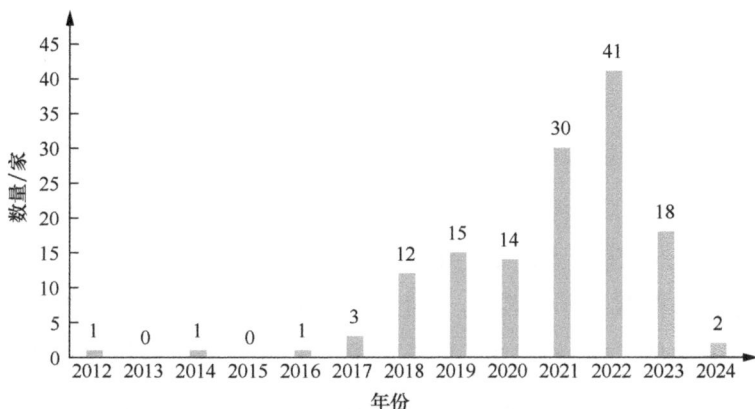

图 1-1　历年国内签署 UN PRI 机构的数量

当前 ESG 投融资发展加速主要有 4 层原因。一是 ESG 对于公司财务风险具有实质影响。根据晨星 Sustainalytics 分析表明，在 ESG 风险评级中，人力资本、商业道德、产品管理和直接碳排放对半数以上的行业具有重大影响。例如，2022 年 5 月，特斯拉公司由于涉嫌种族歧视以及与特斯拉自动驾驶系统有关的事故，被剔除出标普 500 ESG 指数，此举导致特斯拉公司股价当日跌幅扩大至5.4%。二是市场驱动 ESG 投融资发展。早在 2006 年，UN PRI 倡议并推动投资者将 ESG 因素作为投资决策的一部分。在 UN PRI 推动下，ESG 投资飞速发展，截至 2023 年，全球 ESG 投资规模已达到 35.3 万亿美元。同时，ESG 评级作为我国相关基金选股基础门槛，中证指数有限公司在 2023 年 11 月 9 日正式发布中证中央企业 50 指数、中证国资央企 50 指数、中证国有企业 50 指数和中证民企 50 指数，这些指数均涵盖了 ESG 评级。三是政府及市场监管持续发力。世界各地正在实施以气候和 ESG 为重点的政策法规，目标是实现环境可持续发展和消费者保护，如欧盟的《可持续金融行动计划》、"减碳 55"—揽子立法计划，英国金融行为监管局的《可持续发展披露要求（SDR）和投资标签》等，对金融市场参与者和投资者均产生了影响。四是企业出海合规风险加剧。以欧盟为代表的世界主要经济体提出了一系列诸如数据安全、可持续供应链、新电池法案、碳边境调节税、反限制竞争法、反不当竞争法等 ESG 监管要求，ESG 合规管理成为出海车企的重要议题。

总体来看，由于 ESG 在中国起步相对较晚，新能源汽车产业披露、监管、投资体系仍处于初级阶段，只有少部分企业的 ESG 治理在国际上获得先进评级。

四、发展趋势

ESG 披露要求持续加严，新能源汽车行业 ESG 信息披露率和质量均会有所提升。我国以央企、上市公司为首，启动强制披露 ESG 制度，但企业建立可比较、可验证、及时的 ESG 信息披露机制是有效开展 ESG 评级、促进 ESG 投融资的前提，当前我国新能源汽车相关企业披露报告的可验证性仍存在较大不足。我国上交所、深交所和北交所发布的上市公司可持续发展报告指引中提到，将适时评估扩大强制披露主体范围，推动全部上市公司披露高质量的可持续发展信息。同时海外国家正持续强化对企业"漂绿"行为（指一些公司、企业或组织通过在广告、宣传中声称自己注重环保，但实际上其产品或服务却可能对环境造成负面影响的行为）的监管，预计我国将持续强化 ESG 披露规范、持续扩大强制披露 ESG 企业范围。此外，2023 年 6 月，国际可持续发展准则理事会（International Sustainability Standards Board，ISSB）正式发布了首批两份国际财务报告可持续披露准则的终稿，即《国际财务报告可持续披露准则第 1 号——可持续相关财务信息披露一般要求》（S1）和《国际财务报告可持续披露准则第 2 号——气候相关披露》（S2），全球 ESG 披露标准或逐渐走向一致。

新能源汽车企业 ESG 治理的重心将体现在产品碳足迹管理方面。汽车的电动化虽然解决了汽车使用阶段的碳排放问题，但部分碳排放转移至电力供应、热力供应等能源环节。当然，不同的电力结构，转移的碳排放量也会有所不同。新能源汽车是否真正具有碳减排效应，需要从全生命周期的视角来进行测算并与传统燃油汽车进行比较。在此前提下，新能源汽车全生命周期碳足迹管理提上日程。2024 年 5 月，我国正式下发《关于建立碳足迹管理体系的实施方案》，为我国产品碳足迹管理体系建设提供了清晰的路径。此外，在政策规范的指引下，再加上海外如《欧盟电池和废电池法规》等碳贸易门槛以及国内外舆论压力，预计我国新能源汽车产品碳足迹管理将进一步规范，企业 ESG 治理也将以产品碳足迹管理为重心。

　　在我国，新能源汽车产业碳足迹在推动碳减排方面发挥着重要作用。其中，新能源车企和汽车应分别属于企业和产品碳足迹，主要参考《温室气体核算体系：企业核算与报告标准》、PAS 2050:2011《商品和服务在生命周期内的温室气体排放评价规范》和 ISO 14064 标准系列对其进行核算。根据中汽数据有限公司数据显示，从全生命周期来看，汽油乘用车的全生命周期碳排放达 39.7 t，若将汽油汽车更换为纯电动汽车，单辆汽车碳减排可以达到 43.4%。

本章全面、深入地分析了 ESG 披露准则、评级机构、第三方检测机构，探讨了专业院校、法律服务、碳足迹管理对 ESG 发展的作用和保障。本章开篇分析了 ESG 披露准则的演进，从国际视角出发，梳理了全球披露准则的发展历程，并详细阐述了我国在这一领域的进展及汽车行业相关的 ESG 团体标准，为理解行业规范提供了全面框架。"ESG 评级机构分析"一节介绍了国际与国内知名评级机构，并对比分析国内外 ESG 评级体系在方法论、标准设置及影响力等方面的异同，为理解不同评级体系下企业 ESG 的表现提供了重要参考。"ESG 第三方检测机构分析"一节探讨了 ESG 第三方检测机构的角色，特别是其在新能源汽车产业碳足迹及 ESG 行动中的影响。此外，本章还强调了专业院校对 ESG 的特殊贡献，研究了法律服务如何为新能源汽车产业的 ESG 发展提供有力保障，讨论了碳足迹管理对 ESG 的正向影响，以及未来的发展趋势。

 第一节　ESG披露准则分析

 刘轶芳

中央财经大学可持续准则研究中心主任，中央财经大学经济学院宏观经济学系主任

 刘倩

中央财经大学城市与区域可持续发展中心主任

一、国外披露准则的发展

（一）ISSB 准则

1. S1、S2 准则的最新进展

ISSB 致力于建立全球可持续披露标准的基础线。ISSB 于 2021 年由国际财务报告准则（International Financial Reporting Standards，IFRS）基金会发起成立，其使命是整合国际 ESG 规则体系。2023 年 6 月 26 日，ISSB 正式颁布了两项重要准则：《国际财务报告可持续披露准则第 1 号——可持续相关财务信息披露一般要求》（S1）和《国际财务报告可持续披露准则第 2 号——气候相关披露》（S2）。这两项准则的发布，不仅标志着 ESG 规则立法的加速，也为全球企业非财务或可持续性报告提供了统一、全球认可、可比较的指标和报告框架。ISSB 准则是全球首套真正从设计之初，就以支持强制应用为目的的可持续披露准则。它既适用于企业自愿披露，也适用于政府或者相关监管机构要求的强制报送。

上述两项准则都直接借鉴了气候相关财务信息披露工作组（Task Force on Climate related Financial Disclosure，TCFD）建议的气候相关财务信息披露的 4 个核心要素——治理、战略、风险管理、指标和目标。另外，S1 较 S2 多出"一般特征”章节，该章节规定了有用的、可持续相关财务信息的一般特征，包括对报告主体、报告频率、位置信息以及重要性、可比信息等的规定。S2 较 S1 多出“附录二 基于行业的披露要求”章节，该章节规定了针对行业的披露要求沿用可持续发展会计准则委员会（Sustainability Accounting Standards Board，SASB）准则，包括在行业分类、披露主题和指标等方面的规定。

治理层面，ISSB 要求企业披露负责监督可持续 / 气候相关风险与机遇的治理机构信息（包括董事会、委员会或其他同等治理机构），以及管理层在可持续 / 气候相关风险与机遇管理流程中的角色。战略层面，ISSB 要求企业描述可持续 / 气候相关风险和机遇，如何应对可持续 / 气候相关风险和机遇，这些风险与机遇对报告期内的财务状况、业绩和现金流量的影响，以及企业战略、商业模式对这些风险与机遇的适应性。风险管理层面，ISSB 要求企业披露对可持续 / 气候相关风险和机遇进行识别、确定优先顺序、进行监督和管理的流程，以及对可持续 / 气候相关风险与机遇的识别、评估和管理流程是如何融入主体整体的管理流程中的。指标和目标层面，ISSB 要求企业披露跨行业指标和特定行业指标，特定行业指标直接采用了 SASB 的行业分类和指标。S2 中跨行业指标包括温室气体排放总量和强度，最初 IFRS 提出对范围 3 温室气体排放的披露要求，后续 ISSB 规定了相关豁免条款——报告主体在使用气候准则的首个报告期内，豁免披露范围 3 的温室气体排放量。此外，ISSB 还要求披露转型风险、物理风险、气候相关机遇、资本配置和内部碳定价、薪酬相关的指标，并且需要披露定量信息。

2. 采纳情况

ISSB 准则被广泛采用。截至 2024 年 5 月，全球已有超过 20 个司法管辖区决定在其法律或监管框架中采纳或正采取措施引入 ISSB 准则。这些区域的生产总值占全球的近 55%，市值占全球的 40% 以上，温室气体排放量占全球的一半以上。其中，欧盟地区及英国、日本、新加坡、澳大利亚、加拿大等国家，还有一些国际证券交易所，均已制定了 ESG 披露的强制合规时间表。我国也积极调整和完善国内 ESG 信息披露规则，以保持与 ISSB 准则的一致性。

3. 未来两年优先事项安排

根据 ISSB 官方发布的未来工作计划及反馈声明，未来两年内，ISSB 将持续根据市场需求进一步推动和整合可持续信息披露领域的协调和融合，主要体现在以下 5 个方面。

（1）ISSB 将支持对转型计划披露框架和标准的简化和整合工作。国际财务报告准则基金会将承担转型计划工作组编制具体披露材料的责任，确保材料不改变 S2 的披露要求，并且与全球基准和 S2 中影响披露主体前景的气候相关风险和机遇的内容完全兼容，以满足投资者和金融市场需求。此外，ISSB 将考虑完善 S2 中应用指南的必要性，并酌情考虑使用转型计划披露材料支持高质量披露，以满足投资者的信息需求。

（2）有效测量温室气体（greenhouse gas，GHG）排放量。国际财务报告准则基金会和温室气体核算体系签署了谅解备忘录，确保温室气体核算体系和 ISSB 工作持续兼容。这也意味着温室气体核算体系 – 企业标准（GHG protocol corporate standard）和企业价值链（corporate value chain）（范围 3）标准（2011 年）在 IFRS 中的运用愈发广泛。

（3）与 CDP 合作实现一致。CDP 2024 年新调查问卷与 S2 保持一致，S2 现已成为 CDP 气候信息披露的基础基准。

（4）与全球报告倡议组织（Global Reporting Initiative，GRI）实现全面互操作。根据国际财务报告准则基金会和 GRI 于 2024 年 5 月发布的重要公告，ISSB 与全球可持续发展标准委员会（Global Sustainability Standards Board，GSSB）已经承诺一起识别和统一一般共性披露内容，以满足各自准则面向不同范围和目标的信息需求，用于制定具体准则和行业标准。

（5）与自然相关财务信息披露工作组（The Taskforce on Nature-related Financial Disclosures，TNFD）相互通报。ISSB 在意见征询稿中，提出 4 项可作为其未来两年工作计划中优先研究的项目，其中，3 项是关于可持续相关披露主题的项目，包括生物多样性、生态系统和生态系统服务主题、人力资本主题以及人权主题；1 项是综合报告项目。ISSB 将在开展生物多样性、生态系统和生态系统服务研究项目时，研究如何利用相关倡议来满足投资者的信息需求。其中，2023 年 9 月发布的自然相关财务信息披露工作组框架将成为重要参考因素。此外，在 ISSB 的官方反馈声明中，编制和完善教育材料以解释 S1 和 S2 的核心概念，重视 SASB 的实施，开展包括劳动力构成、劳动力稳定性、多元化与包容等内容在内的人力资本研究等也将是 ISSB 未来两年的工作规划。

（二）ISO 26000《社会责任指南》

2010 年，ISO 正式对外发布 ISO 26000《社会责任指南》。ISO 26000 对于"什么是社会责任"和"社会责任的具体内容是什么"进行了全面、系统、清晰的阐释，使得全球范围内第一次对社会责任的定义达成了统一。此外，ISO 26000 将企业社会责任推广到了任何组织形式的社会责任，即 ISO 26000 适用于一切营利组织和非营利组织。任何组织在其运行过程中都可以参照 ISO 26000，以对社会负责任的态度和方式开展工作。

ISO 26000 将社会责任定义为：组织通过透明和道德的行为，为其决策和活动对社会和环境的影响而承担的责任。ISO 26000 在明确了社会责任的定义及其范围的基础上，提出了 7 个原则和 7 个核心主题，如图 2-1 所示。当实施社会责任时，组织的首要目标是促进组织对可持续发展的贡献最大化。7 个原则是承担社会责任的基本要求，包括担责、透明度、道德的行为、尊重利益相关方利益、尊重法治、尊重国际行为规范、尊重人权。为实现国际社会各界对社会责任的内容达成共识，ISO 26000 将社会责任的内容概括为 7 个核心主题，包括组织管理、人权、劳工实践、环境、公平运营实践、消费者问题、社区参与和发展。每一个核心主题又细分为 36 个议题展开讨论与分析。

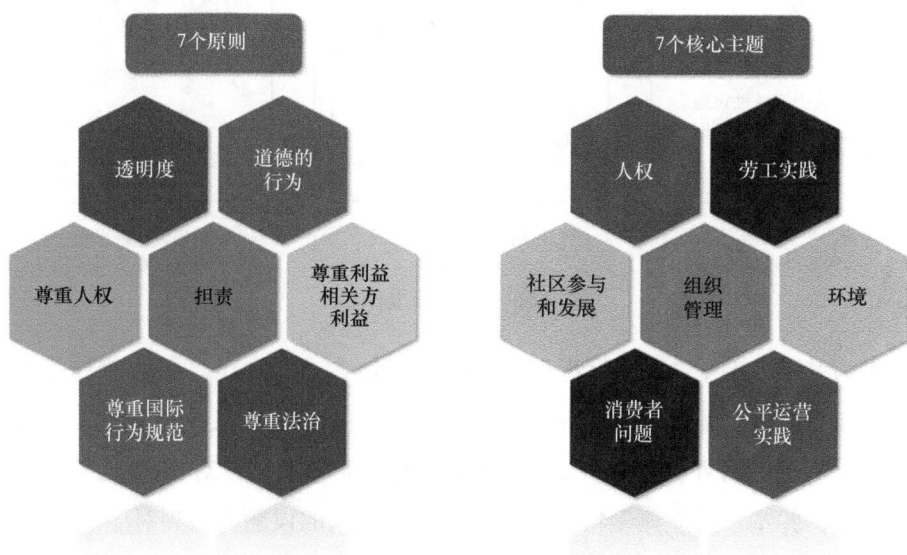

图 2-1　ISO 26000 提出的 7 个原则和 7 个核心主题

核心主题涵盖了组织理应处理的、很可能发生的经济、社会、环境方面的影响，是对组织履行社会责任内容的经典规范和总结。在考虑社会责任时，组织应确定每一个与其决策、活动、行为、期望相关的议题。

（三）GRI 标准

2023 年 1 月 1 日，GRI 标准（2021 版）正式生效。GRI 标准作为全球报告倡议组织发布的一套报告标准，以其全球通用的影响力、全面性和可持续性，为全球企业提供编制 ESG 报告的标准框架。

最新版的 GRI 标准包括通用标准、行业标准和议题标准，如图 2-2 所示。

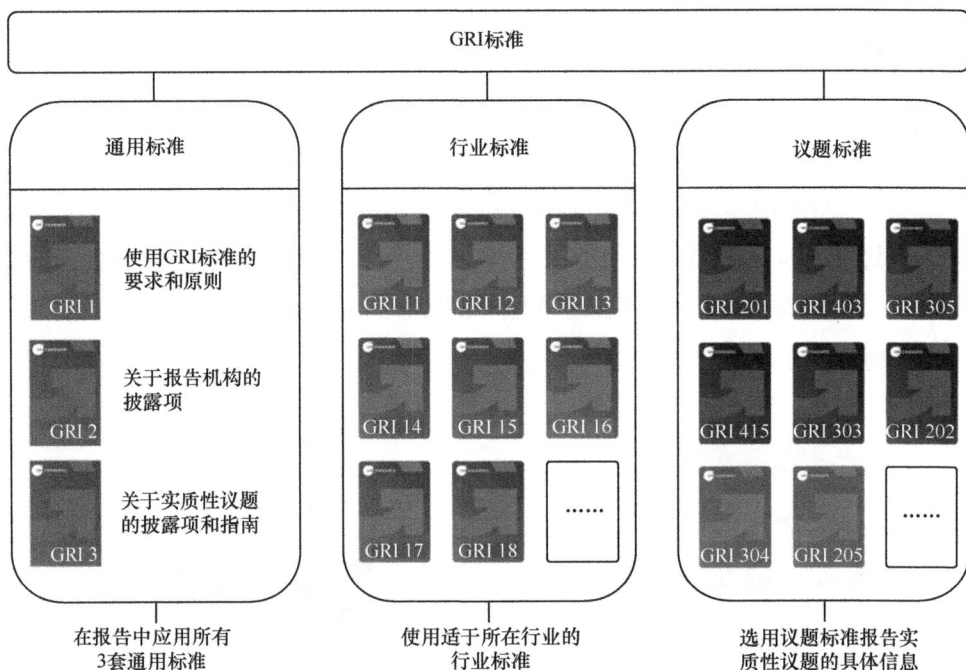

图 2-2　GRI 标准组成

作为基本文件，"通用标准"（GRI 100）包含了 3 个子文件，规定了使用 GRI 标准的要求和原则、关于报告机构的披露项以及关于实质性议题的披露项和指南。对于"行业标准"，GRI 根据不同的行业特征，针对 40 个行业制定了相应标准，并基于行业典型特征，将影响行业最大的议题映射到对应的情境中，以便行业更有针对性地遵循 GRI 标准。目前（2024 年 9 月），已发布的行业标准包括石油与天然气行业、煤炭业、农牧渔业、采矿业，金融服务业、纺织品和服装等标准正在制定中，其余行业标准将根据可持续发展的影响程度从高到低先后公开。"议题标准"分为经济（GRI 200）、环境（GRI 300）和社会（GRI 400）系列，细分为31项议题标准，它们是对通用标准下议题管理披露项的补充，如表2-1所示。

　　具体来看，披露议题包含要求、建议和指南3部分。"要求"表示组织应提供的具体信息；"建议"表示组织宜提供的补充信息；"指南"则提供了组织在披露该项时可采用的方法和形式。

表 2-1　GRI 议题标准

议题系列	议题标准
GRI 200系列议题标准：经济	GRI 201 经济绩效
	GRI 202 市场表现
	GRI 203 间接经济影响
	GRI 204 采购实践
	GRI 205 反腐败
	GRI 206 反竞争行为
	GRI 207 税务
GRI 300系列议题标准：环境	GRI 301 物料
	GRI 302 能源
	GRI 303 水资源和污水
	GRI 304 生物多样性
	GRI 305 排放
	GRI 306 废弃物
	GRI 308 供应商环境评估
GRI 400系列议题标准：社会	GRI 401 雇佣
	GRI 402 劳资关系
	GRI 403 职业健康与安全
	GRI 404 培训与教育
	GRI 405 多元化与平等机会
	GRI 406 反歧视
	GRI 407 结社自由与集体谈判

议题系列	议题标准
GRI 400系列议题标准：社会	GRI 408 童工
	GRI 409 强迫或强制劳动
	GRI 410 安保实践
	GRI 411 原住民权利
	GRI 413 当地社区
	GRI 414 供应商社会评估
	GRI 415 公共政策
	GRI 416 客户健康与安全
	GRI 417 营销与标识
	GRI 418 客户隐私

国际上有许多基于不同可持续发展主题和受众的披露框架，有的是原则性的报告框架，如国际标准化组织 ISO 26000 和联合国全球契约组织；有的是详细的指标披露方法，如 SASB 标准和 CDP 问卷。GRI 的不同之处在于集原则性框架与指标细则于一体，对可持续发展报告应覆盖的角度、报告质量与内容的总体要求进行了阐述，同时通过详细的指南定义解释了在经济、环境和社会方面应披露的定量和定性关键绩效指标，对于部分定量指标还给出了计算公式，为企业披露相关内容提供了非常具体的指引。此外，由于 GRI 标准要求披露与广泛利益相关者关联的实质性议题，这意味着按照 GRI 标准编制的报告可以覆盖更广泛的受众，从而帮助披露企业获得更高的知名度。

（四）欧盟可持续报告标准

2023 年 8 月正式发布的《欧盟可持续报告标准》（European Sustainability Reporting Standards，ESRS），为欧盟内的企业提供了统一的可持续报告框架。这是欧盟推进其可持续金融战略的关键一步，旨在促进可持续投资和经济转型。尽管《欧盟可持续报告标准》主要在欧盟范围内实施，但其影响力远远超出了欧盟边界。欧盟国家市场规模庞大，且在制造业领域具有显著的全球影响力，因此，《欧盟可持续报告标准》对那些依赖出口市场的中国制造业企业具有深远的影响。

《欧盟可持续报告标准》是《企业可持续发展报告指令》的组成部分，因此是强制性的。《企业可持续发展报告指令》的第一套 12 项标准被认为是促进公司可持续实践、透明度和可比性的重要一步，旨在扩大企业可持续发展报告的范围，提高报告的质量，并通过透明度促进可持续发展，帮助利益相关者，特别是投资者、其他企业和社会更好地洞察企业的商业行为。

《欧盟可持续报告标准》与 ISSB 准则在制定过程中均参考了 GRI 标准和 TCFD 等现有框架，显示出两者之间高度的相关性。目前，ISSB 已经发布了通用准则和针对气候变化的披露准则，而《欧盟可持续报告标准》在这些准则的基础上更进一步，包含了 10 个可持续发展主题的详细披露准则，其要求更为具体和详尽。《欧盟可持续报告标准》和《企业可持续发展报告指令》标准的相关内容如表 2-2 所示。

表 2-2　《欧盟可持续报告标准》和《企业可持续发展报告指令》标准的相关内容

经济体	标准	时间	相关内容
欧盟	《欧盟可持续发展报告标准》和《企业可持续发展报告指令》	2024年1月1日起	已受《非财务报告指令》约束的大型企业（超过500名员工），相关企业应在2025年公开发布可持续报告
		2025年1月1日起	适用于未受《非财务报告指令》约束的大型企业（满足以下条件中任意两项）： （1）超过250名员工； （2）净营业额超过4000万欧元； （3）净资产超过2000万欧元。 相关企业应在2026年公开发布可持续报告
		2026年1月1日起	适用于符合标准的中小型企业，相关企业应在2027年公开发布可持续报告
		最晚不迟于2028年	适用于符合标准的第三国企业，第三国企业的子公司或分支机构将负责为该欧盟外企业发布符合《企业可持续发展报告指令》要求的可持续报告

（五）美国证券交易委员会

2024 年 3 月 6 日，美国证券交易委员会（United States Securities and Exchange Commission，SEC）通过了《面向投资者的气候相关信息披露的提升和标准化》

的最终规则（以下简称"气候信息披露规则"），此规则强制要求报告公司在其财务报告和年报中公开关于气候的相关数据。作为全球最先进和影响力最大的资本市场监管实体之一，SEC 通过此规则明确了对企业公开气候信息的具体要求，标志着一个重要的转折点。气候信息披露规则明确要求在美国上市或计划上市的公司必须公开关键气候风险、对抗及适应这些风险的措施、董事会对气候风险的监督以及管理层如何处理气候风险的信息。此外，它还要求披露那些对公司运营、财务表现和财务状况有显著影响的气候相关目标。SEC 为不同大小的公司设定了不同的实施时间表，其中较大规模的公司将首先实施这一规则。此外，企业必须在其合并财务报表的附注中公开与气候相关的财务信息，确保其披露的范围与合并财务报表的范围保持一致。美国气候信息披露规则的相关内容如表 2-3 所示。

表 2-3　美国气候信息披露规则的相关内容

经济体	标准	时间			相关内容
		大型加速申报人	加速申报人（不包括SRC和EGC）	非加速申报人、SRC和EGC	
美国	《面向投资者的气候相关信息披露的提升和标准化》的最终规则	2025年	2026年	2027年	应披露对重大气候风险的治理和监督，气候风险对公司战略、商业模式和前景的重大影响，重大气候风险的风险管理流程，重大的气候相关目标等内容
		2026年	2027年	2028年	应披露重大支出和影响。如果重大支出用于以下方面，则应予以披露，并披露：（1）缓解或适应气候相关风险；（2）已披露的转型计划；（3）已披露的目标或行动和取得的进展

二、我国披露准则的发展

中国 ESG 信息披露要求正在日益完善中。中国政府对 ESG 信息披露的重视程度显著提升，发布了一系列政策，并采取了一系列措施来促进 ESG 信息披露的普及和规范化。

（一）联交所

2024 年 4 月，香港联合交易所有限公司（以下简称"联交所"）就其 2023 年有关优化 ESG 框架下的气候相关信息披露的咨询文件发布咨询总结。联交所通过总结修订了现有的 ESG 框架，强制规定香港上市发行人必须根据 ISSB 于 2023 年 6 月发布的《国际财务报告可持续披露准则第 2 号——气候相关披露》（S2）进行气候相关披露。经修订的《香港联合交易所有限公司证券上市规则》具体内容如表 2-4 所示。

表 2-4　《香港联合交易所有限公司证券上市规则》具体内容

经济体	标准	时间	具体内容
香港	经修订的《香港联合交易所有限公司证券上市规则》	2025年1月1日	强制要求所有上市发行人（即主板上市发行人及GEM上市发行人）要披露范围1和范围2的温室气体排放；除了范围1和范围2温室气体排放（所有发行人均须披露），所有主板上市发行人须按"不遵守就解释"基准就新气候规定进行汇报；除了范围1和范围2温室气体排放（所有发行人均须披露），也鼓励GEM上市发行人自愿就新气候规定进行汇报
		2026年1月1日	强制要求大型股发行人（即恒生综合大型股指数成分股发行人）要在 ESG 报告中就新气候规定进行汇报

（二）国务院国资委

2022 年 5 月，国务院国资委发布《提高央企控股上市公司质量工作方案》，其中提出中央企业探索建立健全 ESG 体系，力争到 2023 年，央企控股上市公司 ESG 专项报告披露全覆盖。2023 年 7 月，国务院国资委印发《央企控股上市公司 ESG 专项报告编制研究》课题成果，其中包含《央企控股上市公司 ESG 专项报告参考指标体系》和《央企控股上市公司 ESG 专项报告参考模板》，统一了央企上市公司发布的 ESG 报告框架，进一步引导和规范国内企业 ESG 信息披露标准。

《央企控股上市公司 ESG 专项报告参考指标体系》从环境、社会、公司治理三大维度，构建了包含 14 项一级指标、45 项二级指标、132 项三级指标的指标体系，全面涵盖 ESG 三大领域所有重点主题。其中，在环境议题部分，设置了 5 项一级指标、18 项二级指标和 56 项三级指标，涵盖资源消耗、污染防治、资源与环境管理制度措施等方面的信息。基础披露项大多为定量指标，除了常见的资源消耗、污染防治以及最基础的环境管理制度建设，还包含了气候变化及生物多样性。社会议题部分包含 4 项一级指标、14 项二级指标和 43 项三级指标，涵盖员工权益、产品与服务管理、社会贡献等方面的信息。公司治理议题部分，包含 5 项一级指标、13 项二级指标和 33 项三级指标，涵盖上市公司在治理策略与组织架构、信息披露透明度、合规经营与风险管理等方面的信息。此外，党建引领作为治理策略被纳入披露范畴，也是凸显中国本土特色的一个评级维度。

（三）中国证监会

2018 年，中国证监会发布了修订的《上市公司治理准则》，该准则强调上市公司应积极履行社会责任，并要求上市公司披露环境、社会和治理等方面的信息。2024 年 4 月，上交所、深交所和北交所分别发布《上市公司可持续发展报告指引》（以下简称《指引》），并自 2024 年 5 月 1 日起实施。根据《指引》要求，报告期内持续被纳入上证 180、科创 50、深证 100、创业板指数样本的公司，以及境内外同时上市的公司应当按照《指引》要求披露《可持续发展报告》，鼓励其他上市公司自愿披露。同时，《指引》明确了上市公司的披露内容及披露原则，要求具备财务重要性的可持续发展议题，应当围绕"治理—战略—影响、风险和机遇管理—指标与目标" 4 个核心内容进行分析和披露。符合要求的上市公司应于 2026 年 4 月发布 2025 年度的《可持续发展报告》，该指引第一次对国内上市公司的可持续发展信息披露和监管提出了明确的强制性要求。

（四）其他标准和指南

此外，还有其他与 ESG 相关的标准和指南纷纷发布。其中，中国标准化研究院编制的 GB/T 36001—2015《社会责任报告编写指南》给出了编写社会责任报告的基本原则、步骤和方法，旨在为各类组织编写社会责任报告提供参考。

三、汽车行业相关的 ESG 团体标准

近期，我国汽车行业在 ESG 信息披露方面取得了显著进展，特别是在团体标准的制定上。中国汽车工业协会正式发布了汽车行业的首套 ESG 系列团体标准，其中包括《中国汽车行业 ESG 信息披露指南》《中国汽车行业 ESG 评级指南》以及《中国汽车行业 ESG 管理体系要求及使用指南》。这些标准旨在为汽车企业在信息披露、评级方面和 ESG 管理提供指导和规范，以推动企业按照统一和规范的标准开展工作，解决行业内 ESG "是什么""如何做" 以及 "做得怎么样" 的问题。

这些团体标准的发布，不仅响应了全球 ESG 投资的迅速发展和对 ESG 管理、信息披露的更高要求，而且体现了我国汽车行业对 ESG 理念的重视和对可持续发展的承诺。通过这些标准，企业能够提高信息透明度，获得投资者和社会公众的信任与支持，同时更全面、深入和系统地了解、监测和评价 ESG 目标、行动、结果以及风险应变能力。

此外，中国汽车工业协会还召开了关于 ESG 系列标准的研讨会和专家预审查会议，旨在进一步推动行业 ESG 工作，指导企业建立健全 ESG 管理体系，做好 ESG 信息披露，并明晰 ESG 建设水平。这显示了我国汽车行业在制定和实施 ESG 标准方面的积极行动和开放态度，力求与国际标准接轨，同时考虑到国内汽车行业的实际情况和需求。中国汽车工业协会在 "2024 中国汽车论坛" 上对首套 ESG 标准进行了解读，强调了这些标准对于企业深化践行社会责任理念、融入国际主流、接轨国际规则的客观需求的重要性。这套 ESG 标准考虑到不同阶段企业的 ESG 管理需求，设置了差异化的指标，帮助企业明确开展相关工作的优先级，不仅适用于整车企业，也适用于汽车产业链上的零部件企业。通过这套 ESG 标准，企业能够更系统地进行 ESG 风险管理，把握机遇，并在信息披露、管理体系和评级方面有明确的方向和方法。

未来，我国在进一步完善符合国情的 ESG 信息披露标准方面，将采取多维度、系统化的方法。首先，将依据国家发展战略和市场需求，结合我国的社会文化背景和经济发展阶段，制定既具有国际视野又符合国内实际情况的 ESG 标准。这将包括明确 ESG 信息披露的基本框架和核心要素，确

保信息的透明度和可比性。其次，我国将进一步强化 ESG 信息披露的法规和政策支持，通过立法或行政指导推动企业自觉履行信息披露义务，同时加强对 ESG 信息披露的监管，确保信息的真实性和可靠性。此外，将鼓励和支持行业组织、专业服务机构以及学术机构参与 ESG 标准的制定和推广，通过行业最佳实践的分享和专业培训，提升企业和社会各界对 ESG 重要性的认识和实践能力。同时，我国将积极探索利用数字化技术，如区块链、大数据和人工智能等，提高 ESG 信息披露的效率和准确性，降低企业披露成本，并通过技术手段增强信息的可追溯性和完整性。最后，我国将加强与国际社会的交流与合作，积极参与全球 ESG 标准的制定和完善，推动建立更加公平、合理和可持续的国际 ESG 标准体系，为全球可持续发展贡献中国智慧和中国方案。在此基础上，未来我国有望逐步建立起一套既符合国情又具有国际兼容性的 ESG 信息披露标准体系。

第二节　ESG评级机构分析

赵世佳　李国俊　彭海丽

工业和信息化部装备工业发展中心研究员

黎妍

北京艾迪智联科技有限责任公司咨询服务部高级经理

随着全球对可持续发展和社会责任的日益关注，ESG已成为衡量企业社会责任和长期价值的关键指标，也是资本市场的重要考虑因素。从2004年联合国全球契约组织首次提出ESG概念以来，国内外涌现出一批专业的ESG技术服务机构，根据不完全统计，全球ESG评级机构多达600多家，影响力较大的包括MSCI、路孚特、晨星Sustainalytics、CDP、汤森路透、富时罗素、标普全球等国际机构，以及华证指数、中证指数、商道融绿、盟浪、万得等国内机构。ESG专业服务机构通过提供标准化的评级体系，以及数据、分析等服务，帮助投资者识别和评估企业的ESG表现，帮助企业和社会公众更好地理解ESG风险与机遇，从而促进了可持续投资的发展。

本节旨在分享国内外主流ESG技术服务机构的ESG评级体系，以期为相关方提供参考。

一、国际 ESG 评级机构

（一）MSCI

MSCI总部位于纽约，1968年由资本集团（Capital Group）设立。自1988年起，MSCI开始提供ESG相关的研究和评级服务，在公司层面确定行业相关衡量标准，包括权益类和固收类ESG指数产品，已成为国际资本市场的主流投资参考依据。目前，MSCI的ESG评级对象超过8500家公司和68万只全球股票及固定收益证券，评级主体包括上市公司、共同基金和 ETF，是市场上采用度最高的基准指数之一。

MSCI 的 ESG 评级内容主要关注环境、社会和治理三大维度，共有 10 个主题，涵盖碳排放、环境管理、劳动关系、人权、公司治理等 33 个 ESG 关键议题，由上百项指标组成，指标包含数千个数据点。MSCI 评级根据企业所在行业选择相应关键议题进行打分，各议题对企业的风险敞口和风险管理两方面进行打分；在完成基本指标打分后，MSCI 按照全球行业分类标准将被评分者分为 11 大类、25 个行业组别、74 个行业及 163 个子行业，并按照不同行业中各议题的风险将各项核心议题分配 5%～30% 的权重。MSCI 的 ESG 评级关键议题层级结构如表 2-5 所示。

表 2-5　MSCI 的 ESG 评级关键议题层级结构（2024 年 2 月更新）

维度	主题	ESG关键议题
环境	气候变化	碳排放
		气候变化脆弱性
		影响环境的融资
		产品碳足迹
	自然资本	生物多样性和土地利用
		原材料采购
		水资源短缺
	污染和废弃物	电子废弃物
		包装材料和废弃物
		有毒排放和废弃物
	环境机遇	清洁技术机遇
		绿色建筑机遇
		可再生能源机遇
社会	人力资本	健康与安全
		人力资本开发
		劳工管理
		供应链劳工标准
	产品责任	化学安全性
		消费者金融保护

维度	主题	ESG关键议题
社会	产品责任	隐私与数据安全
		产品安全与质量
		负责任投资
	利益相关者异议	社区关系
		争议性采购
	社会机遇	融资可得性
		医疗保健服务可得性
		营养和健康领域的机会
治理	企业治理	董事会
		薪酬
		所有权和控制权
		会计
	企业行为	商业道德
		税务透明度

注：依据2023年3月的全球行业分类标准以及2024年2月MSCI ESG Research LLC的《ESG评级方法论》。

MSCI 评级最上层的评价是整体的公司 ESG 评级，MSCI 的 ESG 评级采用全球七级制，对应领先（AAA、AA）、平均（A、BBB、BB）到落后（B、CCC），如表 2-6 所示。评级是相对于本行业的，将企业放到特定行业里去解读和评分，基于对截至上一个 ESG 评级行动日期的基础数据的评价，从行业调整得分衍生而来。行业调整得分是根据业内同行基准值设定的分数范围，将关键议题加权平均得分进行归一化计算得出的。

表 2-6　最终的行业调整得分对应的字母评级

字母评级	领先/平均/落后	行业调整得分
AAA	领先	（8.571，10.0]
AA	领先	（7.143，8.571]
A	平均	（5.714，7.143]
BBB	平均	（4.286，5.714]
BB	平均	（2.857，4.286]

字母评级	领先/平均/落后	行业调整得分
B	落后	（1.429，2.857]
CCC	落后	[0.0，1.429]

MSCI 从公开渠道获得 ESG 数据，不会进行特定的问卷调查，数据主要来自学术机构、政府部门、非政府组织的分部或宏观数据或区域数据，公司公开披露的信息，超过 3400 家媒体报道的争议事件、舆情，以及来源于特定公司的其他利益相关者信息。MSCI 也有专门的团队通过特定渠道与被评级公司就 ESG 评级进行互动与沟通，但公司在该渠道提供的非公开信息将不会作为评级的资料来源，允许沟通交流的内容包括讨论方法论问题、评级的构成、资料来源等，以提高评级的准确性和透明度。

截至 2024 年 6 月 24 日，MSCI 覆盖 ESG 评级的 A 股企业共 676 家，其中，评级获 AAA 级的仅有丽珠集团 1 家企业，占比仅 0.15%；A 级及以上评级企业 58 家；评级等级数量最多的是 B 级，共 214 家，B 级和 CCC 级占比 61.24%；A 股企业的 MSCI ESG 评级相对偏低，如图 2-3 所示。

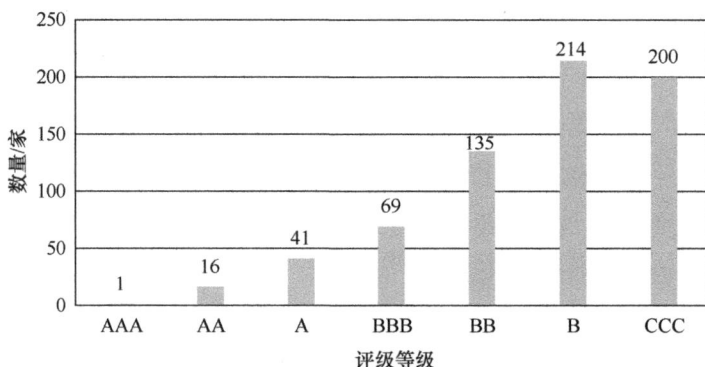

图 2-3 MSCI A 股企业 ESG 评级情况

（二）路孚特

路孚特隶属伦敦证券交易所集团（LSEG），是欧盟可持续金融行动计划的制定和监督的成员，也是一家金融市场数据和基础设施提供商，拥有全球超过 1 万家公司的透明 ESG 数据和得分。

路孚特 ESG 评级体系由两大部分组成。一是 ESG 得分，包括环境、社会和治理三大维度，10 个主题，以及 630 多项公司层面的细化指标，如表 2-7 所示；各项指标的评分以公司在行业内的相对排名为基准，在此基础上整合得到 10 个主题的得分，再加权平均计算公司的 ESG 得分。二是 ESG 争议数据得分，根据 10 个主题中的争议事件，合计在一个类别进行打分。在发生争议事项次数的基础上，考虑市值偏差进行调整，得到公司的 ESG 争议得分。细化指标的制定考虑了各行业组之间不尽相同的可比性、影响、数据可用性和行业相关性，其中每个行业中最具可比性且最重要的 186 项指标可为公司整体评估和评分流程提供有力支持。

表 2-7　路孚特 ESG 评级体系

维度	主题	关键议题
环境	排放	排放
		废弃物
		生物多样性
		环境管理系统
	创新	产品创新
		绿色收入/研发/资本支出
	资源使用	水
		能源
		可持续包装
		环保供应链
社会	社区关系	对行业组同等重要，因此该分类在所有行业组中的权重均取中位数5
	基本权利	基本权利
	产品责任	负责任的营销
		产品质量
		数据隐私
	劳动力	多元性与包容性
		职业发展与培训
		工作环境
		健康与安全
治理	企业社会责任战略	企业社会责任战略
		ESG报告和透明度

续表

维度	主题	关键议题
治理	管理	管理架构（独立性、多元性、委员会）
		薪酬
	股东	股东权利
		反收购
争议事项		将10个主题中的争议事件合计在一个类别进行打分

路孚特 ESG 分数范围为 0 ～ 1，分为 12 个等级，每个等级约为 0.083 333 分。根据分数，路孚特 ESG 评级等级分为 D–、D、D+、C–、C、C+、B–、B、B+、A–、A、A+ 共 12 个等级，如表 2-8 所示。

表 2-8　路孚特 ESG 评级等级

分数范围	等级	描述
[0，0.083 333]	D–	组内的下四分位数，+/–表示公司在下四分位数中位于前/后1/3。"D"评级表示公司的ESG表现相对有待提升，且关键ESG数据披露透明度较低
（0.083 333，0.166 666]	D	
（0.166 666，0.250 000]	D+	
（0.250 000，0.333 333]	C–	组内的第三四分位数，+/–表示公司在第三四分位数中位于前/后1/3。"C"评级表示公司拥有相对令人满意的ESG表现，且关键ESG数据披露透明度适中
（0.333 333，0.416 666]	C	
（0.416 666，0.500 000]	C+	
（0.500 000，0.583 333]	B–	组内的第二四分位数，+/–表示公司在第二四分位数中位于前/后1/3。"B"评级表示公司拥有相对良好的ESG表现，且关键ESG数据披露透明度超过市场平均水平
（0.583 333，0.666 666]	B	
（0.666 666，0.750 000]	B+	
（0.750 000，0.833 333]	A–	组内的上四分位数，+/–表示公司在上四分位数中位于前/后1/3。"A"评级表示公司拥有相对优秀的ESG表现，且关键ESG数据披露透明度较高
（0.833 333，0.916 666]	A	
（0.916 666，1]	A+	

路孚特 ESG 评分根据公共领域可核实的报告数据来衡量公司的 ESG 表现，包括年度报告、公司网站、非政府组织网站、证券交易所备案文件、企业社会责任报告、新闻等。

截至 2024 年 6 月 22 日，路孚特 ESG 评级共覆盖 A 股企业 1700 家，其中 A+ 评级仅 2 家企业，中位数评级主要集中在 D+ 至 B– 这 5 个等级，评级整体中等偏下，如图 2-4 所示。

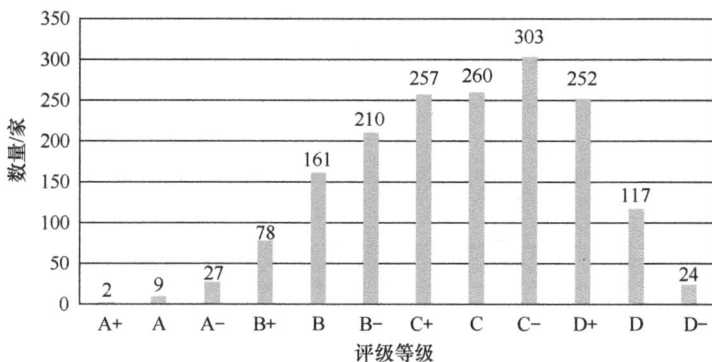

图 2-4　路孚特 A 股企业 ESG 评级情况

（三）晨星 Sustainalytics

晨星 Sustainalytics 是美国投资研究公司晨星旗下的 ESG 和公司治理研究、评级和分析公司，成立于 1992 年，总部位于荷兰。晨星 Sustainalytics 的 ESG 评级主体包括上市公司、基金公司和投资组合，其 ESG 风险评级目前已覆盖全球 42 个行业、16 000 余家企业。

晨星 Sustainalytics 的 ESG 评级包括实质性议题、公司治理及特殊议题 3 个模块，其评级体系从 ESG 风险角度出发，根据企业 ESG 表现进行风险评估。其中，实质性议题是晨星 ESG 风险评级的核心模块，评估基于行业层面的商业模式和商业环境的潜在风险；公司治理模块是晨星 ESG 风险评级的基本元素，反映公司治理不善带来的风险，适用于评级范围的所有企业，没有行业差异性，权重通常为 20%；特殊议题是晨星 ESG 风险评级的重要补充，应对企业的"黑天鹅"事件，通常是随机事件驱动的，不涉及行业特征引发的共性问题。目前，晨星 Sustainalytics 的 ESG 风险评级由 350 多个指标（取决于子行业）和 1300 个数据点支撑。

晨星 Sustainalytics 的 ESG 评级基于风险敞口和风险管理两个维度。风险敞口被认为是对公司构成潜在风险的一组 ESG 相关因素，即公司对 ESG 风险的敏感性或脆弱性；这些构成潜在风险的 ESG 相关因素包括人力资本的劳动和技能强度，或数据隐私和网络安全的数据强度和数据敏感性。风险管理衡量公司为管理特定 ESG 问题采取的行动措施，反映公司对 ESG 风险敞口的管理情况；对于每一个重大 ESG 问题，都会选择管理和事件指标并进行加权，以解释和衡量公司对问题的管理程度。晨星 Sustainalytics 的 ESG 评级最终衡量公司的未管理风险，也就是公司风险敞口减去已管理风险，对公司的未管理风险进行评分，即晨星 Sustainalytics 的 ESG 评分，如图 2-5 所示。

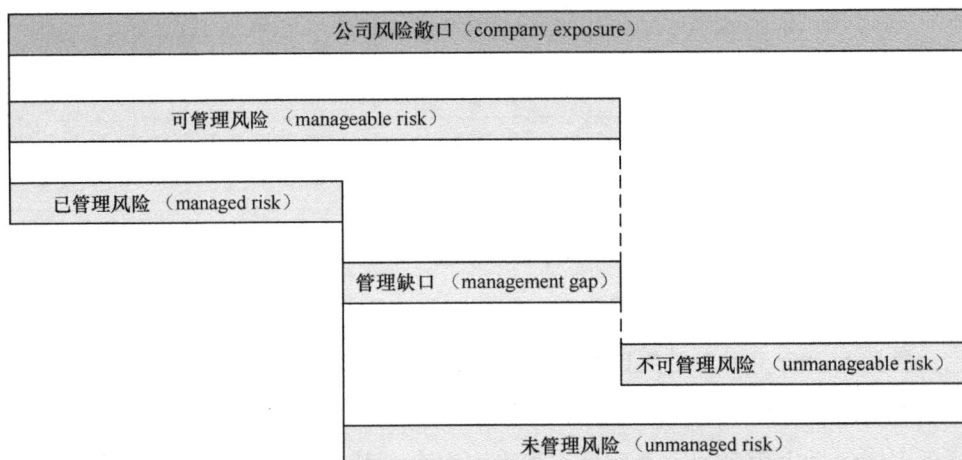

图 2-5　晨星 Sustainalytics 风险评估逻辑

晨星 Sustainalytics 的 ESG 风险评分需要 3 个步骤：首先评估公司风险敞口的份额，并与特定子行业可以管理风险因素进行比较，计算出可管理风险；其次在公司层面，根据管理评估得出可管理风险的管理程度，计算出可管理风险数值；最后，根据管理体系和管理结果计算公司的管理得分，再乘以可控风险敞口得到已管理风险，用公司风险敞口减去已管理风险，对公司未管理风险进行评分。

根据企业 ESG 风险得分，晨星 Sustainalytics 的 ESG 评级分为 5 个风险等级，其中 0～10 分为可忽略的风险水平，11～20 分为低风险水平，21～30 分为中等风险水平，31～40 分为高风险水平，40 分以上为严峻风险水平，评级分数越低表明企业风险越低，如表 2-9 所示。

表 2-9　晨星 Sustainalytics 的 ESG 风险得分等级

可忽略的风险水平	低风险水平	中等风险水平	高风险水平	严峻风险水平
0～10分	11～20分	21～30分	31～40分	40分以上

晨星 Sustainalytics ESG 评级数据来源包括企业公开信息、新闻报道、调查和专家意见等，以确保评级的全面性和准确性。公司还采用人工智能和自然语言处理等技术来分析和评估这些数据，以提供更准确和全面的评级服务。

晨星 Sustainalytics ESG 评级覆盖了 A 股 1176 家企业，其中，获得可忽略风险评级的企业仅有 1 家，大部分企业的风险等级是中等风险、高风险和严峻风险，如图 2-6 所示。相比国际企业，晨星 Sustainalytics ESG 评级中，我国企业的风险水平相对略高，究其原因是我国企业在管理维度的评分相对较低，而且对其管理体系缺乏 ESG 相关披露。

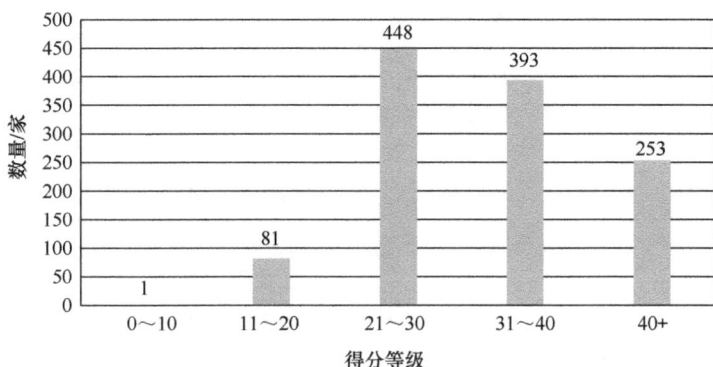

图 2-6　晨星 Sustainalytics 的 A 股企业 ESG 评级情况

（四）CDP

CDP 成立于 2000 年，是一家总部位于伦敦的全球性非营利组织，致力于推动政府和企业减少温室气体排放，保护水和森林资源。CDP 从 2002 年开始发布企业环境报告，通过自愿性披露企业的环境数据和行动计划等信息，为投资者和其他利益相关者提供关于企业环境绩效的评级，其评分体系与 TCFD（气候相关财务信息披露工作组）的要求相一致。

CDP 的 ESG 评级包括气候变化问卷、水安全问卷和森林问卷 3 个问卷类型（见表 2-10），涵盖气候变化、水资源、森林等多个关键领域，并根据企业的行业特点和规模定制不同的问题和评分标准。CDP 对收集到的信息进行汇总、分析和评级，以反映企业在 ESG 方面的整体表现。

表 2-10　CDP 气候变化、水安全、森林问卷指标体系

问卷类型	包含内容	关键议题
气候变化问卷	主要评估和披露企业在应对气候变化方面的政策、目标、减排措施和适应能力，包括温室气体排放、能源使用效率、低碳转型战略等方面的信息	简介
		治理
		风险和机遇
		商业战略
		目标和表现
		排放计算方法
		排放数据
		排放细分
		能源
		其他指标
		审验
		碳定价
		价值链合作
		其他
		土地管理影响
		投资组合影响
		生物多样性
		签署
		供应链模块
		金融服务
水安全问卷	主要评估和披露企业的水资源管理情况，包括水消耗量、水污染管理和水资源风险管理，关注企业如何减少水资源的消耗和污染，以及提高水资源的利用效率	当前状况
		业务影响
		程序
		风险与机遇
		设施级别的水核算
		治理
		商业战略
		水目标
		审验
		签核
		供应链模块

问卷类型	包含内容	关键议题
森林问卷	主要评估和披露企业与森林相关的经营策略和实践,包括森林保护、森林恢复和森林可持续管理,关注企业如何保护生态环境,减少森林砍伐和退化,推动森林可持续经营	当前状况
		程序
		风险与机遇
		治理
		商业战略
		实施
		审验
		障碍与挑战
		签核
		供应链模块

CDP 根据企业对问卷的答复,对企业进行 ESG 等级评定。CDP 的 ESG 评级分为披露等级(D)、认知等级(C)、管理等级(B)和领导力等级(A),共8个级别:A、A-、B、B-、C、C-、D、D-,如图 2-7 所示;未披露或信息不全的企业将被评为 F 等级。披露等级主要衡量问卷的完成度,认知等级衡量企业对于环境问题的认知程度以及评估程度,管理等级衡量企业为应对环境问题实施政策和策略以及实际应对措施的程度,领导力等级关注企业是否采取了能够代表产业内最佳实践的行动。

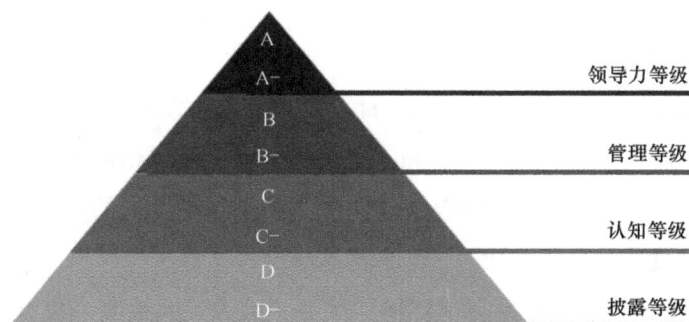

图 2-7 CDP 的 4 个 ESG 评级等级

CDP 的 ESG 评级主要通过问卷形式进行,面向企业发放问卷,要求企业填写关于其 ESG 表现的相关信息。被邀请填写问卷的企业无论是否回复,均会被CDP 进行打分。

近年来 CDP 评级整体趋严,2024 年全球全行业 CDP 评级平均等级仅为 C,

新能源行业平均等级也仅为 C。截至 2024 年 2 月，我国只有 3 家企业评级为 A，1 家企业评级为 A–。

2023 年，全球超过 23 000 家企业在 CDP 平台披露环境相关表现。其中，我国（包括港澳台）参与 CDP 气候变化相关环境信息披露的企业超过 3400 家，选择在 CDP 披露环境信息的企业主要来自制造业、服务业、材料业、服饰业和零售业，占填报企业总数的 90%。近年来，全球（包括中国）在 CDP 披露环境信息的企业数量呈现快速增长的趋势，企业披露环境表现的意愿增强，如图 2-8 所示。

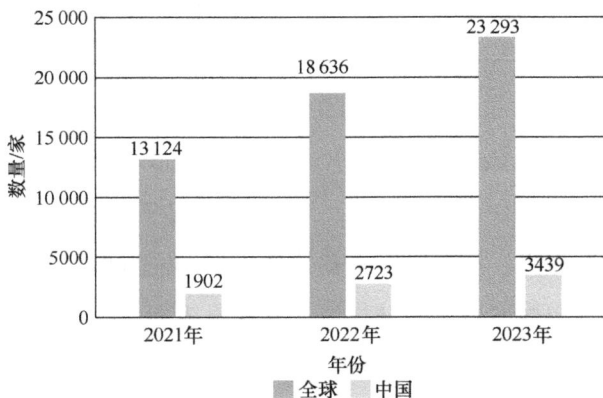

图 2-8　2021—2023 年全球及中国 CDP 披露趋势

（五）汤森路透

汤森路透成立于 2008 年 4 月 17 日，是由加拿大汤姆森公司（The Thomson Corporation）与英国路透集团（Reuters Group PLC）合并组成的商务和专业智能信息提供商。在 ESG 领域，汤森路透凭借其在全球范围内的广泛资源和专业能力，逐渐建立起了一套完善的 ESG 评级体系。

汤森路透 ESG 评级体系分为环境、社会、治理三大维度，共 10 个主题，包含 178 项细分指标，其中环境类合计 61 项，社会类合计 63 项，治理类合计 54 项，如表 2-11 所示。汤森路透 ESG 评级体系值得借鉴的地方是它引入了争议项的调整，而且其权重的设置是根据关键指标打分项的占比。ESG 争议评分考察企业涉及的争议事件及其影响，争议项主要包括企业在反垄断、商业道德、知识产权、公众健康、税收欺诈、雇佣童工等 23 项指标上是否有负面新闻和信息；争议评分会根据争议的性质、严重程度和持续时间等因素进行调整，并最终反映在企业的 ESG 总评分中。

表 2-11 汤森路透 ESG 评级体系

维度	主题	含义	细分指标数量/项	权重
环境	资源利用	资源利用得分衡量企业在生产过程中实现有效利用自然资源的管理承诺和有效性。它反映了企业通过改进供应链管理来减少材料、能源或水的使用，并找到更多高效的解决方案的能力	19	11%
	减排	减排得分衡量企业在生产和运营过程中减少环境排放的管理承诺和有效性。它反映了企业减少废气、废物、危险废物、污水排放的能力，以及是否与环境保护组织共同减少企业对当地或更广泛区域的环境影响	22	12%
	产品创新	产品创新得分衡量企业对生态保护产品或服务的研发支持的管理承诺和有效性。它反映了企业降低客户环境成本和负担的能力，体现在通过新的环保技术和工艺设计产品来延长耐用性，并创造新的市场机会	20	11%
社会	员工	员工得分衡量企业在保持员工工作满意度、工作场所健康安全、员工队伍多样性和工作机会平等方面的管理承诺和有效性。它反映了企业通过促进有效的生活工作平衡、家庭内友好的环境和不分性别、年龄、种族、宗教或性取向的平等机会，来提高劳动力的忠诚度和生产力的能力	29	16%
	人权	人权得分衡量企业尊重基本人权公约的承诺和有效性。它反映了企业有能力维持其经营许可，保证结社自由，且不存在使用童工或强制劳动的行为	8	4.5%
	社区	社区得分衡量企业对维护公司在当地、国家和全球声誉的管理承诺和有效性。它反映了企业使员工成为优秀公民、保护公共健康（避免工业事故等）和尊重商业道德（避免贿赂和腐败等）的能力	14	8%

维度	主题	含义	细分指标数量/项	权重
社会	产品责任	产品责任得分反映了企业通过生产高质量的产品和服务来保持其经营许可的能力，同时也通过准确的产品信息和标签来保证客户的健康和安全	12	7%
治理	管理	管理得分衡量企业对遵循企业治理原则的承诺和有效性。它反映了企业是否有能力建立一个有效的董事会，以分配任务和责任、确保重要的交流和独立的决策过程、制定有竞争力的薪酬机制、吸引和留住重要高管和董事会成员	34	19%
	股东	股东得分衡量企业对遵循与股东政策和股东平等待遇有关的企业治理原则的管理承诺和有效性。它反映了企业确保股东享有平等的权利以及反收购的能力	12	7%
	社会责任策略	社会责任策略得分反映了企业是否有能力将财务、社会和环境等因素纳入其日常管理和决策的过程中	8	4.5%

汤森路透 ESG 评级采用分位数排名打分法来对上市公司的 10 项 ESG 评级大类及争议项事件进行打分，将汤森路透 ESG 评分与 ESG 争议评分相加，即可得出汤森路透 ESG 综合评级，如表 2-12 所示。

表 2-12　汤森路透 ESG 综合评级

分数区间	评级	分数区间	评级
[0.000，0.083]	D-	（0.500，0.583]	B-
（0.083，0.166]	D	（0.583，0.666]	B
（0.166，0.250]	D+	（0.666，0.750]	B+
（0.250，0.333]	C-	（0.750，0.833]	A-
（0.333，0.416]	C	（0.833，0.916]	A
（0.416，0.500]	C+	（0.916，1.000]	A+

汤森路透 ESG 评级数据主要来源于企业自行发布的报告，如企业社会责任报告、年报等，同时也参考学术界、政府部门和非政府组织的公开数据集，以及监管部门公告和新闻媒体数据。

目前，汤森路透 ESG 评级体系涵盖了全球范围内的超过 9000 家上市公司，包括 400 多个不同的 ESG 评级指标。汤森路透 ESG 市场覆盖率极高。这使得投资者可以在一个平台上获取到全球范围内的 ESG 数据，为投资决策提供了更加全面和准确的信息支持。

（六）富时罗素

富时罗素是隶属于伦敦证券交易所的指数编制公司，2017 年推出 ESG 报告指南，目前提供 ESG 数据和评级服务。

富时罗素 ESG 评分由总体评分及其下层维度、主题风险敞口和评分构成。维度和主题基于 300 多项独立指标评估构建，而这些评估考虑到了每家企业的独特情况。下层维度指环境、社会、治理三大核心内容，对应 14 个主题评价及 300 多项独立的考察指标，其中，每个主题包含 10～35 项指标，每家企业平均采用 125 项指标。富时罗素 ESG 评级体系如表 2-13 所示。

表 2-13　富时罗素 ESG 评级体系

维度	主题	得分与权重
环境	生物多样性	得分：衡量企业在环境治理与维护方面的效益 权重：衡量环境因素对于企业的重要性
	气候变化	
	污染与资源	
	水资源安全	
	供应链	
社会	消费者责任	得分：衡量企业在社会责任承担方面产生的效益 权重：衡量社会形象因素对于企业的重要性
	健康与安全	
	人权与社区	
	劳工标准	
	供应链	
治理	反腐败	得分：衡量企业在自身内部治理方面产生的效益 权重：衡量企业自身内部治理因素对于企业的重要性
	公司治理	
	风险管理	
	税务透明	

富时罗素将全球产业分为 11 个产业及其细分行业，根据企业所在行业，每项 ESG 议题对于公司的相关性被划分为高、中、低 3 个等级，再逐级汇总每个维度的得分，最终得出一个 1～5 分的 ESG 评级结果，评分越高，表示 ESG 评级越高。

富时罗素 ESG 评级仅使用公开资料（包括公司年报、季报和企业社会责任报告，强制性会计披露，证券交易所监管文件，非政府组织和媒体披露文件等），不会向发行人发送调查问卷。富时罗素 ESG 评级的一大特征是会排除争议行业，如烟草、煤炭、军工等行业，以及可能违反联合国全球契约原则（人权，劳工，环境与反腐败）的公司。

富时罗素 ESG 评级可通过在线数据模型访问，包括 47 个发达市场和新兴市场中的 8000 只证券，其中包括富时环球指数、富时英国全股指数和罗素 1000 指数的成分股。

（七）标普全球

标普全球 ESG 评分基于企业可持续性评估（corporate sustainability assessment，CSA）体系。CSA 体系的背景十分复杂。1995 年，SAM 公司成立，并于 1999 年推出 CSA 业务；同在 1999 年，SAM 根据 CSA 结果，联合道琼斯指数（现为标普道琼斯指数）共同推出首个全球性可持续发展指数——道琼斯可持续发展全球指数（The Down Jones Sustainability Indexes，DJSI）。2006 年，资管机构荷宝（Robeco）收购 SAM 公司，并于 2013 年更名为 RobecoSAM。2019 年，标普全球收购 RobecoSAM 的 ESG 评级业务——CSA，形成标普全球 ESG 业务。

当前，CSA 的 ESG 评级主体范围基于全球行业分类标准的 61 个行业，方法学包括环境、社会和治理三大维度，共 23 个主题，分为行业特定指标和通用指标。针对不同行业的特点，CSA 为每个行业设计约 100 个问题，以及约 1000 个数据点。适用于所有行业的通用指标包括：商业准则、公司治理、重要性、政策影响力、风险与危机管理、气候战略、环境报告、运营生态效率、企业公民和慈善、人力资本开发、人权、劳动实践、社会报告、人才吸引与保留等。CSA 评级结果主要用于公司非财务状况分析、ESG 投融资、公司战略规划和公司投融资评估，也是公司能否被纳入道琼斯可持续发展全球指数的决定性因素之一。CSA ESG 指标体系如表 2-14 所示。

表 2-14　CSA ESG 指标体系

维度	指标
环境	生物多样性
	建筑材料
	气候战略
	协同处置
	发电
	环境政策与管理系统
	环境报告
	燃料效率
	转基因生物
	低碳战略
	矿物废料管理
	运营生态效率
	包装
	产品管理
	原料采购
	回收战略
	资源节约与资源效率
	可持续林业实践
	输电和配电
	水运营
	水相关风险
社会	解决成本负担
	资产关闭管理
	企业公民和慈善
	普惠金融
	健康结果贡献
	人力资本开发
	人权
	劳动实践指标

续表

维度	指标
社会	经营活动的本地影响
	职业健康与安全
	与可持续医疗保健的合作伙伴关系
	客运安全
	内容责任
	对社区的社会影响
	社会融合与再生
	社会报告
	利益相关者参与
	药物或产品获得途径改进战略
	人才吸引与保留
治理	预防犯罪政策与措施
	品牌管理
	商业行为准则
	遵守适用的出口管制制度
	公司治理
	客户关系管理
	效率
	能源结构
	金融稳定与系统性风险
	车队/船队管理
	健康与营养
	信息安全/网络安全与系统
	创新管理
	市场机遇
	市场营销实务
	重要性
	网络可靠性
	政策影响力

续表

维度	指标
治理	可持续保险准则
	隐私保护
	产品质量与召回管理
	可靠性
	风险与危机管理
	新兴市场战略
	供应链管理
	可持续建筑
	可持续金融
	税务战略

标普全球 ESG 评级体系是得分制，将不同维度得分加权求和，从而得到 ESG 评分总分，范围是 0 ～ 100 分，参与问卷调查的公司的得分与所在行业的其他公司的得分进行排名，得分越高的公司，ESG 表现越好。在此基础上，CSA 还会持续关注来自媒体、政府机构、监管机构、智库和其他来源的公开信息，以识别对公司声誉、财务状况或核心业务有破坏性影响的 ESG 争议事件，也就是进行 MSA（Media&Stakeholder Analysis）评价。MSA 事件主要涉及经济犯罪、腐败、欺诈、非法商业行为、侵犯人权、劳资纠纷、工作场所安全、灾难性事故和破坏环境的行为等。若被评公司标记有 MSA 事件，则 CSA 会根据 MSA 事件的影响程度以及公司的回应情况，对其 ESG 得分进行调整。

CSA 评级的数据来源主要参考受邀各企业填报的 CSA 问卷原始数据，并与其他渠道信息进行交叉认证。此外，CSA 不仅仅衡量公司报告的透明度及完整性，而是更加重视公司能否有效管理相关 ESG 事件，以及在这些问题上的透明度和表现。

二、国内 ESG 评级机构

（一）华证指数

上海华证指数信息服务有限公司成立于 2017 年 9 月，是一家专业从事指数与指数化投资综合服务的公司，也是国内较早开展 ESG 评级的机构。

华证指数 ESG 评级体系充分借鉴国际 ESG 核心要义，结合我国信息披露情况和公司特点，自上而下构建评级体系，包括环境、社会、治理三大维度，二级主题指标 16 项，三级议题指标 44 项，四级底层指标近 80 项，底层数据指标 300 多项，集成语义分析、NLP 等智能算法构建 ESG 大数据平台，覆盖全部 A 股上市公司和具有可投资性的港股上市公司（港股市值覆盖率达 95%）。华证指数 ESG 评级体系如表 2-15 所示。

表 2-15　华证指数 ESG 评级体系

维度	主题	议题
环境	气候变化	温室气体排放，碳减排路线，应对气候变化，海绵城市，绿色金融
	资源利用	土地利用及生物多样性，水资源消耗，材料消耗
	环境污染	工业排放，有害垃圾，电子垃圾
	环境友好	可再生能源，绿色建筑，绿色工厂
	环境管理	可持续认证，供应链管理，环保处罚
社会	人力资本	员工健康与安全，员工激励和发展，员工关系
	产品责任	品质认证，召回，投诉
	供应链	供应商风险和管理，供应链关系
	社会贡献	普惠，社区投资，就业，科技创新
	数据安全与隐私	数据安全与隐私
治理	股东权益	股东权益保护
	治理结构	ESG治理，风险控制，董事会结构，管理层稳定性
	信息披露质量	ESG外部鉴证，信息披露可信度
	治理风险	大股东行为，偿债能力，法律诉讼，税收透明度
	外部处分	外部处分
	商业道德	商业道德，反贪污和贿赂

华证指数 ESG 评级给予被评主体 AAA 级至 C 级 9 档评级，ESG 总分、一级指标、二级指标、三级指标得分均为 0 ~ 100 的标准分，得分越高，说明被评主体在该指标上的表现越好。对经过行业调整后的 ESG 分数，将以表 2-16 所示的区间对公司进行 ESG 等级评定。

表 2-16　华证指数 ESG 评级与 ESG 分数对应表

ESG评级	行业调整后的ESG分数
AAA	分数≥95
AA	90≤分数<95
A	85≤分数<90
BBB	80≤分数<85
BB	75≤分数<80
B	70≤分数<75
CCC	65≤分数<70
CC	60≤分数<65
C	分数<60

　　华证指数除了 ESG 评级之外，还设置了 ESG 尾部风险提示，分为低风险、关注、警告和严重警告；BBB 至 AAA 评级企业提示低风险，CCC 至 BB 评级企业提示关注，CC 评级企业提示警告，C 评级企业提示严重警告，如图 2-9 所示。

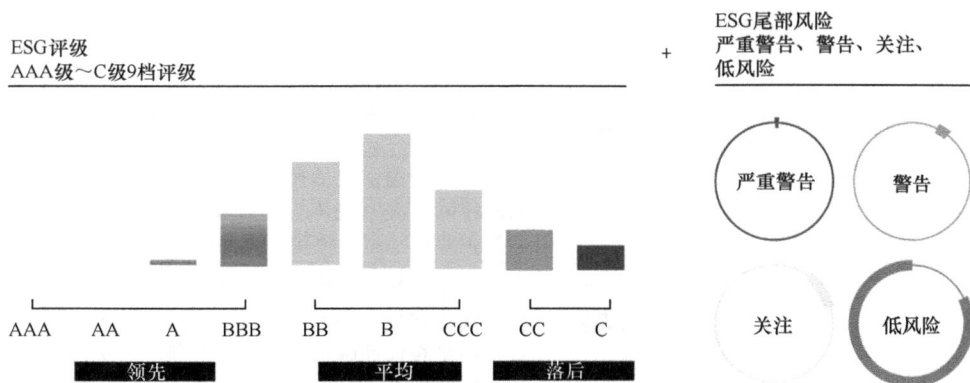

图 2-9　华证指数 ESG 评级风险提示

　　华证指数 ESG 评级主体范围涵盖了几乎所有 A 股。从评级等级来看，截至 2024 年 6 月 24 日，华证指数 ESG AAA 评级有 7 家企业，占比 1‰ 左右，ESG 评级中位数在 BB 和 B 左右，整体评级趋于中等水平，如图 2-10 所示。

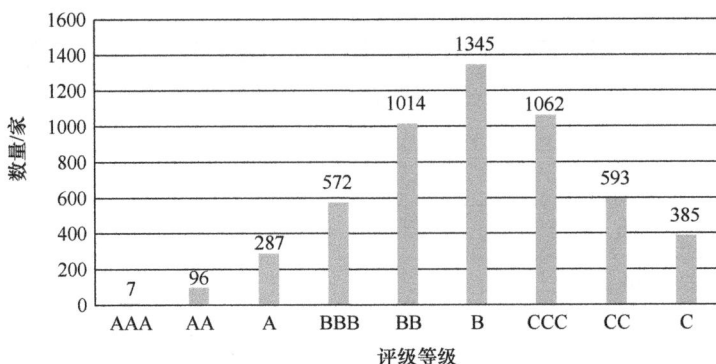

图 2-10　华证指数 A 股企业 ESG 评级情况

（二）中证指数

中证指数有限公司成立于 2005 年 8 月，是由沪深证券交易所共同出资成立的金融市场指数提供商。随着全球对 ESG 投资理念的关注增加，中证指数在基于国际先进理念和国际共识框架基础上，结合中国市场的特点，开始研发 ESG 评级体系。

中证指数 ESG 评级体系由三大维度、13 个主题、22 个议题及 180 余项指标构成，如表 2-17 所示。环境维度反映企业生产经营过程对环境的影响，揭示企业面临的环境风险和机遇；社会维度反映企业对利益相关方的管理能力及社会责任方面的管理绩效，揭示企业可能面临的社会风险和机遇；公司治理维度考察企业是否具有良好的公司治理能力或存在潜在治理风险。

表 2-17　中证指数 ESG 评级体系

维度	主题	议题	含义
环境	气候变化	碳排放	反映企业温室气体排放水平，以及企业为直接或间接降低温室气体排放采取的管理措施，旨在衡量企业在温室气体排放方面的风险
	污染与废物	污染与废物排放	反映企业污染与废物排放水平，以及企业为直接或间接降低污染与废物排放采取的管理措施，旨在衡量企业面临与污染、废物排放相关的诉讼或监管惩罚等风险
	自然资源	水资源	反映企业资源利用情况，旨在衡量企业在资源成本提升和资源使用与所在地利益冲突时，可能面临的经营生产持续性、市场准入困难等风险
		土地使用与生物多样性	
	环境管理	环境管理制度	反映企业管理环境风险的主观意识和制度安排，旨在从整体角度衡量企业管控环境风险的能力

维度	主题	议题	含义
环境	环境机遇	环境机遇	反映企业面临的环境发展机遇以及机遇管理能力，旨在衡量企业可能获益于经济转型和绿色经济发展的机遇，如清洁技术、可再生能源、绿色建筑、绿色金融等
		绿色金融	
社会	利益相关方	员工	反映员工情况、福利等，旨在衡量企业可能面临的由于劳动力不稳定等带来的生产停滞、法律诉讼等风险，同时考察企业是否制定相应政策对可持续雇佣关系进行管理
		供应链	反映供应链集中度与合规性，旨在衡量企业由于供应链的不稳定或不安全等因素导致企业经营持续性受到影响的风险，同时考察企业是否制定相应政策对供应链可持续性进行管理
		客户与消费者	反映产品质量、信息安全等，旨在衡量企业面临产品质量问题、信息泄露等带来的监管处罚以及市场准入与法律诉讼等风险，同时考察企业是否制定相应政策对产品质量与信息安全性进行管理
	责任管理	责任管理	反映企业社会责任管理的主观意识和制度安排，旨在衡量企业在社会责任方面的管理绩效以及对企业的影响
	社会机遇	慈善活动	反映企业扶贫、捐赠、就业、税收等社会贡献，衡量企业受益于履行社会责任、对社会积极贡献而获得的发展机遇
		企业贡献	
公司治理	股东权益	中小股东保护	反映企业对股东权益的保障程度以及控股股东行为对企业的影响
		控股股东与大股东行为	
	治理机构与运作	机构设置	反映企业的董监高治理情况，包括机构设置、机构运作、激励与约束机制情况，治理机构与运作是完善和优化治理机制的关键要素
		机构运作	
		激励与约束机制	
	信息披露	信息披露质量	反映企业信息披露的及时性、可靠性与完备性，旨在衡量企业信息披露的质量
	公司治理风险	公司治理风险	反映企业受到的监管处罚、法律诉讼等问题，旨在衡量企业发生治理问题所引发的风险
	管理运营	财务风险	反映企业财务风险与财务质量的情况，旨在衡量公司治理的效果
		财务质量	

中证指数 ESG 评级结果由高到低分为 AAA、AA、A、BBB、BB、B、CCC、

CC、C 和 D 共 10 级，反映受评对象相对所在行业内其他企业的 ESG 表现。

中证指数 ESG 评级更新频率一般为月度，评级依据的信息包括企业年报、季报和不定期报告，企业社会责任报告以及其他企业披露的信息；产业规划、认证、处罚、监管评价等政府机构发布的公开信息；权威媒体发布的新闻舆论、事件调查等信息；企业绿色收入、社会贡献值等中证指数有限公司的特色信息。当企业发生重大环境污染、重大危害公共安全及重大财务造假等严重 ESG 争议性事件时，中证指数有限公司对中证指数 ESG 评级结果进行及时更新。

截至 2024 年 6 月 24 日，中证指数公布了 799 家 A 股企业的评级情况，其中 AAA 评级 66 家，有 76.5% 被评级企业的 ESG 评级在 BBB 及以上，如图 2-11 所示。中证指数 ESG 评级中的 A 股企业整体偏良好。

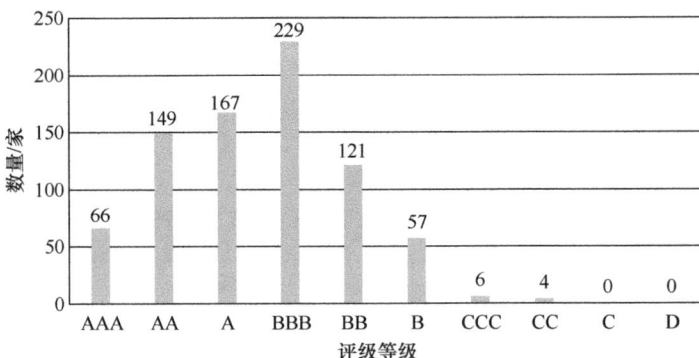

图 2-11　中证指数 A 股企业 ESG 评级情况

（三）商道融绿

商道融绿于 2015 年推出了自主研发的 ESG 评级体系，建立了中国最早的上市公司 ESG 数据库。目前，商道融绿的 ESG 评级覆盖全部中国境内上市公司、港股通中的香港上市公司以及主要的债券发行主体，具体 ESG 数据涵盖企业、行业和宏观层面，评级结果和具体 ESG 数据可广泛应用于投资决策、风险管理、政策制定、可持续金融产品的创新和研发。

商道融绿的 ESG 评级框架包括三大维度、14 个核心议题以及将近 700 个数据点，如表 2-18 所示。采集数据后，对近 200 项 ESG 指标进行打分。商道融绿共建立了 51 个行业模型，模型内包括该行业的 ESG 指标和指标权重。

表 2-18　商道融绿 ESG 评级体系

维度	议题	通用指标示范
环境（E）	E1环境政策	环境管理体系、环境管理目标、节能和节水政策、绿色采购政策
	E2能源与资源消耗	能源消耗、节能、节水、能源使用监控等
	E3污染物排放	污水排放、废气排放、固体废弃物排放等
	E4应对气候变化	温室气体排放、碳强度、气候变化管理体系等
	E5生物多样性	生物多样性保护目标与措施
社会（S）	S1员工发展	员工发展、劳动安全、员工权益等
	S2供应链管理	供应链责任管理、供应链监督体系等
	S3客户权益	客户关系管理、客户信息保密等
	S4产品管理	质量管理体系认证、产品/服务质量管理等
	S5数据安全	数据安全管理政策等
	S6社区	促进社区就业、捐赠等
治理（G）	G1治理结构	信息披露、董事会独立性、高管薪酬、审计独立性等
	G2商业道德	反腐败与贿赂、举报制度、纳税透明度
	G3合规管理	合规管理、风险管理等

　　商道融绿 ESG 评级总分由环境、社会和治理 3 项一级指标分数构成，3 项一级指标由各自的管理得分和风险得分相加，如图 2-12 所示。

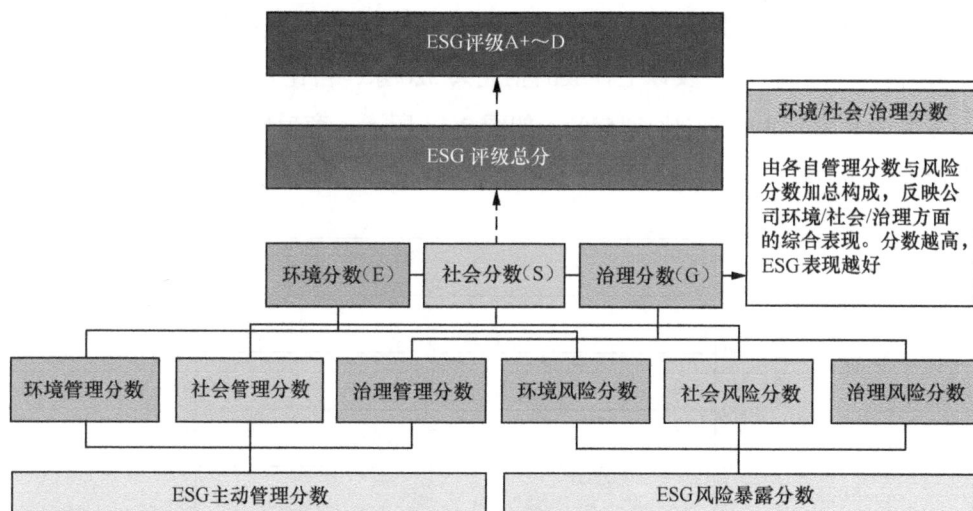

图 2-12　商道融绿 ESG 评级体系

商道融绿 ESG 总分范围为 0 ～ 100 分，根据分数将评级体系分为 A+ 到 D 共 10 级，其评级结果如表 2-19 所示。

表 2-19　商道融绿的 ESG 评级结果

级别	描述
A+、A	优秀的ESG综合管理水平，过去3年几乎未出现ESG风险事件，或仅出现个别轻微风险事件，总体表现稳健
A−、B+	良好的ESG综合管理水平，过去3年出现过少数有轻微影响的ESG风险事件，ESG风险较低
B、B−、C+	企业ESG综合管理水平一般，过去3年出现过一些有中等影响的ESG风险事件或少数较严重的风险事件，尚未构成系统性ESG风险
C、C−	企业ESG综合管理水平薄弱，过去3年出现过较多中等影响的ESG风险事件或一些较严重的风险事件，ESG风险较高
D	企业近期出现了重大的ESG风险事件，对企业有重大的负面影响，已暴露出很高的ESG风险

商道融绿 ESG 数据来源主要是上市公司年度报告、可持续发展报告、社会责任报告、环境报告、公告、企业官网等，企业的负面 ESG 信息主要来自企业自主披露、监管部门（如环保、安监、证监、银保监等部门）处罚信息、正规媒体报道、社会组织调查等。

截至 2024 年 6 月 24 日，商道融绿公布了 5314 家 A 股企业的评级情况，没有 A+ 评级的企业，A− 及以上评级的企业共 326 家，占比 6.13%，大部分企业的评级集中在 B− 和 B，占比 66.54%，如图 2-13 所示。商道融绿 ESG 评级中 A 股企业整体偏中等。

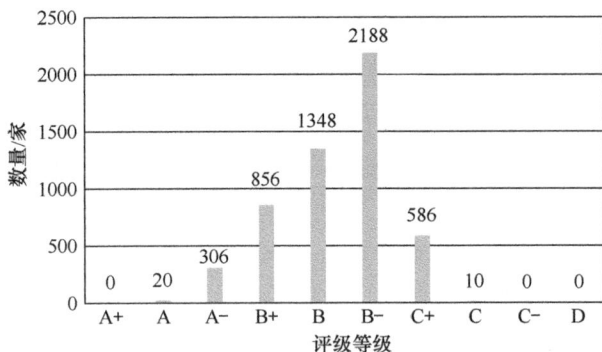

图 2-13　商道融绿 A 股企业 ESG 评级情况

（四）盟浪

盟浪创立于 2021 年，是国内一家专注于可持续发展的咨询公司，提供 ESG 相关的咨询服务，其服务包括 ESG 投资策略制定、ESG 尽职调查、ESG 风险管理等。

盟浪建立了可持续发展价值评估模型（FIN-ESG），将企业的综合价值用六大体系指标来进行衡量，包括经济表现（financial）、创新能力（innovation）、价值准则（norm）、环境表现（environmental）、社会表现（social）和公司治理（governance）。前三大要素体系（FIN）侧重考察企业实现可持续发展的内部驱动力、创新力及业务实力；后三大要素体系（ESG）则主要考察企业在环境、社会和公司治理维度上的表现，包括其在相关风险方面的识别和防控能力，及其商业活动产生的正、负外部性，如表 2-20 所示。盟浪用 FIN-ESG 模型对 A 股上市公司进行评级，并将实现全 A 股覆盖。

表 2-20　盟浪 ESG 评级指标体系

体系	一级指标	二级指标		三级指标
FIN	经济表现	1.1	盈利能力	90多项
		1.2	运营效率	
		1.3	资本业务结构	
		1.4	效益质量	
		1.5	资产质量	
		1.6	偿债能力	
		1.7	成长能力	
		1.8	财务贡献	
	创新能力	2.1	研发能力	
		2.2	产品服务	
		2.3	业态影响	
	价值准则	3.1	价值驱动	
		3.2	战略驱动	
		3.3	业务驱动	
ESG	环境表现	4.1	环境管理	
		4.2	资源利用	

体系	一级指标	二级指标		三级指标
ESG	环境表现	4.3	生态气候	90多项
		4.4	污染防控	
		4.5	绿色金融	
	社会表现	5.1	客户价值	
		5.2	员工权益	
		5.3	合作伙伴	
		5.4	安全运营	
		5.5	公益贡献	
	公司治理	6.1	治理结构	
		6.2	利益相关方	
		6.3	信息披露	
		6.4	风险内控	
		6.5	激励机制	

盟浪 FIN-ESG 评级划分为 9 个基础等级和 19 个增强等级，评级由强到弱依次为 AAA、AA+、AA、AA-、A+、A、A-、BBB+、BBB、BBB-、BB+、BB、BB-、B+、B、B-、CCC、CC、C，如表 2-21 所示。

表 2-21　盟浪 FIN-ESG 评级

等级	说明	评估
AAA、AA+、AA、AA-、A+、A、A-	处于该区间的公司，创造FIN-ESG的综合价值能力强，受不良形势或周期性因素影响小，可持续发展风险低	领先
BBB+、BBB、BBB-、BB+、BB、BB-、B+	处于该区间的公司，创造FIN-ESG的综合价值能力一般，容易受不良形势或周期性因素影响，存在一定的可持续发展风险	平均
B、B-、CCC、CC、C	处于该区间的公司，创造FIN-ESG的综合价值能力较差，受到不良形势或周期性因素影响大，存在较大的可持续发展风险	落后

盟浪 ESG 数据来源主要是上市公司信息披露报告，如年度报告、社会责任

报告、可持续发展报告、ESG 报告，以及企业官网、临时公告；监管部门发布的相关信息，如生态环境部、应急管理部、国家税务总局、国家认证认可监督管理委员会、各级人民法院以及各产业主管部委公开的数据库和黑名单等；第三方数据库及主流媒体披露的负面信息。

截至 2024 年 6 月 24 日，盟浪公布了 4857 家 A 股企业的评级情况，AAA 评级的企业共 7 家企业，没有 A+ 评级的企业，A 及以上评级的企业共 884 家，占比 18.20%，大部分企业的评级集中在 B 和 BB，占比 65.70%，如图 2-14 所示。盟浪 ESG 评级整体为中等偏上，评级低的企业较少。

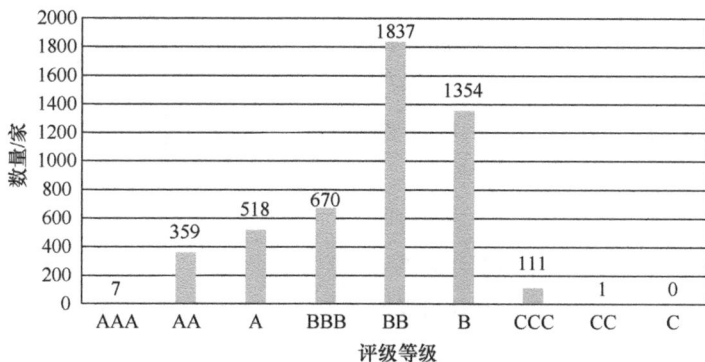

图 2-14 盟浪 A 股企业 ESG 评级情况

（五）万得

万得公司成立于 1996 年，是国内成立较早的金融数据提供商。在深入研究 ISO 26000、联合国可持续发展目标（Sustainable Development Goals，SDGs）、GRI 标准、ISSB 准则、TCFD 建议等国际标准和指南的基础上，结合我国 ESG 发展现状，2021 年万得公司正式推出自己的 ESG 评级。目前，万得 ESG 评级主体范围覆盖全部的 A 股和港股上市公司。

万得 ESG 评级体系由管理实践评估和争议事件评估组成。其中，管理实践评估分为环境、社会、治理三大维度，29 个议题，500 多项指标和 2000 多个数据点，如表 2-22 所示。根据万得三级 / 四级行业分类，万得 ESG 评级识别 72 个行业的 ESG 实质性议题并赋不同权重，在环境和社会维度下，各行业设有不同的实质性议题，治理维度的议题为所有行业的通用实质性议题。争议事件数据来自新闻舆情、监管处罚和法律诉讼等途径。

表 2-22　万得 ESG 评级体系

模块	维度	议题	指标
管理实践评估	环境	环境管理	例如： 环保总投入； 清洁能源/可再生能源使用； 识别与应对气候变化风险和机遇； 范围1～范围3温室气体排放； 原材料与包装材料管理体系与制度； 生物栖息地保护； ……
		能源	
		气候变化	
		原材料	
		废弃物	
		废气	
		废水	
		水资源	
		生物多样性	
		绿色建筑	
		可持续金融	
	社会	雇佣	例如： 反歧视与多元化管理体系与制度； 员工满意度调查； 产品召回程序； 研发员工比例； 帮扶脱贫人口数量； 保障信息安全与隐私保护的措施； ……
		发展与培训	
		职业健康与安全生产	
		产品与服务	
		研发与创新	
		信息安全与隐私保护	
		客户	
		供应链	
		社区	
		医疗可及性	
		普惠金融	
	治理	ESG治理	例如： 董监高离职率； 女性董事占比； 检举者保护机制； 反垄断与公平竞争培训； 重大事件应对； ……
		董监高	
		反贪污腐败	
		股权及股东	
		审计	
		反垄断与公平竞争	
		税务	

模块	维度	议题	指标
争议事件评估	—	新闻舆情	例如： 固废污染； 安全事故； 强迫劳动罪； 高管异动； 侵权责任纠纷； ……
		监管处罚	
		法律诉讼	

万得 ESG 核心评估模型中的各项指标基于 0 ～ 10 分的规则进行打分，根据实质性议题与权重汇总为 E、S、G 维度得分与管理实践得分，并按照分值区间给公司评为 AAA 到 CCC 7 级评级结果，如表 2-23 所示。

表 2-23　万得 ESG 评级

万得ESG评级	万得ESG综合评分	万得ESG评级含义
AAA	$9 \leqslant 评分 \leqslant 10$	企业管理水平很高，ESG 风险很低，可持续发展能力很强
AA	$8 \leqslant 评分 < 9$	企业管理水平高，ESG 风险低，可持续发展能力强
A	$7 \leqslant 评分 < 8$	企业管理水平较高，ESG 风险较低，可持续发展能力较强
BBB	$6 \leqslant 评分 < 7$	企业管理水平一般，ESG 风险一般，可持续发展能力一般
BB	$5 \leqslant 评分 < 6$	企业管理水平较低，ESG 风险较高，可持续发展能力较弱
B	$4 \leqslant 评分 < 5$	企业管理水平低，ESG 风险高，可持续发展能力弱
CCC	$0 \leqslant 评分 < 4$	企业管理水平很低，ESG 风险很高，可持续发展能力很弱

万得 ESG 评级体系能综合反映企业的 ESG 管理实践水平以及重大突发风险。针对目前 ESG 信息披露率不高的问题，万得 ESG 评级数据库除覆盖上市公司自

主披露的年报、ESG 报告、社会责任报告，还覆盖 13 000 余家政府及监管部门（包括国家、省 / 自治区 / 直辖市、市、区、县等各级机构），8000 余家新闻媒体、网络舆情信息源，800 余家行业协会、非政府组织以及第三方公益环保组织、各类行业协会网站等，总计有 20 000 多数据源。

三、国内外 ESG 评级体系对比

当前，在全球范围内 ESG 评级体系并未形成统一的标准，不同 ESG 评级机构在评价框架、评价等级、指标选取、数据来源、评价侧重等方面存在着差异。以本节选取的国际 ESG 评级机构 MSCI、路孚特、晨星 Sustainalytics、CDP、汤森路透、富时罗素、标普全球以及国内评级机构华证指数、中证指数、商道融绿、盟浪和万得为例，在评价框架方面，晨星 Sustainalytics 包括实质性议题、公司治理及特殊议题 3 个模块，CDP 设计了气候变化问卷、水安全问卷、森林问卷 3 个问卷，盟浪在环境表现、社会表现、公司治理基础上增加了经济表现、创新能力、价值准则体系；在评价等级方面，CDP、中证指数和盟浪的 ESG 结果没有评分，只有评级；在数据来源方面，CDP 和标普全球采用企业提交问卷的形式，其他 ESG 评级主要依托公开披露数据；在是否考虑争议性事件方面，CDP、富时罗素、华证指数、商道融绿没有将争议性事件作为 ESG 最终得分的调整项；此外，在是否考虑产品安全性、是否考虑财务指标、是否排除敏感行业、是否考虑企业主动暴露问题等方面，各 ESG 评级体系也各有差异。国外和国内 ESG 评级机构及其评级体系对比分别如表 2-24、表 2-25 所示。

表2-24 国外ESG评级机构及其评级体系对比

主题	MSCI	路孚特	晨星 Sustainalytics	CDP	汤森路透	富时罗素	标普全球
评价框架	环境、社会、治理三大维度，33个关键议题，10个主题、数千个数据点	环境、社会、治理三大维度，10个主题、630多项细分指标	实质性议题、公司治理及特殊议题3个模块、350多项细分指标，1300个数据点	气候变化问卷、森林问卷、水安全问卷3个问卷	环境、社会、治理三大维度，10个主题、178项细分指标	环境、社会、治理三大维度，14个主题、300多项细分指标	环境、社会、治理三大维度，23个主题、约1000个数据点
评价等级	0~10分评分范围，得分越高，ESG表现越好；AAA、AA、A、BBB、BB、B、CCC共7个等级	0~1分评分范围，得分越高，ESG表现越好；A+、A、A-、B+、B、B-、C+、C、C-、D+、D、D-共12个等级	0~100分评分范围，得分越高，ESG风险越高；可忽略风险、低风险、中等风险、高风险、严峻风险5个等级	A、A-、B、B-、C、C-、D、D-共8个等级，未披露或评信息不全评为F等级	0~1分评分范围，得分越高，ESG表现越好；A+、A、A-、B+、B、B-、C+、C、C-、D+、D、D-共12个等级	1~5分评分范围，得分越高，ESG表现越好	0~100分评分范围，得分越高，ESG表现越好
数据来源	公开披露的信息	公开披露的信息	公开披露的信息	企业提交的相关问卷、以及政府和环境监管机构的报告等	公开披露信息	公开披露的信息	邀请企业填报的CSA问卷原始数据，并与其他渠道信息进行交叉认证
是否考虑争议事件	是	是	是	否	是	否	是

续表

主题	MSCI	路孚特	晨星 Sustainalytics	CDP	汤森路透	富时罗素	标普全球
是否考虑产品安全性	是	是	否	是	是	否	否
是否考虑财务指标	是	是	是	否	是	否	是
是否排除敏感行业	是	否	否	否	否	是	否
是否考虑企业主动暴露问题	否	否	否	否	否	是	是
是否与企业进行沟通	是	否	是	否	否	是	是
是否考虑 ESG 风险与机遇	是	否	是	是	是	是	是

表 2-25　国内 ESG 评级机构及其评级体系对比

主题	华证指数	中证指数	商道融绿	盟浪	万得
评级体系	环境、社会、治理三大维度，二级主题指标16项，三级议题指标44项，四级底层指标近80项，底层数据指标300多项	环境、社会、治理三大维度，13个主题，22个议题及180余项指标	环境、社会、治理三大维度，14个主题，近200项细分指标	FIN-ESG模型，FIN包括经济表现、创新能力和价值准则维度，ESG包括环境表现、社会表现和公司治理维度，29个主题，超过90项细化指标	环境、社会、治理三大维度，29个议题，500多项指标和2000多个数据点
评价等级	0～100分评分范围，得分越高，ESG表现越好；AAA、AA、A、BBB、BB、B、CCC、CC、C共9个等级	AAA、AA、A、BBB、BB、B、CCC、CC、C和D共10个等级	0～100分评分范围，得分越高，ESG表现越好；A+、A、A-、B+、B、B-、C+、C、C-和D共10个等级	AAA、AA+、AA、AA-、A+、A、A-、BBB+、BBB、BBB-、BB+、BB、BB-、B+、B、B-、CCC、CC、C等19个增强等级	0～10分评分范围，得分越高，ESG表现越好；AAA、AA、A、BBB、BB、B、CCC共7个等级
数据来源	公开披露的信息	公开披露的信息	公开披露的信息	公开披露的信息	公开披露的信息
是否考虑争议事件	否	是	否	是	是
是否考虑产品安全性	否	是	是	否	是
是否考虑财务指标	是	是	是	是	是
是否排除敏感行业	否	否	否	是	否
是否考虑企业主动暴露问题	否	是	否	否	否
是否与企业进行沟通	否	否	否	否	是
是否考虑ESG风险与机遇	是	是	是	是	是

注：部分内容参考《中国 ESG 发展报告 2023》。

国际 ESG 评级机构在评级体系构建、数据收集、分析方法应用等方面具有较为成熟的经验，而国内 ESG 评级机构则在本土化适应性、政策响应等方面具有优势。国际机构的评级结果在国际上具有较高的认可度和影响力，而国内机构则更了解国内企业的实际情况和需求。国际 ESG 评级机构已经形成了较为完善的评级体系和评价方法，而国内 ESG 评级机构则正处于快速发展阶段，正逐步构建符合我国国情的 ESG 评级体系。

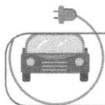

第三节 ESG第三方检测机构分析

📍 竹利江

　　中国汽车工程研究院股份有限公司部件与材料测评研究中心主任

📍 杨鹏飞

　　中国汽车工程研究院股份有限公司工程师

📍 褚关润

　　中国汽车工程研究院股份有限公司材料碳核算高级工程师

📍 杨坤

　　中国汽车工程研究院股份有限公司材料碳核算工程师

　　欧盟作为全球碳中和目标最激进、推动意志最强、行动最多的政治经济体，其内部企业在"双碳"服务领域需求也最为旺盛，催生了许多全球领先的低碳服务领域检测认证机构，主要有莱茵 TÜV 集团（简称"TÜV 莱茵"）、TÜV 南德意志集团（简称"TÜV 南德"）、瑞士通用公证行（简称"SGS"）、德国机动车监督协会（简称"德凯"）等，其服务范围涵盖了碳足迹核算、咨询、认证、碳足迹证书颁发等多个领域，主流汽车检测机构在 ESG 领域的服务包括 ESG 咨询、报告编制、ESG 鉴证等。

　　相比发达经济体，我国开展低碳领域的检测认证工作较晚，但近年来也发展起来一批颇具影响力的检测认证机构，例如中国质量认证中心（China Quality Certification Centre，CQC）、方圆标志认证集团（简称"方圆"英文缩写 CQM）、中国汽车工程研究院股份有限公司（简称"中国汽研"）、中国汽车技术研究中心有限公司（简称"中汽中心"）等。由于我国当前对国内碳足迹核算和管理并不作强制要求，主要以鼓励企业自我管理为主，因此检测机构提供的"双碳"业务集中在以应对国际碳边境要求为主要目标的碳足迹核算、国际认证、技术摸底、咨询、自愿性认证等服务。

一、国际机构的碳足迹及 ESG 行动

（一）TÜV 莱茵

TÜV 莱茵是一家国际领先的技术服务供应商，成立于 1872 年，总部位于德国科隆。该集团拥有遍布全球的服务网络，业务范围广泛，包括工业、化学、能源、建筑和房地产等领域。在碳服务领域，TÜV 莱茵作为全球领先的技术服务商，是德国认证认可委员会（DAkkS）、欧盟碳排放权交易体系（EU ETS）、德国碳排放权交易管理局等授权和认可的温室气体审核查证机构。其服务范围涵盖 ESG 报告鉴证、温室气体排放核算与核查、产品碳足迹计算、绿色产品认证、ISO 50001 能源管理体系、能源审计等。

在碳足迹方面，TÜV 莱茵根据 ISO 14064 系列标准已为奔驰、上汽、蔚来等多家车企提供了碳足迹核算认证服务。其中，TÜV 莱茵根据 ISO 14064-3 国际标准，对上汽乘用车汽车产品全生命周期温室气体量化过程中使用的活动数据和背景数据的准确性、计算模型和计算公式的完整性，以及报告内容的连贯性和透明度进行了符合性评估；TÜV 莱茵按照 ISO 14067 标准要求，通过文件审阅、整车厂及重点供应商现场审核等方式，从系统边界、数据收集、计算方法、数据与报告质量等方面，对蔚来 ET5 车型（包括电池整包）及两款电驱动系统的全生命周期碳足迹进行了核查，并为 ET5 车型、150 kW 感应异步电驱动系统、210 kW 永磁同步电驱动系统、75 kWh 电池包颁发了产品碳足迹证书。

在报告鉴证方面，TÜV 莱茵已有十多年项目经验，主要依据中度等级的 AA1000 审验标准（AA1000AS v3），对报告中披露的信息和数据进行审验，包括审查公司管理实践和流程来评估 ESG 管理体系、访谈公司高级管理层以及负责 ESG 绩效信息采集和统计的管理人员、收集与评估支持性书面证据和管理呈现等。2024 年 4 月，TÜV 莱茵为孚能科技（赣州）股份有限公司发布的《2023 年环境、社会及公司治理报告》提供了独立性鉴证服务，并出具报告鉴证声明。

2024 年 6 月，TÜV 莱茵为延锋彼欧汽车外饰系统有限公司发布的《2023 年度 YFPO ESG 报告》提供了独立性鉴证服务，并出具报告鉴证声明。

（二）TÜV 南德

TÜV 南德成立于 1866 年，总部位于德国慕尼黑，其前身是为了应对一起蒸汽锅炉爆炸事故而成立的检验协会。随着工业革命的发展，TÜV 南德的服务范围逐渐扩大，涵盖了电力、汽车、消防安全、产品安全等多个领域。在碳服务领域，TÜV 南德是为承诺实现 SBTi Net-Zero 的 TIC（测试、检验和认证）机构之一。TÜV 南德的碳业务包括碳管理培训、组织碳盘/核查、产品碳足迹、EPD 认证、碳中和路径规划和认证，以及碳信息披露（例如 CDP、SBTi）等服务，自 2022 年以来，在中国已发出超 400 张碳管理相关证书。

在碳足迹方面，TÜV 南德重点服务于汽车供应链企业。2022 年 9 月，TÜV 南德为宝山钢铁股份有限公司全废钢电炉冶炼生产的普冷产品和热镀锌产品颁发了产品碳足迹核查声明。TÜV 南德以 ISO 14067：2018 国际标准以及钢铁行业环境产品声明平台产品种类规则为依据，核查了"从摇篮到大门（cradle-to-gate）"周期内普冷产品和热镀锌产品的温室气体排放情况，为了更为精准地量化两款汽车高强钢产品碳足迹，此次核查也对产品原材料连铸坯的碳排放做了详细追溯。

此外，TÜV 南德也为汽车产业链企业提供 ESG 鉴证业务。TÜV 南德受正泰新能委托，对《正泰新能科技有限公司 2022 年度环境、社会及治理（ESG）报告》开展了独立第三方鉴证工作，并于 2023 年 6 月德国慕尼黑国际太阳能光伏展（Intersolar Europe 2023）向正泰新能颁发 ESG 报告独立鉴证声明。此次鉴证过程由 TÜV 南德在经济、环境和社会相关议题等方面具有资深经验的专家团队实施，符合《国际鉴证业务准则第 3000 号（修订版）——除历史财务信息审核或复核之外的鉴证业务》（ISAE 3000）、《TÜV 南德可持续发展报告鉴证程序》标准，通过对正泰新能 2022 年 ESG 报告中的实质性议题管理方法及行动措施、可持续发展绩效表现，及与经济、环境、社会相关的信息和数据进行一一核查和独立鉴证，证明正泰新能所编制的报告客观、真实，无系统性问题，可供利益相关方使用。

（三）SGS

SGS 创建于 1878 年，总部位于瑞士日内瓦，服务范围覆盖农产、矿产、石化产品、工业品和消费品的检验、鉴定、测试、贸易保障服务和国际认证服务。近年来，SGS 的业务范围扩展到环境、汽车、生命科学和节能减排等新兴领域。1991 年，SGS 和隶属于原国家质量技术监督局的中国标准技术开发公司合资成立 SGS 通标标准技术服务有限公司。SGS 低碳业务范围包含 SBTi 科学碳目标设定、ISO 14064 组织或项目层面温室气体量化与核查、ISO 14067 产品碳足迹量化与核查、PAS 2060 碳中和宣告核证、ISO 14040/ISO 14044 生命周期评价、CDP 披露项目咨询、ISO 50001 能源管理体系认证、能源审计、能效对标、节能诊断、能效测试、ESG 报告编制审验、CBI 气候债券鉴证以及绿色金融等。

在碳足迹方面，SGS 服务于以动力电池生产与回收为代表的汽车供应链企业。2021 年 11 月，SGS 为弗迪电池颁发温室气体核查声明证书和产品碳足迹符合性声明证书。2023 年 5 月，SGS 为浙江新时代中能科技股份有限公司从退役锂电池中回收的硫酸钴、氯化钴、硫酸镍、四氧化三锰、碳酸锂等 5 款产品颁发了 ISO 14067 产品碳足迹核查声明证书。此次核查，SGS 依据产品碳足迹国际标准 ISO 14067：2018，围绕锂电池回收、运输、破碎萃取等环节，"从摇篮到大门"的系统边界对产品生命周期数据进行识别、监测、采集、核定和量化评价。

SGS 积极布局 ESG 领域标准。SGS 基于目前市场形势，综合多利益相关方的要求，依据对 ESG 的洞察和过去 30 年来积累的审核数据，结合现代组织治理理论、ESG 治理基本逻辑、全球面临的 ESG 风险状况和国际公认的权威 ESG 标准，制定了 ESG 认证标准及认证体系，为企业提升自身 ESG 管理和企业出海都提供了解决方案。SGS 独立开发的 ESG 认证服务以绿色可持续发展为核心，融入了数字安全、汽车等多个相关主题，与当下服务业的发展趋势相契合。其优势在于 ESG 认证服务标准采纳了诸多国际通用标准，如与气候变化相关 ISO 14064 组织或项目层级温室气体量化与核查、ISO 14067 产品碳足迹量化与核查；ISO 37301 合规管理体系、ISO 37001 反贿赂管理体系；与信息安全、隐私安全相关的 ISO 27001 信息安全管理体系和 ISO 27701 隐私信息管理体系标准。这使得企业在采纳 ESG 认证服务的同时，可满足多个国际标准的要求，助力企业在全球赢得更多机会和可持续发展优势。2023 年 6 月，SGS 在国内颁发了第一张 ESG 认证证书。

（四）德凯

德凯是德国最大的检验、检测和认证机构，也是全球第四大检验检测认证机构。从 2015 年开始，德凯帮助德系品牌汽车整车厂、国际一级供应商集团开展全供应链环境合规风险管理的审核、评估，为整车厂及供应商提供环保合规风险管理的解决方案，并跟踪评估，直到供应商环境合规风险降到可以接受的程度。2019 —2020 年，供应链风险管理扩展到了社会责任与公司治理的领域。2020 —2021 年，随着全球各国宣布碳中和的目录和路线图，德凯的供应链风险管理服务进一步拓展到气候变化、零碳与可持续发展的领域。这也标志着德凯适时将风险管理的视角与服务领域，从运营风险扩展到环保合规、健康安全合规、社会责任、治理能力、零碳可持续发展等全方位的风险管理。服务的范围也从整车厂、一级供应商，延伸到 Tier N 级供应商，充分利用 ESG 助力供应链风险管理，深耕制造业全供应链可持续发展服务。目前，德凯推出了一系列企业低碳转型服务和解决方案，为组织、人员、产品、碳减排和碳中和提供全方位的服务，包括温室气体排放审核、碳足迹核查、产品生命周期评价、ESG 报告、绿色工厂认证、零碳工厂认证等核查与审定服务。

德凯积极协助钢铁企业完成零碳目标。2023 年 8 月，深圳碳中和生物燃气服务有限公司（以下简称"深圳碳中和"）委托德凯对鼎盛钢铁绿钢产品进行"碳中和钢"技改前碳足迹核查。德凯将通过 DEKRA Seal 产品碳足迹核查与产品碳中和标签认证，进一步助力鼎盛钢铁打造碳中和钢与绿钢供应链。同时，德凯的核查数据将为鼎盛钢铁碳中和钢项目提供依据，生产过程中不可避免的剩余碳排放量，将通过加大生物炭负碳排放环境收益，在系统边界内对温室气体环境负荷全部内生抵扣掉，实现产品层面的净零碳排放及产品碳中和，助力鼎盛钢铁产出全球首例符合世界钢铁协会定义的"碳中和钢"或"净零碳钢"产品。2024 年 6 月，德凯为深圳碳中和宁德时代负碳冶金技术有限公司颁发 ESP 热轧酸洗冷成型钢板及钢卷"产品碳足迹减排与清除审定声明"，如图 2-15 所示，标志着深圳碳中和与鼎盛钢铁实施碳中和钢产品工程计划顺利走完第二步。目前，由深圳碳中和、宁德时代负碳冶金与福建鼎盛钢铁共同实施的碳中和钢技改工程已竣工，待环保批文下达后正式生产，德凯对碳中和钢工程与技术方案的审定工作同步进行。

图 2-15　德凯颁发的产品碳足迹减排与清除审定声明

二、国内机构的碳足迹及 ESG 行动

（一）中国质量认证中心

中国质量认证中心（CQC）是由中国政府批准设立，被多国政府和多个国际权威组织认可的第三方专业认证机构，隶属于中国检验认证集团，可提供安全与性能、节能环保与绿色低碳、管理提升、国际认证及培训等各个领域的认证及相关技术服务。中国质量认证中心是联合国气候变化框架公约（UNFCCC）执行理事会（EB）授权的能够开展清洁发展机制项目审定与核查的指定经营实体，是国家发展改革委授权的首批中国自愿碳减排交易项目审定与核证机构，是国家发展改革委和财政部授权的首批节能量审核第三方机构，也是国内唯一参加过全部 7 个碳交易试点省市核查的第三方认证机构。

在碳足迹方面，中国质量认证中心在 2010 年就开始进行相关业务，重点服务汽车供应链企业。中国质量认证中心以 ISO 14067 和 PAS 2050 为依据，核查了"从摇篮到大门"周期温室气体排放情况。2018 年，中国质量认证中心为云南铝业重熔用铝锭、铸造铝合金锭（扁锭）、铸造铝合金锭（方棒）、铝及铝合金板带等产品颁发了产品碳足迹证书；2019 年，为山东莱钢永锋钢铁有限公司热轧带肋钢筋棒材 / 线材等产品颁发了产品碳足迹证书，截至 2019 年已颁发了 134 张碳足迹证书；2023 年，为包头铝业铸造铝合金颁发了产品碳足迹证书。CQC 产品碳足迹证书如图 2-16 所示。

图 2-16　CQC 产品碳足迹证书

在 ESG 方面，中国质量认证中心已具备包含 ESG 能力建设、信息披露、ESG 评级、ESG 审验和培训咨询等在内的全面服务能力，能够为政府监管、产业转型、企业 ESG 实践提供支持和 ESG 规范化实践"一揽子"服务方案。中国质量认证中心是国内首批获得 ESG 鉴证 AA1000 国际资质的认证机构，主要参与了 70 多个国际、国内标准化和合格评定组织的工作，围绕 ESG 相关领域，包括管理体系、信息披露、评级、机构与从业者规范等方面联合研制国内外标准 50 余项，深度参与 ISO/PC 343《可持续发展目标管理》标准、ISO 14019《可持续性信息审定与核查》标准的制定。2024 年 4 月，中国质量认证中心受到中国南方电网有限责任公司委托，助力其开展 2024 年社会责任政策研究工作，配合南方电网开展社会责任管理、ESG 管理有关研究。5 月，联合中华环保联合会开展征集中国 ESG 指数样本企业暨案例的活动，以编制国内企业 ESG 蓝皮书——《中国企业环境、社会与治理报告（2024）》。

（二）中国汽车工程研究院股份有限公司

中国汽车工程研究院股份有限公司（简称"中国汽研"）始建于 1965 年 3 月。2012 年 6 月，中国汽研在上海证券交易所正式挂牌上市，是国家一类科研院所，是工业和信息化部、生态环境部、国家认证认可监督管理委员会、交通运输部授权的汽车产品公告、环保、CCC 及油耗检测机构。中国汽研的主营业务为技术服务和产业化制造。技术服务业务主要有汽车产品研发及咨询，包括汽车、摩托车等机动车整车、发动机及零部件产品及其试验设备等的产品研发及工程咨询服务，汽车测试与评价业务包括机动车整车、发动机及零部件产品的试验检测、质量监督检验、认证等测试、评价及工程咨询服务等。产业化制造业务包括专用汽车、轨道交通关键零部件、汽车燃气系统及其关键零部件等产业化制造及销售业务。中国汽研与中国质量认证中心同为中国检验认证集团子公司，可为企业开展碳足迹核算、核查、认证，能源管理体系认证，供应链碳排放水平摸底，低碳研发，碳合规咨询等业务。

中国汽研环境意识强烈，在碳足迹方面，积极布局生态环境低碳服务；积极服务于部委政策，打造核算平台及数据库。中国汽研主动与生态环境部等主要部委开展碳中和研究，方向包括相关标准和行业管理政策，具体包括逐步构建统一规范、科学合理、国际互认的车辆产品全生命周期碳足迹核算方法和碳排放因子数据库等。2022 年，中国汽研与中国环境科学研究院作为发起单位，成立绿色汽车与低碳交通联合研究中心，联合开展汽车产品碳足迹政策及标准体系研究及制定，目前已协助中国环境科学研究院开展轻型车下一阶段污染物与温室气体协同控制标准研究工作。

在 ESG 方面，中国汽研践行行业先行者担当，遵循"正人先正己"的准则，率先发布企业 ESG 研究报告，积极开展 ESG 研究工作。中国汽研持续关注提升治理水平，已连续两年主动从社会责任、公司治理、企业文化、环保、战略规划等方面编制并披露公司的社会责任报告，充分展示了央企控股上市公司社会责任的践行情况。2024 年 6 月，中国汽研发布《2023 环境、社会及治理（ESG）报告》。

（三）方圆标志认证集团

方圆标志认证集团是在原国家技术监督局批准组建的中国方圆标志认证委

员会基础上发展演变而来，是集认证、检验检测、培训、政策研究、标准制定、国际合作于一体，面向全球的集团化、综合性技术服务机构。在碳服务领域，可为各类组织提供与碳排放和碳减排相关的一揽子解决方案，包括标准制定、碳管理咨询、第三方认证及核查服务，目前已累计完成 2000 多个温室气体盘查 / 核查项目，涉及化工、电力、建材、食品、机械设备制造、钢铁、航空、有色金属冶炼、公共建筑、数据中心、餐饮、烟草及酒业等行业。

在碳足迹核算 / 核查方面，方圆碳足迹评价服务入选工业和信息化部第一批《专精特新中小企业服务产品目录》，多服务于汽车零部件制造商，均是依据 ISO 14067 和 PAS 2050 对产品生命周期内的原材料获取和加工阶段、原材料运输阶段、产品生产阶段和产品运输阶段所产生的温室气体排放总量进行核算。2021 年 12 月，方圆为江苏兴达钢帘线股份有限公司完成了其主要产品子午线轮胎用钢帘线和轮胎胎圈钢丝两个产品的碳足迹评价；2023 年 7 月，为合肥京东方瑞晟科技有限公司颁发了"14.0 英寸触摸屏模组"产品碳足迹证书及核查报告；2024 年 5 月，为时代高科的真空干燥烘箱、物流线上下料运转平台两款产品颁发了产品碳足迹证书。方圆颁发的产品碳足迹证书如图 2-17 所示。

图 2-17　方圆颁发的产品碳足迹证书

方圆在 ESG 方面也在积极布局，目前已与多个单位联合起草《循环经济领域企业 ESG 披露通则》《循环经济领域企业 ESG 评级指南》两项团体标准，服务企业有河南金丹乳酸科技股份有限公司和中铁四局等。

（四）中国汽车技术研究中心有限公司

中国汽车技术研究中心有限公司（简称"中汽中心"）是 1985 年根据国家对汽车行业管理的需要，经国家科委批准成立的科研院所，是中国汽车行业技术归口单位和政府主管部门的技术支撑机构之一。中汽中心主要从事汽车、摩托车、拖拉机等机动车辆及相关产品的设计、研制、试验、认证、信息服务等业务。在"双碳"领域，中汽中心通过积极建设平台等方式提供"双碳"政策研究、整合化的碳足迹核算披露及 ESG 评级服务。

中汽中心成立了乘用车碳排放核算技术规范研究工作组、中国汽车行业碳资产开发及效益分析研究工作组、GCAP 低碳测评工作组等工作组，目前正在就行业标准《温室气体　产品碳足迹量化方法与要求　乘用车》《温室气体　产品碳足迹量化方法与要求　道路车辆产品》公开征集意见，且开发了汽车生命周期评价工具（CALCD 数据库、CALCM 模型、OBS 工具、CICES 系统），帮助整车企业、零部件企业、材料企业建立组织层面及产品层面碳足迹核算能力。2023 年 2 月 9 日，中汽中心正式发布全球首个汽车全产业链的碳足迹信息公示平台——中国汽车产业链碳公示平台（CPP），该平台覆盖在售 5000 余款（以销售款型计量）乘用车、零部件、车用材料等三类产品碳排放数据以及产品碳足迹、碳减排量、碳减排措施、碳标签等 10 余项数据信息。

在 ESG 方面，中汽中心规划上线汽车产业链 ESG 预警平台，为企业提供实时、准确的汽车产业链 ESG 风险预警服务，帮助企业及时发现风险。同时，于 2024 年正式成立 ESG 工作组，致力于搭建行业交流合作平台，就国内外 ESG 政策、汽车行业 ESG 标准、ESG 风险研究、ESG 数字化平台建设等 4 个方面进行深入研究。2023 年 12 月，中汽中心参与汽车行业首套 ESG 系列团体标准《中国汽车行业 ESG 信息披露指南》《中国汽车行业 ESG 评级指南》《中国汽车行业 ESG 管理体系要求及使用指南》的制定，同年在 9 月牵头立项了行标《道路车辆　企业环境、社会、治理（ESG）实施指南》。2023 年，中汽中心联合责任云研究院发布了 2023 年中国汽车产业 ESG 先锋指数。

三、机构转型对新能源汽车产业碳足迹及 ESG 发展的影响

（一）新能源汽车企业将持续加强碳足迹管理

发达国家在政策的要求下，检测机构积极拓展碳足迹核算、认证业务，完善碳足迹核算标准，并以标准为引领，促进国际碳足迹政策的实施及管理体系的完善。发达国家碳足迹管理体系的完善进一步促使企业加强了碳足迹管理及对汽车供应链的碳足迹要求，奔驰、宝马、大众等欧洲企业均已发布碳中和目标，强化了对上游供应链的碳排放要求，并持续加强对国内外供应链碳排放水平的调研。我国新能源汽车碳足迹发展相对较慢，但我国政府也已在协同主流检测机构积极完善碳足迹核算评级标准，进而将逐渐发布碳足迹核查、认证要求等配套政策，这将进一步促进我国汽车产业链企业积极强化产品碳足迹管理。

（二）车企 ESG 管控要求将持续加严

欧盟先后发布系列 ESG 政策、标准，并将企业 ESG 表现与融资、上市等多个市场行为绑定。在此背景下，欧盟检测机构也均涉足 ESG 领域，并从初期的为企业提供咨询及报告编制服务为主，拓展到了 ESG 鉴证服务，从而在更好地辅助国家管控的同时，完善行业服务能力。目前，我国也已发布针对上市企业披露 ESG 的政策，并在国企内提出了 ESG 披露要求。国内各主流检测认证机构已初步涉足 ESG 业务，服务内容涵盖咨询、报告编制、指数发布等。在此背景下，蔚来、吉利等主流车企及宁德时代等主流零部件企业也纷纷发布 ESG 报告。预计我国 ESG 管理体系将持续完善，汽车产业链企业也将持续提升对 ESG 的重视程度。

第四节　专业院校对ESG的特殊贡献

柳学信

首都经济贸易大学工商管理学院教授，中国 ESG 研究院执行院长

吴鑫玉

首都经济贸易大学工商管理学院博士研究生

全球变暖无国界，这给人类社会带来重大挑战。政府间气候变化专门委员会（Intergovernmental Panel on Climate Change，IPCC）最新报告指出，自工业革命以来，人类活动造成大气中的温室气体浓度持续增加，全球平均温度比工业化前水平升高约 1.1 ℃，对自然和人类造成了广泛的不利影响。世界上一个地区产生的碳排放会以不同的方式影响遥远的另一地区，因此，减缓和适应碳排放带来的影响不仅是一个自然科学的决策问题，在很大程度上还是一个伦理问题，对人类生计、新兴国家的平等发展机会和代际公平等方面都有重大影响。低碳发展逐渐成为世界各国共识，也是全球治理面临的共同挑战。

在全球各类教育系统中，大学最早将"碳中和"纳入办学理念、评级指标和校园行动。在实现碳中和的愿景指引下，各国大学通过科学研究、人才培养、校园行动、学生实践活动、社会服务、国际交流与合作等，为落实碳中和行动提供智力保障，在世界各地创造碳中和的大学和社区，推动碳中和转型进程以及实现零碳未来。因此，高等学校（简称"高校"）在管理碳足迹上发挥着重要作用，能够提高公众意识，培养未来的领导者，并提供科学研究和创新的碳管理解决方案以应对气候变化。最近在学术文献中出现了大量高校践行 ESG 理念、测量和管理碳足迹的建议和指导方针，这反映了学术界高度重视高校在碳足迹与 ESG 领域的表现。

一、国际院校的 ESG 表现

作为教育和研究的场所，大学在鼓励年轻一代培养可持续发展意识和气候友好型行动上具有天然优势。很多高校作出碳中和官方承诺，向其他组织甚至政府表明并传播采取行动和应对气候变化的意愿。诸多国际知名院校为此付出巨大努力，积极践行 ESG 理念，以各具特色的方式在校园实施绿色倡议，从而实现可持续发展和减少碳排放目标。

（一）政策导向的高校可持续目标

欧盟在《欧洲绿色协议》（*European Green Deal*）中承诺，到 2050 年，欧洲在全球范围内率先实现"碳中和"，并在所有行业实现深度脱碳。《欧洲绿色协议》发布之后，部分国家也陆续发布自己的"碳中和"目标的承诺。例如，芬兰的目标是到 2035 年达到碳中和。为了实现这一目标，芬兰大学校长委员会（UNIFI）为芬兰高等教育机构的可持续发展发表了几篇论文，并建议到 2030 年率先实现"碳中和"。UNIFI 的论文强调了高等教育机构作为开拓者和先锋在碳中和方面可以发挥的特殊作用。学术界的共识是高等教育机构有责任成为气候友好实践的先驱，并应以可持续实践为目标。

（二）实践导向的高校环保手段

高等院校采取减少温室气体排放的做法，包括改善照明、温度控制、改善通风和室内空气质量，以及有助于营造健康和可持续环境的做法。此外，高等学校管理层也有必要改变思维模式，以确保绿色实践的有效性。在这一过程中，学术界的意识实践也发挥着重要的转变作用。

在 Artun（2021）的研究中，土耳其安卡拉的中东技术大学（METU）北塞浦路斯校区在其研究期间实施了各种行动，以使校园更加环保。该校实施绿色倡议的重要手段包括植树、为员工/学生提供穿梭校园的班车、推广自行车作为交通工具、减少固体废物和垃圾回收、利用跳蚤市场促进二手商品的购买、通过艺术活动重新利用废物以及高效利用水和电。

（三）能源导向的高校降碳新方案

目前，燃煤发电仍然是全球最主要的电力生产方式之一。煤炭具有极高的碳排放因子，因此电力是温室气体排放的主要来源。Helmers 等人（2021年）提到，就电力和热能生产而言，大学温室气体排放的最大部分是能源消耗。这一发现来自 Helmers 对全球 18 所不同大学的调查，这些大学的能源消耗是其碳排放量的最大来源，且几乎所有报告二氧化碳排放量的大学都遵循《温室气体议定书：企业核算与报告准则》给出结果。近零排放的可再生电力能够代替火力发电，大幅度降低来自电力的碳排放，因此，可再生能源被认为是减少温室气体排放的一种选择。肯尼亚斯特拉斯莫尔大学安装了一个并网屋顶太阳能光伏系统，旨在为整个大学校园提供为期 25 年的电力。尽管非洲对全球变暖的贡献率最低，但该项目通过与全球机构建立伙伴关系加强了高校发展的可持续性，为应对气候变化和碳排放问题作出了重要贡献。

世界上许多大学已经拥有了太阳能光伏系统，其中包括南洋理工大学、特里尔大学以及吕讷堡大学。除此之外，还有很多高校正在建立自己的发电厂，如科克大学、开普敦大学和耶鲁大学，正在将能源生产的部分影响从范围 2 重新分配到范围 1。吕讷堡大学通过最大限度地利用现代建筑技术和高度复杂的绿色能源管理来实现降碳目标。在这种情况下，大学产生的能源盈余几乎可以完全抵消其温室气体排放。然而，由于所使用的材料，最大限度地利用技术意味着高上游碳影响，这可能导致更长的投资回收期并改变碳性能，这种影响尚未得到量化，碳排放的转移使高校的减碳降排行动面临重重挑战。

（四）概念阶段的大学社会责任

在欧盟国家，大学社会责任与企业社会责任成为一对平行概念，并逐渐成为高等院校的普遍理念。该项目对多家领先的欧盟大学落实大学社会责任状况进行调研，尝试以上述高校为切入点，制定欧洲大学社会责任共同框架，建立大家的共同价值观，引导或规范大学的行为，实现欧洲高等教育进一步"社会责任化"的目标。在这种理念的影响下，在亚洲国家和地区，也已经开展"高等教育创新与大学社会责任"专题交流。

加利福尼亚大学每年要对自己所处的加利福尼亚州乃至全美国发布年度报告，包括大学管理层的职责性报告。同样，哈佛大学作为私立大学，每年都发布自己的年度责任报告，另外也有各个学院层面的独立报告。

二、国内院校的 ESG 表现

中国政府高度重视气候变化问题，积极参与全球气候治理，提出了"双碳"目标，这不仅体现了中国对全球环境保护的高度负责态度，也为中国经济社会的可持续发展指明了方向。2021 年以来，我国教育部先后印发了《高等学校碳中和科技创新行动计划》《加强碳达峰碳中和高等教育人才培养体系建设工作方案》，旨在充分发挥高校在"双碳"目标中的关键作用，为实现"双碳"目标提供强有力的科技支撑和人才保障。为此，部分高校积极践行 ESG 理念，为减少我国碳足迹、实现"双碳"目标作出重要贡献。

（一）能源的高效使用与管理

根据《中国能源报》报道，当前高校能源消费总量约占全国生活消费总能耗的 8%，人均能耗达到全国人均生活用能的 3 倍之多。因此，构建绿色低碳、安全高效的高校综合能源系统，是加快城市能源转型、助力国家"双碳"目标实现的重要抓手之一。在能源的使用与管理方面，部分高校大力推广清洁能源的使用，逐步替代传统的化石能源。同时加强能源管理，通过智能化、精细化的能源管理系统，提高能源使用效率，减少能源浪费。在办公和出行等方面，倡导绿色办公，推广电子化办公和会议，减少纸质文件的使用，鼓励师生采取低碳出行方式，如骑自行车、步行或使用公共交通工具，减少私家车的使用，从而降低碳排放。

（二）社会服务职能的探索与前进

高校面向政府、企业、研究机构以及社会各界组织，通过规划、咨询、教育、培训、课题、报告、人才培养、产学研合作等方式开展了一系列能够影响区域乃至全国发展的社会服务，为我国经济社会发展作出了重要贡献。一方面通过打造高水平智库，突出问题导向、应用导向，为地区建设提供具有前瞻性、针对性、有效性的决策分析报告，或是持续加强以政府、企业、研究机构为主体的产学研合作；另一方面探索创新社会服务模式，比如根据自身办学特色，集中优势力量开展咨询、规划等具有市场性的业务。

（三）校园建筑的绿色低碳转型

部分院校致力于校园建设的可持续发展和环境保护，通过可持续发展教育、健康生活和教育环境的创造，来建立提高能源效率、节约水源、保护资源、集约土地、提高环境质量的教育建筑或教学社区。新建建筑全面执行绿色低碳发展理念，以低碳、绿色、智慧、健康为核心目标，综合采用了高效变频冷水机组、空调机组变频、新风机组转轮热回收、过渡季全新风量运行、100% 一级节水效率卫生器具等低碳节能技术和措施，采取加强太阳能等可再生能源利用、提高建筑节能水平、推广使用节能电器产品等措施，使用节能灯具、优化供暖和制冷系统，进一步降低建筑能耗及碳排放，不断完善绿色低碳的建筑空间。部分院校建立并完善了垃圾分类回收系统，提高回收效率，减少垃圾填埋和焚烧。

三、专业院校对 ESG 的特殊贡献

（一）发布碳中和行动报告，引领低碳风尚

我国部分高校自觉发布碳足迹报告，根据自身碳排放情况，结合可改进的各项指标执行可能性情况分析及学院发展规划，设定"双碳"目标时间，推进碳中和行动方案，对社会起到示范和带动作用，引导全社会关注碳足迹和节能减排，目前已在碳中和经济社会影响领域取得显著成效。推进实现碳中和目标的过程中，高校从源头到过程加强作为，带动每一位社会主体共同努力。相比于商业机构，高校的"双碳"责任宣言将产生更大的涟漪效应，不仅仅影响校园组织自身，更是将这种理念和实践通过知识的创造、人才的培养，影响万千校友和更多经济主体与社会中坚力量，最终汇聚成推动社会进步的磅礴力量。

（二）开设 ESG 相关专业，培养 ESG 人才

高校可以以学科建设、人才培养、科研成果等为载体，推动更广层面的碳中和进程，对中国、对世界、对时代产生实质性的积极影响。首先，高校可以积极围绕"双碳"目标和 ESG 理念组织策划学术活动，致力于开展前沿研究与课题探索，持续关注碳中和相关的新技术、新方法、新政策。其次，借助科研成果和教育基础，以理论为引领、以实践为导向，紧扣当下中国经济社会绿色低碳转型发展热点问题，开设 ESG 与可持续发展精品课程或相关研修班，提升学员们在 ESG 领域的领导力和策略规划能力，助力实现个人和企业在 ESG 领域

的发展目标。最后，为响应新时代复合型人才的培养需求，高校根据自身成果条件，构建了专注于 ESG 研究和应用型人才培养的体系。教学项目常规化开设多门与可持续发展相关的必修、选修课程，涵盖环境、资源、伦理、道德、思维、创新技术及创业管理、法律、企业责任、跨文化管理等诸多领域。培养全球绿色发展的引领者，为构建人与自然生命共同体和人类命运共同体，实现人类社会可持续发展贡献力量。

（三）整合学科优势，推进可持续发展研究

高校能够借助学科优势，紧扣"双碳"目标的现实需求和第一性问题，提炼关键科学问题，通过系统理论构建、实证分析和实践探索，推动面向碳中和的经济和管理理论发展。部分高校成立碳中和研究院，整合学校在"双碳"相关领域已有的多学科优势和科研基础，凝聚合力为国家实现"双碳"目标作出贡献。一方面，以研究、教学、自身行动来回应气候变化和可持续发展等全球性挑战；另一方面，通过与企业、产业、政府力量的深度合作，进一步深化校企联动、产教融合，推动产、学、研、用的创新聚合，将研究成果转化为解决问题的具体措施和行动实施方案。通过建设碳中和行为实验室，为"双碳"目标的技术路径和政策工具的选择等问题提供破题思路和相关政策建议。积极参与国际国内碳排放政策的研究、制定和实施，为全球气候治理贡献中国智慧，为政府决策提供科学依据和智力支持。通过研究成果的政策转化、社会发布等，为可持续目标的实现贡献高校力量。

第五节　法律服务对ESG的保障

姚李英

　　北京IP研究院上市知识产权咨询部主任，北京市炜衡律师事务所产业研究部主任

姜黎黎

　　北京市炜衡律师事务所产业研究部高级研究员

元园

　　北京市炜衡律师事务所产业研究部高级研究员

　　2023年12月7日的世界新能源汽车大会（World New Energy Vehicle Conference，WNEVC）披露汽车是我国碳排放的重要来源，同时也是中国温室气体排放量增速最快的领域之一。根据中国汽车网报道，2022年，中国碳排放总量约为121亿t，其中，交通运输领域约占10.4%，而在该领域中，公路交通占比80%以上。在"十四五"规划深入推进的当下，汽车企业自身发展与社会进步、环境改善的关系越来越密切。随着"双碳"目标的持续推进、我国三大证券交易所发布的《可持续发展报告指引》的实施，以及国务院国资委成立社会责任局并发布《提高央企控股上市公司质量工作方案》，强化ESG体系建设和治理、落实"双碳"目标已成为汽车行业共识，且已逐渐渗透到国内汽车企业经营管理中。对汽车企业而言，践行ESG理念，完善ESG治理，建立健全碳足迹追溯机制，是新时代的必然要求。当前已有部分新能源汽车产业头部企业在环境、社会、治理等维度取得先进经验，其ESG报告披露基本状况如表2-26所示。

表 2-26 新能源汽车产业头部车企 ESG 报告披露基本状况

一级指标	序号	二级指标	三级指标	吉利（上交所+港交所）	比亚迪（深交所+港交所）	广汽（上交所+港交所）	上汽
环境	1	应对气候变化	碳中和	√（缺少植树造林）	√（缺少植树造林）	√（缺少植树造林）	√（缺少植树造林）
			低碳采购	√	√	√	√
			低碳生产	√	√	√	√
			低碳产品	√	√	√	√
			低碳出行	√	√	√	√
			TCFD 披露	√	√	√	√
			碳排放	√	√	√	√
			碳足迹	√	√	√	—
	2	污染物排放	—	√	√	√	√
	3	废弃物处理	—	√	√	√	√
	4	生物多样性保护	生态系统	—	—	√	—
			生物多样性保护	—	—	√	—
	5	环境合规管理	—	√	√	√	√
	6	能源利用	—		√	√	√
	7	水资源利用	—	√	√	√	√
	8	循环经济	—		√	√	√
社会	9	乡村振兴	精准扶贫	√	√	√	√
	10	社会贡献	教育公平	√	√	√	√
			环境保护	√	√	√	√
			公共健康	√	√	√	√
			社区发展	√	√	√	√
			救灾帮扶	√	√	√	√
			奖项成就	√	√	√	√
	11	创新驱动	创新布局	√	√	√	√
			研发体系	√	√	√	√
			智慧工厂	√	√	√	√
			低碳化	√	√	√	√

续表

一级指标	序号	二级指标	三级指标	吉利（上交所+港交所）	比亚迪（深交所+港交所）	广汽（上交所+港交所）	上汽
社会	11	创新驱动	新能源及电动化	√	√	√	√
			智能化	√	√	√	√
			网络化	√	√	√	√
			共享化	√	√	√	√
			电子电器架构	—	√	—	√
			芯片	—	√	—	√
			自动驾驶	√	√	—	√
			动力电池	√	√	√	√
			知识产权	√	√	√	√
			研发成果	√	√	√	√
			研发投入	√	√	√	√
	12	科技伦理	—	—	—	—	—
	13	供应链安全	供应链管理	√	√	√	√
		经销链安全	经销商管理	√	√	√	√
	14	平等对待中小企业	—	√	√	√	√
	15	产品和服务安全与质量	出行体验与智能安全	√	√	√	√
			质量管理	√	√	√	√
			客户服务	√	√	√	√
	16	数据安全与客户隐私保护	—	√	√	√	√
	17	员工	雇佣管理	√	√	√	√
			员工权益与福利	√	√	√	√
			多元平等	√	√	√	√
			员工培训与发展	√	√	√	√
			职业健康与安全	√	√	√	√

续表

一级指标	序号	二级指标	三级指标	吉利（上交所+港交所）	比亚迪（深交所+港交所）	广汽（上交所+港交所）	上汽
治理	18	尽职调查	—	√	√	√	√
	19	利益相关方沟通	股东会	√	√	√	√
			董事会	√	√	√	√
			监督机构	√	√	√	√
			独立董事	√	√	√	√
			投资者	√	√	√	√
			员工	√	√	√	√
			政府和监管机构	√	√	√	√
			行业协会	√	√	√	√
			社会	√	√	√	√
			客户	√	√	√	√
			经销商	√	√	√	√
			供应商	√	√	√	√
	20	反商业贿赂及反贪污	风险管理与内部控制	√	√	√	√
	21	反不正当竞争	合规与诚信	√	√	√	√

一、来自法律层面的挑战

新能源汽车产业 ESG 在法律服务层面面临诸多新的挑战。

（一）机制体制与持续创新不匹配

对于我国庞大的科研机构（主要包括研究所和高校）而言，当前创新评级体系存在唯论文、专利、科研经费、科研项目获奖论弊端，不利于充分释放创新人员的积极性。在当前的创新评级体系下，出现了社会对科研探索失败的容忍性低、创新人员忙于完成科研项目创收不注重理论创新积累、企业家或者领导层对创新不重视、创新持续投入不足导致发展停滞不前等怪象，影响我国可持续发展的机会和能力。

（二）治理体系难以适应可持续高质量发展要求

目前，还存在部分企业没有建立专门和 ESG 相匹配的治理架构体系，没有制定 ESG 战略目标及发展规划，ESG 相关资源投入少，缺乏对 ESG 重要性议题深度讨论，ESG 年度报告编纂不详细、不深入等问题，导致无法对企业的可持续发展形成指导，以及商业道德审计流于形式，无法严格执行反腐败措施。长此以往，企业有可能遭受重大损失。

（三）产品安全和信息安全不系统

有的新能源汽车企业没有根据相关法律法规和标准制定覆盖全生命周期的产品安全和信息安全管理体系，导致新能源汽车搭载的动力电池出现自燃，线路老化、短路 / 断路引起火灾，自动驾驶失灵，刹车失灵，用户个人信息失窃等事故，引发消费者群体对新能源汽车安全整体焦虑，降低消费者群体购买新能源汽车的意愿，影响整个新能源汽车行业的发展。

（四）国内外碳足迹追溯核算方法不一致

随着欧盟碳边境调节机制（Carbon Border Adjustment Mechanism，CBAM）和《欧盟电池与废电池法规》等碳相关法规法案的出台，以产品碳足迹为核心的"碳壁垒"正逐步成为新型技术性贸易壁垒。在此背景下，我国的新能源汽车出口将直接面对碳关税壁垒，做好汽车产品、电池产品的碳足迹核算和管理，符合相关标准，是跨越碳关税壁垒的唯一途径。目前，国内外的碳足迹核算方法和标准不尽相同，我国新能源汽车全生命周期碳足迹核算和管理体系尚未建立，按照现有的团体标准和核算方法来进行产品碳足迹核算，可能会出现产品在出口欧盟时不符合欧盟法案的情况。建立健全我国新能源汽车全生命周期碳足迹核算和管理体系，并实现与国际标准接轨，是应对未来我国新能源汽车出海挑战的根本途径。

（五）动力电池回收利用体系不健全

目前，我国新能源汽车动力电池回收利用行业存在的问题是：政策体系法规支持力不足，监管机制缺失；回收配套制度不健全，相关主体难以协调；回收技术难度较大，回收困难，回收率低。新能源汽车退役动力电池回收利用产业的发展应遵循国家标准，但是我国目前还没有一部完善的专门针对动力电池回收利用的法规，已出台的政策性文件法律层面的效力不高，强制执行力不足。动力电池回收利用尚未形成完整的产业链，缺少一套可靠的协调机制。由于废旧动力电池回收行业缺乏合理定价机制，交易透明性差，甚至出现废旧电池回收价格倒逼新电池的情况，公众对报废电池回收利用行业难以信服。

二、完善法律服务保障新能源汽车产业 ESG 发展

针对新能源汽车产业 ESG 和碳足迹法律服务面临的诸多新挑战，可采取以下应对措施。

（一）坚持创新引领，以知识产权和资本为支撑

我国新能源汽车行业的相关企业需要从自身优势出发，参考相关对标企业发展模式，借助知识产权保护其创新成果，以资本为纽带，支撑新能源汽车行业协同化发展。发挥政府市场管理者的作用，引导国内企业进行有序竞争，通过市场实现新能源汽车行业技术与资本的自然整合，使有实力的企业能够为下一轮高速发展积蓄足够的能量。

在体制机制改革方面，围绕提高核心竞争力和增强核心功能，坚持市场化改革，对影响创新主体积极性的法律法规进行废改立，合理安排与持续创新相关的利益主体的权益，充分调动创新主体积极性，敦促新活力萌芽成长，推陈出新引领企业不断前进。在研发方面，在汽车行业"新四化"改革浪潮中，将科技创新视为企业发展的核心动力，立足国内，放眼国际，建立以国内为核心、以国际为支撑的全球研发体系。通过做实业务数字化、产品数字化和数字化创新，打造自主研发核心体系，从自身优势出发，不断在弱势领域开拓创新，通过与国内外新能源汽车行业企业、供应商、服务商、研究机构等深度合作，探索出适合自身发展的路径，提升自身的综合竞争力。

（二）构建合规高效完备的治理体系

ESG 是衔接微观企业绿色治理行为和宏观绿色低碳高质量发展的重要工具手段，能够推动宏观绿色发展转型在微观行业企业层面实施落地。我国新能源汽车行业的相关企业应当构建专门和 ESG 相匹配的合规、完善、高效的治理架构体系，强化商业道德审计，营造廉洁诚信的文化氛围，充分保障股东、投资者权益，创建可持续的社区生态体系。

我国头部车企应当将注册地法律法规融合到本公司内部管理制度中，明确公司权力机构、执行机构和监督机构权责划分，建立权责分明、科学高效的治理架构，从制度层面确保独立董事充分行使职责，保障股东及各利益相关方的权益。通过设置常规商业道德审计制度，针对"三公"经费、物资采购、重大工程项目等关键领域进行定期审计工作，坚决打击履职待遇和业务支出中滥用职权、以权谋私、收受贿赂等违法违纪行为。通过常规风险管理和重大经营风险事件报告严格管控公司风险，确保公司行稳致远。通过内部宣传廉洁行为和开通违法违纪行为举报通道，持续深化企业内部的"不敢腐、不能腐、不想腐"廉洁文化氛围，在企业内部营造合规、诚信的文化氛围。

（三）从合规和核算多个角度管控企业法律风险

生命周期评价法已经形成国际通用的标准程序，包括 ISO 14000 环境管理标准系列中的 ISO 14040 和 ISO 14044。2021 年中汽中心依据上述标准发布了《乘用车生命周期碳排放核算技术规范》。该规范认为乘用车生命周期碳排放包括原材料获取阶段、生产阶段和使用阶段 3 个部分，并公布了不同阶段碳排放计算公式。法律服务供给侧要对新能源汽车对环境影响有一个清晰、全面的认识，需要对其从原材料提取和加工，到产品生产、运输、分销、使用、维护和回收，再到最终储存或重新融入环境的全生命周期进行分析，并在此基础上提供符合国家政策、法律法规、相关标准的风险管控方案。

（四）严格立法界定产业链各相关利益方法律责任

以政策法规标准为保障，以政企联盟为主体，推动电池回收行业规范化、系统化和市场化发展。按照生产责任延伸制的基本原理，通过严格的立法界定电池回收全产业链上生产者、销售者、用户和回收者等各相关利益方的回收法律责任，加大对违法行为的处罚力度，细化处罚措施，避免混淆交叉、职权不清。政府和企业共同推进电池回收行业政策标准体系的建设，以共性基础、关键技术和较为成熟的产品与技术应用为重点，为未来技术发展预留空间和接口。政府部门可以通过协调相关行业协会、行业头部企业、行业专家等，鼓励我国行业协会、行业头部企业和行业专家等积极投入到相关法律法规的修订和国际、国家或行业标准的制定中，提升中国企业在行业中的影响力和话语权。政府、企业以及行业协会、产业联盟在动力电池回收技术中充分发挥其主体作用，在宏观规划、技术攻关以及产业内协同中发挥各自优势，自上而下地将动力电池回收技术的发展落实到每一个环节，使其实现系统化发展。利用电池押金制度和电池全生命周期溯源信息披露机制等市场手段，推动电池回收行业市场化发展。

全球对 ESG 报告和披露的法规日益严格，包括欧盟的企业可持续发展报告指令、美国的证监会气候相关财务披露规则和我国的可持续发展报告指引。ESG 和碳足迹因素对法律法规的影响还在持续演变。为了应对来自气候和环境恶化带来的挑战，营造更加包容的社会形象，以及提高公司治理的可接受度和效率，预计未来几年将会出台更严格的环境法规、更广泛的社会法规、更高要求的公司治理法规。

无论是为了提供让消费者更满意、更高品质的产品、提高劳工标准、强化个人隐私保护、加强公司问责制，还是满足投资者诉求等，企业都需要积极主动地面对 ESG 和碳足迹因素并将其纳入法律合规战略。企业 ESG 和碳足迹法律合规战略包括董事会和管理层必须将 ESG 和碳足迹因素纳入决策过程和业务战略制定中，并将 ESG 和碳足迹治理管理贯彻落实到企业业务涉及的尽职调查、诉讼和争议、并购、融资和谈判等各领域与全过程的法律实践中。

随着 ESG 和碳足迹法规、标准不断完善，ESG 和碳足迹因素正在重塑法律行业，对法律服务供给侧的技能和知识提出了新的要求。法律服务供给侧需要跟上最新法规和标准的要求，不仅要提供合规建议，还要提供战略咨询，在尽力避免客户遭受损失的情况下，尽可能提供超越客户期待的战略咨询，充分维护客户权益，帮助客户展示其 ESG 和碳足迹取得的成就，最大限度提升客户的社会声誉。

第六节　碳足迹管理对ESG的正向影响

崔晓冬

　　中环联合（北京）认证中心有限公司认证事业部部长

杨璐

　　中环联合（北京）认证中心有限公司认证事业部主任

　　碳足迹是 ESG 体系中的关键组成部分，建立碳足迹管理体系有助于提升企业的市场竞争力，满足消费者对环保产品的需求，同时推动全球碳交易市场的发展，对于企业和国家实现绿色低碳发展具有重要意义。

一、碳足迹和碳标签

（一）碳足迹

　　碳足迹指某种产品或服务在其全生命周期（包括原材料加工、生产、运输、使用、报废）所引起的（包括直接的和间接的）温室气体排放的集合，以二氧化碳当量（CO_2e）表示。其中，产品碳足迹评价是研究的重点。国外对产品碳足迹评价的研究工作起步较早。英国标准学会早在 2008 年便推出了世界上首个产品碳足迹评价规范《商品和服务在生命周期内的温室气体排放评价规范》（PAS 2050: 2008）。该规范基于《环境管理　生命周期评价　原则与框架》，对碳足迹的定义、温室气体排放的相关数据给出了详尽的介绍和分析，并提出了两种碳足迹评价方法：企业到企业（包含产品的整个生命周期，即"从摇篮到坟墓"）和企业到消费者（产品运到另一个制造商时截止，即"从摇篮到大门"）。《商品和服务在生命周期内的温室气体排放评价规范》的出现，解决了碳足迹评价规范从无到有的问题，将国际上对碳足迹领域的研究和应用推入了新的发展阶段。

　　除 PAS 2050 以外，在全球范围内受到公认并且应用相对广泛的产品碳足迹评价国际标准还有 2013 年国际标准化组织制定的《温室气体　产品碳足迹　量化要求和指南》（ISO 14067），以及 2011 年由世界资源研究所和世界可持续发展工商理事会联合制定的《温室气体核算体系：产品寿命周期核算与报告标准》（GHG Protocol）。迄今为止，三大国际标准中 PAS 2050 仍是唯一公开了碳足迹算法且被接受程度最高的标准。产品碳足迹评价标准发展进程如图 2-18 所示。

　　对于企业而言，产品碳足迹评价可以被用来检视自身生产、运输等环节中产生的碳排放量，为企业带去降低成本、节能减排的基础和动力。企业为了优化产品碳足迹评价结果，可能选择较低碳排放量的上下游企业，从而带动整条产业链的节能减排，形成良币驱逐劣币的良性循环。目前，产品碳足迹评价已经被引入了能源、农业、钢铁、建材、化工、制造等多个行业，百事可乐、中粮集团、博姿、特易购、天合光能、英国糖业公司、英国联合农产品集团等多家企业的百余款产品已经接受过产品碳足迹评价。

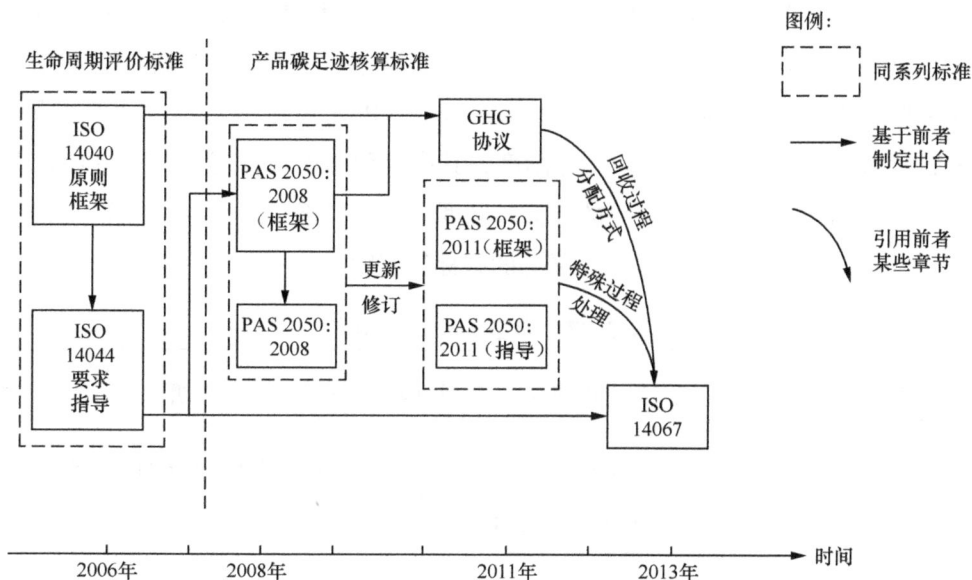

图 2-18　产品碳足迹评价标准发展进程

（二）碳标签

碳标签是产品碳足迹的标签化展示，是将一种产品从原材料开采到产品使用寿命终点期间产生的温室气体排放量标示在产品的标签上，用于告知消费者产品的碳信息。英国是世界上最早推行碳标签制度的国家。2006 年，英国碳信托

（Carbon Trust）公司推行了"碳减排标签"和"碳数量标签"两种碳标签，2007年推出了全球第一批加贴碳标签的产品。使用碳标签的公司被强制要求对今后两年减排作出承诺，如果未能完成减排承诺，将不再被允许使用碳标签。碳标签制度实施后，英国最大的超市 Tesco 所有上架的 7 万余种商品都要求贴上碳标签，英国 90% 的家庭表示至少曾买过一种贴有碳标签的产品。碳标签制度在英国推广后，世界各国纷纷跟进——中国生态环境部宣布给予符合低碳认证的产品加贴低碳标签；通用汽车、戴尔、家得宝等美国的跨国公司均表示会在生产的商品上添加碳标签；日本的碳标签系统会详细标示产品生命周期中每一个阶段的碳足迹。

从 2007 年英国推出全球第一批标示碳标签产品开始，碳标签制度在欧美国家发展迅速，低碳标识概念、碳足迹概念、计算方法、相关标准等各项工作均初具规模。目前，全球有欧盟、英国、日本、美国、韩国等 10 余个国家、地区或区域组织推行产品碳标签制度，在运行模式、核算方法、推行方式上各有不同。

碳标签从类别上可以分为认证类和核查类。认证类碳标签制度主要遵循 ISO 17065、ISO 17021 等要求开展，并以核查类标准作为量化依据。核查类制度主要遵循 ISO 14064、ISO 14067、PAS 2050、PAS 2060 等标准和要求开展。表 2-27 梳理了 14 种典型的碳标签制度，其中 8 种属于核查类（如欧盟 CO_2 之星、英国、德国、美国、法国等的碳标签制度），6 种属于认证类（如瑞士、瑞典、澳大利亚、欧盟 ISCC、日本、韩国等的碳标签制度）。

表 2-27 典型的碳标签制度

国家/区域组织	碳标签制度名称	适用领域	类型归类	说明
欧盟	欧盟CO_2之星	交通相关产品	核查	温室气体排放及减排量核查
	国际可持续发展和碳认证（ISCC）	可持续道路运输燃料、电力、供暖和制冷、循环与生物经济、食品和饲料、可持续航空燃料、可持续船用燃料等领域	认证	按照ISO 17065、ISO 17021以及ISO 14065、ISO 14064-3的要求运行，综合认证和审定核查的要求，基本流程按照认证实施

续表

国家/区域组织	碳标签制度名称	适用领域	类型归类	说明
英国	产品碳标签	食品饮料、家居用品、电子电器、建材和服装等领域	核查	依据PAS 2050、ISO 14067、GHG Protocol的模式运行,以数据核查为主,同时需承诺实现碳减排
英国	碳中和质量保证计划	各类组织,也包括个人	核查	实施路径为核算碳排放,采用规定的抵消模式进行中和
法国	碳分数标签	服装和纺织品类	核查	按照生命周期阶段核算产品碳足迹,并在产品上进行标识,消费者可进行比较和选择
德国	产品碳足迹标签	食品、农产品、日用品等领域	核查	按照生命周期标准和碳足迹核算标准进行量化确认
瑞士	瑞士碳标签	日用品领域	认证	按照环境标志认证的模式开展
瑞典	瑞典碳标签	食品、农产品等领域	认证	认证机构必须根据 ISO/IEC 17065进行认证
美国	碳中和标签	家居产品	核查	依据温室气体核算、核查和生命周期相关ISO和WRI发布的标准执行。该计划提出减碳要求,并对剩余减排量进行中和
美国	食品碳标签	食品类	核查	按照生命周期方法理论计算碳足迹,并确定基准,进行等级和分数评价
美国	气候意识碳标签	食品类	核查	按照生命周期方法理论计算碳足迹,并确定基准,按照实际产品与基准对照确定级别
澳大利亚	澳大利亚碳标签	食品类	认证	遵循ISO 14000体系标准,按照认证模式管理
日本	日本碳标签	食品类、消费品类	认证	按照环境标志认证模式进行管理
韩国	韩国碳标签	产品、服务类	认证	按照环境标志认证模式进行管理

二、碳足迹核算和披露促进 ESG 发展

碳足迹核算和披露对新能源汽车产业 ESG 带来了显著影响，主要体现在以下几个方面。

（一）优化环境管理

随着全球对气候变化问题的重视，拥有较低碳足迹的企业在国际贸易中更具竞争力。特别是在欧洲等碳排放监管严格的地区，碳足迹核算和披露已成为市场准入的重要条件。碳足迹核算和披露使得企业能够更清晰地了解其生产运营过程中各个环节的碳排放情况，促使碳排放透明化，从而有针对性地采取减排措施。这种透明化的管理有助于提升企业在环境方面的表现，符合 ESG 中环境友好的要求。

此外，为了降低碳足迹，大部分企业加大在绿色技术方面的研发投入，如新能源技术、节能减排技术等，这些技术创新不仅有助于减少碳排放，还能提升企业的竞争力和可持续发展能力。

（二）提升社会责任

碳足迹的核算和披露有助于企业更好地满足利益相关者的需求，包括投资者、消费者、政府等。通过积极披露碳足迹并采取减排措施，企业能够提升其在消费者心目中的品牌形象，增强消费者对品牌的信任和忠诚度。这有助于企业在社会责任方面取得更好的表现，符合 ESG 中的社会责任要求。

（三）完善治理结构

碳足迹的核算和披露有助于企业更好地识别和管理与气候变化相关的风险，如政策风险、市场风险、供应链风险等。通过制定有效的风险管理措施，企业能够提升其治理水平，符合 ESG 中的治理要求。

（四）推动 ESG 评级提升

通过降低碳足迹，企业可以减少对环境的负面影响，可以显著提升 ESG 表现，增强企业的可持续性和市场竞争力。这有助于企业在全球范围内树立负责任的企业形象，增强与利益相关者的沟通和合作。同时，ESG 表现的提升也有助于企业获得更多的市场机会和资源支持，进而吸引更多的 ESG 投资，推动企

业的可持续发展。

三、碳足迹发展趋势

当前我国正在形成自上而下的碳足迹政策体系，不管是顶层设计还是实施方案或实施意见，都有相关部委在组织推出。但是和碳足迹相关的方法学、标准、管理体系、数据库还比较匮乏，如何完善碳足迹方法学和标准，建立健全的管理体系和数据库，是进行碳足迹核算和管理的重要前提，也是未来碳足迹领域发展的重要趋势。可以预见的是，汽车产业碳足迹将有以下几个发展趋势。

一是从方法学、标准等标准化工作着手，在符合我国"双碳"发展需求以及应对国际碳关税等系列贸易门槛的前提下，完善汽车产业主机厂以及供应链各产品的碳足迹相关标准和方法学，让碳足迹核算和管理工作实现"有法可依"，统一相关标准。

二是建立汽车产业统一规范的产品碳足迹管理体系，并推动汽车产品碳足迹的国际衔接互认；在相关主管部门指导支持下，行业协会、研究机构以及企业主动作为，积极参与并推动构建于我国有利的国际碳足迹核算评价方法、标识认证规则和数据体系。

三是围绕打通碳足迹数据链开展实践，保障产品碳足迹量化有数可用，号召材料、零部件、能源等上下游产业链广泛参与，开发各自的数据库，提高上下游互信互通程度；同时发挥产业链头部企业带头带动作用，影响和管理供应链上下游企业降低产品碳足迹。

四是数字化技术将为汽车碳足迹管理提质增效。汽车全生命周期的碳排放核算将涉及汽车产业整个产业链，存在数据来源复杂、收集难、管理难等问题，数字化技术将为企业协同降碳发挥重要作用。例如，加快传感器等智能感知装置应用，推动数据采集和管理的格式化、标准化发展；大力应用现有数据模型、智能算法等，高效完成汽车碳足迹核算以及相关数据分析挖掘；支持搭建跨行业、跨地区的全国性汽车碳足迹管理平台，打破数据壁垒，加速与国际碳足迹平台互认。通过人工智能、大数据等技术，代替传统人工或半智能的核算方式，提高汽车碳足迹管理效率和质量。

本章探讨了汽车产业 ESG 评级模型和碳足迹模型的构建。在全球碳中和背景下，汽车产业在 ESG 领域飞速发展，但国内还缺少相关评级体系的指引。在此背景下，结合汽车产业特点，本章构建了中国汽车产业的 ESG 评级体系以及汽车产业碳足迹模型。中国汽车产业的 ESG 评级体系分为 ESG 治理、社会价值、风险管理三大板块，包含 171 项细化指标，采用德尔菲法和层次分析法确定指标权重，构建了"三位一体"的评级模型；汽车产业碳足迹模型通过生命周期评价方法，核算纯电动汽车、氢燃料电池汽车、传统燃油车在整车制造、燃料生产、运行使用和报废回收等阶段的碳排放。ESG 评级体系的构建，有助于提升汽车产业的环境友好性、社会责任感和治理水平。这不仅能引导汽车产业实现可持续发展，还能增强国际竞争力，促进绿色低碳转型。同时，碳足迹模型的建立有助于核算汽车全生命周期碳排放，推动形成国际互认的核算体系，助力新能源汽车产品国际贸易和高质量发展。

第一节　汽车产业ESG评级模型构建研究

李肖夏

中汽信息科技（天津）有限公司公益发展室主任

近年来，在全球加速碳中和以及中国"双碳"目标落地的背景下，涉及汽车行业的环保、碳达峰政策频频出台，ESG 逐渐为众多汽车企业所重视，但由于国内缺乏行业 ESG 信息披露的细化指引，汽车领域社会责任指标体系建设"中国化"缓慢，缺乏行业特色，汽车行业 ESG 信息披露的数量和质量均有待提升。

本节基于对国际国内主流评级机构研究方法的借鉴，结合汽车产业发展特点，前瞻性地构建了中国汽车产业的 ESG 评级体系；提炼得出 171 项评级指标，并利用德尔菲法和层次分析法来确定指标的权重系数，进而构建科学性的评级模型和评级流程。本节将 ESG 作为衡量汽车企业价值的新标尺，在微观层面为更多车企践行 ESG 理念、加强 ESG 治理、开展 ESG 实践提供思路，将可持续发展理念由单向传递升级为双向传导；在宏观层面带动行业企业更加负责任、更加可持续经营，鼓励汽车企业肩负起减碳及绿色可持续发展重任，引导 ESG 先锋车企积极发挥表率作用，共建绿色、低碳、可持续汽车行业生态圈。

一、ESG 评级模型构建

在全球可持续发展、ESG 理念逐渐成为世界主流趋势的背景下，企业可持续发展能力的概念外延不断拓展，ESG 相关的制度建设也处于更新迭代期。鉴于此，要想将原本应用于投融资评价的 ESG 合理迁移至汽车产业，应当关注经济学领域支撑 ESG 评级的经典理论，遵循国际范围内的既定惯例，兼顾 ESG 的本土化进程，同时结合我国汽车产业的发展现状，构建相应的评级模型，为汽车企业 ESG 评级奠定良好基础。

基于可持续发展理论，企业不仅应当注重经济效益，还要充分考虑生产经营行为对环境和社会产生的影响；根据外部性理论分析，企业应当在实践过程中规避负外部性带来的风险，增加正外部性实践，从而提升企业价值；依据利益相关方理论，企业想要实现组织目标，需要从供应链角度全面洞察各方利益相关者的诉求。依托上述理论指导，构建了中国汽车产业"三位一体"的 ESG 评级模型，如图 3-1 所示。

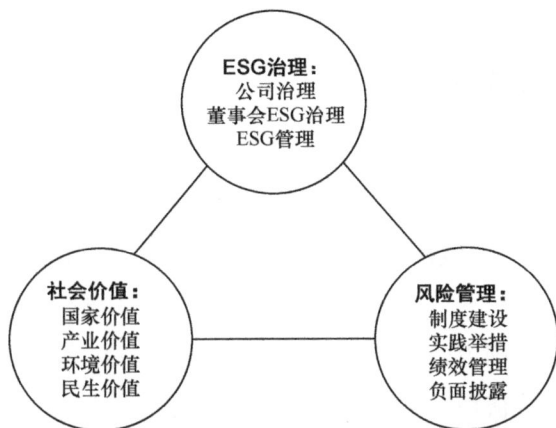

图 3-1 中国汽车产业"三位一体"的 ESG 评级模型

具体来看，评级模型由 ESG 治理、社会价值、风险管理三大板块构成。

ESG 治理从公司治理、董事会 ESG 治理和 ESG 管理 3 个维度进行评级。公司治理主要考察公司是否合理设置"三会一层"的权、责、利，建立健全权责清晰、高效运转的治理体系；董事会 ESG 治理主要从 ESG 的顶层架构考察公司董事会对于 ESG 工作的参与情况；ESG 管理则是从 ESG 统筹管理部门、制度建设、绩效考核、能力建设等维度综合考察公司为确保 ESG 战略决策有效执行建立的管理体系。

社会价值在本评级模型中涵盖广泛的可持续发展价值，具体划分为国家价值、产业价值、环境价值及民生价值 4 个维度，分别指企业服务国家战略、助力产业发展、守护生态文明、满足人民美好生活需要而创造的价值。

风险管理依据汽车产业特征，筛选出应对气候变化、守护生态安全、负责任供应链管理等 10 个社会与环境风险议题，从制度建设、实践举措、绩效管理、负面披露 4 个维度衡量企业管理行业风险议题的水平。制度建设考察企业是否确立了管理风险议题的目标、政策、制度等；实践举措考察企业在应对各风险议题时所采取的行动和举措；绩效管理评级企业是否关注、统计并持续跟进关键风险绩效指标；负面披露考察企业是否主动披露负面事项，以防止因刻意隐瞒责任缺失而造成投资者对企业社会环境风险的误判。

此外，评级模型也遵循国内外 ESG 评级的通行做法，在汽车产业 ESG 评级中加入了调整项，为在 ESG 治理过程中取得重大创新的企业提供额外加分，而对发生年度重大 ESG 事故的企业酌情扣减相应分数。

二、ESG 评级体系研究

在对国内外 ESG 标准、行业 ESG 报告、行业政策背景分析的基础上，在遵循可持续发展原则、可操作性原则下，深入研究 GRI、ISO 26000、SDGs、SASB、CDP、TCFD 等区域性和国际性组织框架，广泛对标 MSCI、DJSI、富时罗素、香港联交所《环境、社会及管治报告指引》《中国企业社会责任报告指南（CASS–ESG 5.0）》等国内外相关指标体系，同时开展中国汽车产业政策背景和特色议题研究，系统梳理总结行业特色实践、明确行业特色指标，搭建起包含 3 个层级、共 171 项细分指标在内的中国汽车产业 ESG 评级体系，其中行业特色议题 48 个。

具体而言，评级体系的第一层级为 ESG 目标层，从 ESG 治理、社会价值、风险管理 3 个维度系统性概括汽车行业的 ESG 实践情况。第二层级为 ESG 准则层，将三大维度进行细化，共归纳出 17 个需要重点关注的准则。第三层级为 ESG 方案层，将各个汽车企业的 ESG 实践行为进行具体化，全方位地梳理总结，最终形成具有代表性的 171 项汽车产业评级指标。目前，汽车行业的 ESG 信息披露仍处于起步阶段，尚未形成标准化、规范化的统计口径，不同评级体系在具体维度和指标内涵上仍旧存在较大差异。据此，针对 ESG 治理、社会价值、风险管理三大评级维度下的二级指标和汽车行业特色指标进行系统阐释，提供中国汽车产业 ESG 研究的创新化、标准化范式。

（一）ESG 治理

ESG 治理板块聚焦于企业是否能够在顶层设计层面落实尽责管理，按照从宏观制度框架到微观落地举措的逻辑顺序，本板块由公司治理、董事会 ESG 治理和 ESG 管理构成。首先，在治理制度层面，设置董事会独立性、信息透明、守法合规培训绩效、反贪腐培训绩效等指标，考察公司的决策和运营是否规范透明。其次，在组织架构层面，设置董事会 ESG 目标审查、高管薪酬与 ESG 挂钩等指标，用以衡量董事会在治理方面的表现。最后，在实践举措层面，设置参与汽车行业 ESG 研究或行业 ESG 标准制定、发布社会责任 /ESG 报告份数、ESG 报告第三方独立审验等指标，基于行业发展视角识别汽车企业是否将 ESG 治理理念贯彻到主责主业当中。

（二）社会价值

社会价值具有复杂性、多元性，其产生和发展也与国家政策、产业建设、生态环境、公民权益等因素息息相关。根据我国汽车产业的发展现状，社会价值有 4 个方面。其一，在国家价值层面，设置了乡村振兴、"一带一路"、国家重大工程等指标，用以评估汽车企业在服务国家战略过程中采取的行动举措。其二，在产业价值层面，设置了建设数智化体系、尊重和保护知识产权、建设智能制造标杆工厂等指标，重点考察汽车企业在挖掘自身业务优势的基础上，为推动行业进步所作出的贡献。其三，在环境价值方面，设置推动全价值链减排降碳、守护绿色生态等指标，用以衡量汽车企业在贯彻"双碳"发展战略、保护环境方面创造的价值。其四，在民生价值方面，设置打造汽车行业特色品牌公益项目、普及交通安全知识、公益行动领域等指标，关注"新四化"背景下的社会公众体验，考察汽车企业是否能够满足民众在就业、服务、公益方面的合理需求。

（三）风险管理

风险管理的目的在于最大限度规避负面影响，完善供应链层面的尽责管理机制。针对汽车产业而言，需要纳入决策范围的风险管理板块为环境风险管理和社会风险管理。在环境风险管理板块，从环境管理、资源利用、排放物、应对气候变化、守护生态安全 5 个维度进行评估，提出了汽车产品生产者责任延伸、通过汽车绿色工厂认证、新能源汽车电池回收利用率、汽车产品使用过程中对环境的影响等行业特色指标。在社会风险管理板块，基于雇佣、发展与培训、职业健康和安全生产、客户责任、负责任供应链管理 5 个维度进行分析，在传统的员工权益保护指标以外，针对汽车产业供应链长周期、高风险的突出特点，制定了保修和三包政策、车联网网络安全、关爱弱势道路使用者、缺陷汽车召回、助力品牌向上发展、经销商管理与渠道建设等指标，用以引导汽车企业坚持长期贯彻社会责任，重视利益相关方沟通，同时关注重点议题履责的连续性。

三、ESG 指标权重及赋值研究

基于可操作性原则，结合汽车产业 ESG 评级体系的确定过程，本评级模型选择运用德尔菲法和层次分析法进行研究。

在专家咨询过程中使用德尔菲法，设计咨询问卷，并以电子邮件形式向专家发放问卷。具体而言，专家函询的内容分为 3 部分：第一部分为专家个人的基本信息，需要专家依据真实情况填写；第二部分为意见收集表，需要专家针对指标的名称、具体释义进行合理评估，提出意见建议；第三部分为指标量化评分表，需要专家依据自身的专业知识和实践经验，判断指标体系中各指标的相对重要程度并进行打分。

在使用德尔菲法进行研究时，评审专家的具体情况直接影响着研究结果的有效性。依据汽车产业 ESG 的评级要求，审慎开展了专家选拔工作，最终本项目邀请的专家共 15 名，具体构成情况为：社会责任与可持续发展事业专家 3 名、汽车技术专家 4 名、汽车产业研究员 3 名、ESG 智库专家 5 名。针对专家评议情况进行数据分析，具体结果如下。

其一，专家积极系数通过统计问卷回收率得出，用以衡量专家对于本次研究的关注度。专家积极系数 K 的计算公式为

$$K = \frac{m}{M} \tag{3-1}$$

式中，m 代表实际填写问卷、参与评议的专家数量；M 代表收到问卷的专家数量。本项目问卷回收率为 100%，即专家积极系数为 100%，表明专家对于汽车行业 ESG 评级体系的研究十分关注。

其二，专家权威系数通过评估专家对于汽车产业 ESG 问题的熟悉程度以及专家判断问题的依据进行计算。专家权威系数 C_R 的计算公式为

$$C_R = \frac{C_a + C_s}{2} \tag{3-2}$$

式中，C_a 代表专家判断问题的依据，分为实践经验、理论研究、资料学习、主观认知 4 个来源，依据可靠性分别对应不同的系数；C_s 则用于表示专家对于问题

的熟悉程度，从非常熟悉到不了解，划分为 5 个不同等级，并由大到小进行赋分。若 $C_R \geq 0.7$，则能够符合专家权威度的要求。依据函询结果计算，本项目的 C_R 值为 0.81，证明参与评估的专家较为权威，符合研究要求。

其三，专家意见集中度通过计算指标的重要性赋分均值得出。运用李克特 5 点量表作为评估工具，对汽车产业 ESG 评级指标进行逐个计算，剔除均值 ≤ 4 的指标。由计算结果可知，评级指标均值范围为 4.53 ~ 5.00，指标予以保留。

其四，专家意见协调度则通过变异系数进行考察，变异系数 C_v 的计算公式为

$$C_v = \frac{\sigma}{\mu} \tag{3-3}$$

其中，σ 代表指标的标准差；μ 代表均值。若 $C_v \geq 0.25$，则代表专家对于该指标重要性的评级分歧度较高，指标的离散程度高，需要剔除无效数据。经过计算得出一级指标变异系数为 0.11，二级指标变异系数为 0.15，三级指标变异系数为 0.19，均符合标准。

根据专家评议结果的数据分析情况可知，汽车产业 ESG 指标体系的设置符合评级标准，可以运用层次分析法进行更为深入的分析研究，用以深度评估现有指标体系的合理性。使用层次分析法的一般步骤如下：一是基于专家咨询和前期研究结果明确指标体系的目标层、准则层和方案层，二是依据评级结果构建判断矩阵，三是通过一致性检验确定指标权重，得出评级结果。基于前文可知，指标体系已构建完成，项目团队将依据专家对于评级指标重要性的打分结果，构造判断矩阵，对现有指标体系进行两两对比，汇总 3 个层级的判断矩阵并进行加权计算。由于汽车产业 ESG 评级体系相对繁杂，包含指标数量众多，在此仅以 3 个一级指标为例，计算判断矩阵。一级指标层的 3×3 判断矩阵如下：

$$\begin{bmatrix} 1 & 0.970 & 0.958 \\ 1.031 & 1 & 0.987 \\ 1.044 & 1.013 & 1 \end{bmatrix}$$

在计算过程中，继续将判断矩阵的计算转换为特征值和特征向量的运算。首先计算矩阵中各指标的几何平均值，在此基础上进行归一化处理，得到一级指标的特征向量 $W = (0.325, 0.335, 0.340)^T$。基于已有结果计算该向量的最大特征值

$\lambda_{max}=3$。在此之后，为验证权重系数的合理性、有效性，还需要通过计算一致性指标 CI 和一致性比率 CR，针对矩阵进行一致性检验。计算公式如下：

$$CI = \frac{\lambda_{max} - n}{n-1} \quad （3-4）$$

$$CR = \frac{CI}{RI} n\, (n \geq 2) \quad （3-5）$$

式中，n 为矩阵的阶数，RI 为随机一致性指标。由计算可知，在一级指标层的 3×3 判断矩阵中，CI=0，RI=0.52，CR=0。由一致性检验结果可知 CR $\leq$ 0.1，故判断矩阵符合一致性检验要求。综上所述，对所有指标层进行计算并合成，构建中国汽车产业 ESG 评级体系权重，由于指标体系繁杂，在此仅展示一级和二级指标权重计算结果，如表 3-1 所示。

表 3-1　中国汽车产业 ESG 评级体系及指标权重

目标层	指标权重	准则层	指标权重
ESG治理	0.325	公司治理	0.115
		董事会ESG治理	0.072
		ESG管理	0.138
社会价值	0.335	国家价值	0.091
		产业价值	0.065
		环境价值	0.094
		民生价值	0.085
风险管理	0.340	环境管理	0.031
		资源利用	0.027
		排放物	0.029
		应对气候变化	0.043
		守护生态安全	0.045
		雇佣	0.015
		发展与培训	0.028
		职业健康和安全生产	0.021
		客户责任	0.039
		负责任供应链管理	0.062

四、ESG 评级研究成果

中国汽车产业 ESG 评级研究的主要路径为：搭建评级模型、确认板块权重、赋权各个维度、赋值具体指标、多方信息采集、依据实情打分、计算初始得分、负面调整及加分项调整、确定最终得分。整个评级流程构成了中国汽车产业 ESG 的评级体系，应用上述的评级体系对于遴选样本进行分析诊断与定量计算，最终得出 2023 中国汽车产业 ESG 先锋指数。

在具体结果呈现上，为了直观、全面呈现汽车企业的 ESG 水平，依据 ESG 评级得分，将评级结果划定为 7 个等级，用不同的星级来表示，如表 3-2 所示。

表 3-2　中国汽车产业 ESG 评级等级

分数区间/分	星级
86～100	★★★★★
71～85	★★★★☆
61～70	★★★★
51～60	★★★☆
41～50	★★★
31～40	★★
30及以下	★

其中，五星级（86～100 分）代表汽车企业具有较为完善的 ESG 治理体系，在国家、产业、环境和民生建设中取得了突出成效，并且在生产经营过程中较好地规避了环境风险和社会风险，是汽车产业 ESG 领域的先锋领导者，这类汽车企业的数量相对较少，目前仅有不到一成。四星半级（71～85 分）和四星级（61～70 分）的企业初步建立了 ESG 治理体系，在社会价值创造领域进行了一定尝试，作出了一些贡献，具有一定的社会环境风险管理能力，是汽车产业 ESG 领域的有效实践者，能达到这样标准的汽车企业约有 20%。而三星半级（51～60 分）及以下的汽车企业尚未建立 ESG 治理体系，社会价值贡献较少，风险管理水平也相对较低，亟须在 ESG 治理方面探索全新路径，提升治理水平。

依据调研摸底情况可知，汽车产业虽是我国国民经济的重要支柱，但整体的 ESG 水平还不及其他产业，提升空间巨大。同时，在评级过程中还暴露了很多问题：有些集团公司的 ESG 综合能力还不及其他集团的二级公司；主流框架所要求披露的内容仍有缺失；还有一些"漂绿"的苗头出现，大部分企业的 ESG 披露刚刚开始，国际评级表现也乏善可陈，行业 ESG 表现分化明显。

总之，汽车制造行业在拉动经济增长、拉动就业上升的同时，其庞大的产业链也深深地影响着全球和当地社群的环境和社会，对全球变暖、生物多样性、水资源利用、供应链、雇员、社会稳定、各类风险等均会产生巨大影响。因此，汽车企业的 ESG 表现不仅会对环境和社会造成潜移默化的影响，也必将会影响公司的长期发展和生存。由此观之，对于汽车企业来说，ESG 评级已成为一个必须关注的问题。就长远发展视角进行解读，针对汽车产业 ESG 现状进行评级并非最终目的，以评促改才能完成整个汽车行业 ESG 工作的转型与提升。希望能够以汽车产业 ESG 评级为抓手，组建汽车 ESG 圈层，与国际组织、金融机构开展交流和合作，保持信息通畅，帮助相关企业获得更多投资关注，从而带动产业发展。

该评级体系在广泛对标国内外 ESG 信息披露标准和 ESG 评级体系等通用标准的基础上，将双碳、新能源、产业链、供应链、交通安全等行业重大议题融入方法论，探索构建兼具专业属性和行业特色的中国汽车产业 ESG 评级体系，打造行业特色标准：一方面有助于以评级促提升，为更多车企践行 ESG 理念、加强 ESG 治理、开展 ESG 实践提供思路，带动行业企业更加负责任、更加可持续经营，引导 ESG 先锋车企积极发挥表率作用，共建绿色、低碳、可持续的汽车行业生态圈；另一方面有助于以实践促发展，立足颠覆式转型升级的汽车产业，通过系统性的评级，带动全行业对 ESG 的关注和思考，进而引导行业企业积极践行 ESG 理念，创造经济、环境、社会价值最大化，服务人民美好生活、助力构建和谐社会，为美丽中国建设贡献汽车企业应尽的力量。

第二节 汽车产业碳足迹模型构建研究

黎妍

北京艾迪智联科技有限责任公司咨询服务部高级经理

甘雨

北京艾迪智联科技有限责任公司咨询服务部高级经理

洪洋

北京艾迪智联科技有限责任公司总经理助理

王凤丽

工业和信息化部装备工业发展中心副研究员

发展新能源汽车作为我国汽车产业升级、交通领域低碳转型的重要战略，正引导整个汽车产业朝向电动化、智能化、网联化和共享化趋势发展。电动化是新能源汽车最核心的特征，也是其他"三化"发展的重要基础。借助电动化，汽车行业大幅减少化石能源的消耗，以及降低温室气体在大气中的排放，因此新能源汽车相比传统燃油汽车具有独特的低碳属性和减碳优势。但具体新能源汽车的减排量和减排效果如何，还需要通过搭建碳足迹模型，用以核算新能源汽车以及传统燃油汽车的全生命周期碳排放并相互比较。

一、碳足迹模型搭建

新能源汽车电动化对环境有着显著的影响，降低了汽车的全生命周期碳排放，这也是新能源汽车作为交通领域低碳转型重要路径的底层逻辑。探讨新能源汽车和传统燃油汽车对环境的影响，应当站在全生命周期碳排放的视角，采用生命周期评价的方式来进行评估。

在国家标准 GB/T 24040—2008《环境管理　生命周期评价　原则与框架》（基于国际标准 ISO 14040: 2006）中，生命周期评价定义为"对一个产品系统的生命周期中输入、输出及其潜在环境影响的汇编和评价"。生命周期评价强调贯穿于从获取原材料、生产、使用、生命末期的处理、循环和最终处置的产品生命周期的环境因素和潜在的环境影响。

在生命周期评价思路下，汽车的全生命周期碳足迹评价可分为整车制造、燃料生产、运行使用和报废回收 4 个阶段。整车制造阶段包括汽车原材料的获取、零部件制造、整车制造和装配，燃料生产阶段包括燃料的生产、运输和存储，运行使用阶段指整车使用过程，报废回收阶段包括部件的处理和循环回收。

相关研究显示，选取 3 款典型的传统燃油车（internal combustion engine vehicle，ICEV）、纯电动汽车（battery electric vehicle，BEV）和氢燃料电池汽车（hydrogen fuel cell vehicle，HFCV）车型作为研究对象，其全生命周期碳排放量强度（以 CO_2e 计算）分别为 208.0 g/km、113.5 g/km 和 189.3 g/km，BEV 碳排放量远低于 ICEV，HFCV 碳排放量接近 ICEV；由于 ICEV、BEV 和 HFCV 车型的系统和部件清单、燃料类型以及报废回收清单差异较大，在不同阶段中，这 3 款车型的碳排放量排名并不与总排放量一致。

（一）碳排放评估方法

汽车全生命周期碳排放（P）的计算模型为

$$P=Q_1+Q_2+Q_3+Q_4 \tag{3-6}$$

式中，Q_1 是整车制造阶段碳排放；Q_2 是燃料生产阶段碳排放；Q_3 是运行使用阶段碳排放；Q_4 是报废回收阶段碳排放。通常使用公里排放量（g/km）来衡量不同汽车的碳排放强度。本节设定汽车的全生命周期行驶里程（s）为 20万 km。

汽车全生命周期碳排放强度（E）为

$$E=P/s=(Q_1+Q_2+Q_3+Q_4)/s \tag{3-7}$$

整车制造阶段碳排放评估，一是拆解整车所有部件所包含的所有材料，将每一类材料的质量与碳排放因子相乘，其中，钢的碳排放因子为 2.41 $kgCO_2$/kg，铸铁的碳排放因子为 2.38 $kgCO_2$/kg，铝的碳排放因子为 20.7 $kgCO_2$/kg，铜的碳排放因子为 4.76 kgCO$_2$/kg，橡胶的碳排放因子为 2.96 kgCO$_2$/kg；二是统计生产和装配过程使用的能源，如电能，将每一类能源的质量与排放因子相乘。

燃料生产阶段碳排放评估，ICEV、BEV 和 HFCV 车型的燃料类型分别是汽油、电力和氢气。在不同地区和不同年份，电力结构和制氢方式存在较大差别，导致电力和氢气生产阶段碳排放出现较大的差异性。例如，可再生能源制氢生产阶段碳排放可认为是近零排放，但煤制氢生产阶段碳排放高达 24.8 kgCO$_2$/kgH$_2$。从近年来我国电网和制氢工业的发展来看，电力结构和制氢类型处于动态变化的阶段，评估 BEV 和 HFCV 的燃料生产阶段碳排放，需要结合具体的电力结构情况和制氢情况。2022 年，我国电力结构的碳排放因子为 0.565 kg/（kW·h）（火力发电占比约 64%），氢气来源以煤制氢和工业副产氢为主，制氢碳排放按照 12.5 kgCO$_2$/kgH$_2$（氯碱副产氢）作为测算基准。

运行使用阶段碳排放评估，对于 ICEV，其碳排放来源于运行使用阶段的燃油消耗。BEV 和 HFCV 的燃料是电力和氢气，运行使用阶段认为是净零排放。

报废回收阶段碳排放评估，由于缺乏回收过程中拆解和粉碎等工艺的能耗和排放数据，因此选取金属部件的钢、铸铁、铝和铜 4 种金属进行评估。

（二）碳排放各类清单

整车制造阶段碳排放评估，需要统计分析整车的部件清单、各部件组成的材料清单以及部件制造能耗清单，具体如表 3-3～表 3-6 所示。

表 3-3　3 款典型汽车类型的部件清单及其质量占比

组成	部件	ICEV	BEV	HFCV
动力系统	发动机	10.1%	—	—
	变速器	8.4%	—	—
	动力蓄电池	—	21.8%	2.2%
	燃料电池	—	—	15.8%
	铅酸蓄电池	1.3%	—	—
	电机	—	2.1%	2.7%
	电控装置	—	0.6%	—
	主减速器	—	2.1%	—
	储氢罐	—	—	4.1%

续表

组成	部件	ICEV	BEV	HFCV
其他部件	车身	42.0%	41.8%	42.2%
	底盘	36.3%	29.8%	31.5%
	流体	1.9%	1.8%	1.5%

注："—"表示该车型不存在对应的部件。

表 3-4　发动机和不同蓄电池的材料质量占比

磷酸铁锂电池	占比	铅酸蓄电池	占比	燃料电池	占比	储氢罐	占比	发动机	占比
活性材料	22.4%	铅	69.0%	质子交换膜	0.8%	碳纤维	60.0%	钢	35.7%
石墨	15.2%	硫酸	7.9%	气体扩散层	9.8%	环氧树脂	24.0%	铝	42.0%
铝	20.3%	聚丙烯	6.1%	催化层	1.1%	泡沫	4.0%	铸铁	12.3%
聚偏氟乙烯	2.1%	玻璃纤维	2.1%	冷却垫片	11.5%	玻璃纤维	4.0%	铜	1.0%
铜	12.4%	水	14.1%	端板	13.4%	高强度聚乙烯	7.0%	橡胶	4.5%
电解液	18.3%	其他	0.8%	双极板	63.4%	铝	1.0%	塑料	4.5%
聚丙烯	3.2%								
其他	6.1%								

表 3-5　其他部件材料质量占比

材料	变速器	车身	底盘	电机	电控装置	主减速器
钢	30.0%	68.7%	82.3%	31.5%	5.0%	60.6%
铝	30.0%	0.8%	1.0%	39.5%	47.5%	20.0%
铸铁	30.0%	—	6.3%			
铜	—	1.9%	2.3%	15.8%	8.3%	19.0%
橡胶	5.0%	—	4.2%		3.8%	
塑料	5.0%	17.4%	3.3%		23%	0.2%
钕铁硼	—	—	—	13.2%		
其他	—	11.1%	0.6%	—	12.4%	0.2%

表 3-6 选取的 3 款车型装备质量及百公里燃料消耗量

车型	ICEV	BEV	HFCV
装备质量/kg	1490	1650	1850
燃油/（L/100km）	6.6	—	—
燃料经济性/（kWh/100km）	—	12.3	—
燃料经济性/（kg/100km）	—	—	1.1

注：电力结构的碳排放因子以 0.565 kg/（kW·h）为测算基准，制氢碳排放以 12.5 kgCO$_2$/ kgH$_2$ 为测算基准。

二、碳足迹评价结果分析

根据 2022 年为基准场景的测算结果，这 3 款 ICEV、BEV、HFCV 汽车的全生命周期碳排放总量分别为 41 550 kg、22 660 kg 和 37 860 kg，如图 3-2 所示，碳排放强度分别为 208.1 g/km、113.5 g/km 和 189.3 g/km。从碳排放强度来看，目前新能源汽车中的纯电动汽车的全生命周期碳排放仅为传统燃油汽车的 54.5%，氢源为氯碱副产氢的燃料电池汽车全生命周期碳排放是传统燃油汽车的 91%。

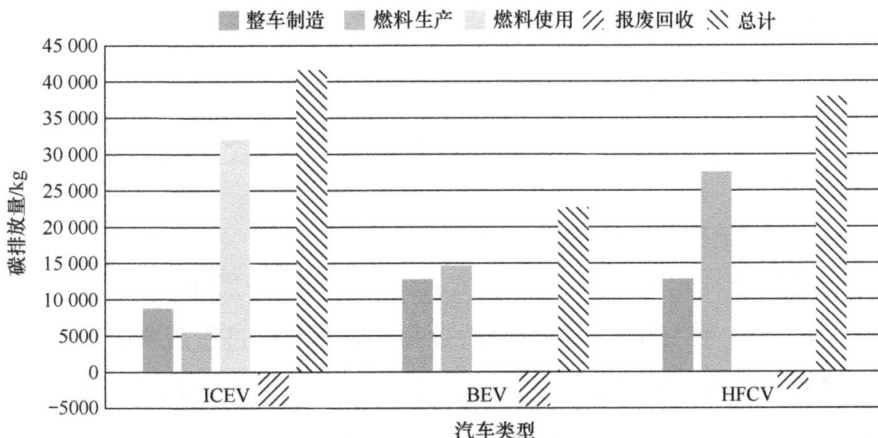

图 3-2 2022 年为基准场景下 ICEV、BEV、HFCV 的全生命周期及各阶段碳排放情况

从整车制造环节来看，BEV 和 HFCV 的碳排放相近，BEV、HFCV 分别比 ICEV 高出 45% ～ 46%；归根究底，是动力电池及其原材料、燃料电池及其原材料在获取、制造过程中具有较高的碳排放。而在燃料生产环节，电力和氢燃

料的生产碳排放分别是汽油的 2.7 倍和 5.1 倍；一是因为电力结构仍有将近 64% 是火电；二是氢气主要以化石能源制氢等高碳排放氢为主，且当前氢气主流储运方式以高压气态为主，一辆 30 MPa 长管拖车载氢量仅达到 600 kg，运输阶段的碳排放也相对较高。当进入燃料使用环节，汽油燃烧过程会释放大量的温室气体，这部分碳排放量占 ICEV 全生命周期碳排放总量的 77%，导致其总碳排放量超过 BEV 和 HFCV。对于报废回收环节，由于 BEV 和 HFCV 在整车制造和装备等生产环节具有显著的环境影响和能源消耗，回收利用部件和材料可以减少原始生产过程，缓解环境影响和减少能源消耗；但目前我国动力电池、燃料电池的梯度利用、回收机制和体系建设尚未完全搭建，技术和机制还有待进一步完善。

从结果来看，当前新能源汽车中的 BEV 和 HFCV 在全生命周期碳排放比 ICEV 更具优势，特别是 BEV，全生命周期碳排放相比 ICEV 减少 45.5%。截至 2023 年年底，公安部数据显示我国汽车存量达到 3.36 亿辆，新能源汽车保有量仅达 2041 万辆，新能源汽车逐渐替代传统燃油汽车，是我国交通领域碳减排的重要路径。

三、敏感性分析

燃料生产环节是 BEV 和 HFCV 全生命周期碳排放的主要来源，分别占总量的 65% 和 73%，电力结构和制氢方式对 BEV 和 HFCV 的全生命周期碳排放起到决定性作用。

（一）电力结构

电力结构变化均对 ICEV、BEV 和 HFCV 的全生命周期碳排放存在影响。一是 ICEV、BEV 和 HFCV 在部件制造过程和整车装配过程需要电能，电力结构变化将影响这部分碳排放。二是 BEV 的燃料（电力）生产阶段碳排放在全生命周期中的占比较高，通常火电占比越高，碳排放因子越高；假如氢气的来源是电网电力制氢，电力结构变化也将影响 HFCV 的燃料生产阶段的碳排放量。

在相关统计中，2022 年，我国全国发电量达到 8.7 万亿 kW·h，非化石能源发电量占比 36.2%，火电发电量占比 63.8%。理论上，风电、光伏发电、水电和核电等清洁电力不存在碳排放，火电是电力碳排放的重要来源。在此电力结构下，电力的碳排放因子高达 0.565 kg/(kW·h)，算上 5% 左右的输电损耗，测算电力生产环节碳排放强度为 73.2 g/km。近年来，伴随我国可再生能源装机量和发电量的快速增长，火电在电力结构中的占比逐渐下降，电力的碳排放因子也呈现逐年下降的趋势。据测算，当电力的碳排放因子下降 10%、20%、30% 时，BEV 的全生命周期碳排放量分别为 103.5 g/km、93.5 g/km、84 g/km，相比当前下降 8.8%、17.6% 和 26%，如图 3-3 所示。电力的碳排放因子降低将带来 BEV 全生命周期碳排放的快速下降。

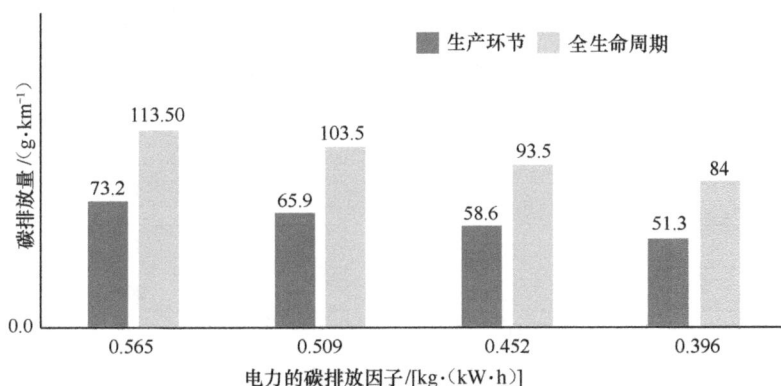

图 3-3 BEV 生产环节和全生命周期碳排放情况

对于 ICEV，整车制造阶段中的部件生产、整车装备等环节需要消耗电能，其全生命周期碳排放和电力的碳排放因子存在正相关关系。但相比 BEV，电力结构变化对 ICEV 全生命周期碳排放的影响较小。在相关研究中，当电力的碳排放因子相比目前下降 30%，ICEV 的全生命周期碳排放仅下降 2.6%。

对于 HFCV，假如氢气来源并非电解水制氢，电力结构变化主要影响整车制造阶段中的部件生产、整车装备等环节的碳排放。在相关研究中，当电力的碳排放因子相比目前下降 30%，HFCV 的全生命周期碳排放下降 4.9%。假如氢气的来源是电网电力（电网制氢碳排放大约达到 36.2 $kgCO_2/kgH_2$），HFCV 的燃料生产环节碳排放高达 398 g/km，这一数值甚至高于 ICEV 全生命周期的碳排放；当电网的碳排放因子降低 30%，HFCV 燃料生产环节碳排放降到 253.4 g/km。

从结果来看，电力结构变化对 BEV 和氢源为电网制氢的 HFCV 的全生命周期碳排放的影响比较显著，对 ICEV 和氢源为非电网制氢的 HFCV 的全生命周期碳排放的影响比较小。

（二）制氢方式

我国氢气来源主要有化石能源制氢、工业副产氢和电解水制氢，其中化石能源制氢中的煤制氢占比超过六成。相关研究中，选取了 11 类我国常见的制氢方式：垃圾制氢、可再生氢、天然气重整 +CCS（碳捕集与封存）、天然气裂解副产氢、氯碱副产氢、焦炉煤气副产氢、天然气重整制氢、煤制氢 +CCS、甲醇裂解、煤制氢、电网制氢。其中，电网制氢具有最高的碳排放量（$36.2\ kgCO_2/kgH_2$），甚至比煤制氢还高；常见的几类工业副产氢，氯碱副产氢、焦炉煤气副产氢和天然气裂解副产氢在 $11 \sim 13\ kgCO_2/kgH_2$ 之间，如图 3-4 所示；值得关注的是，垃圾制氢避免了垃圾焚烧带来的温室气体排放，因此被认为是负碳排放，这是目前最清洁低碳的制氢方式。

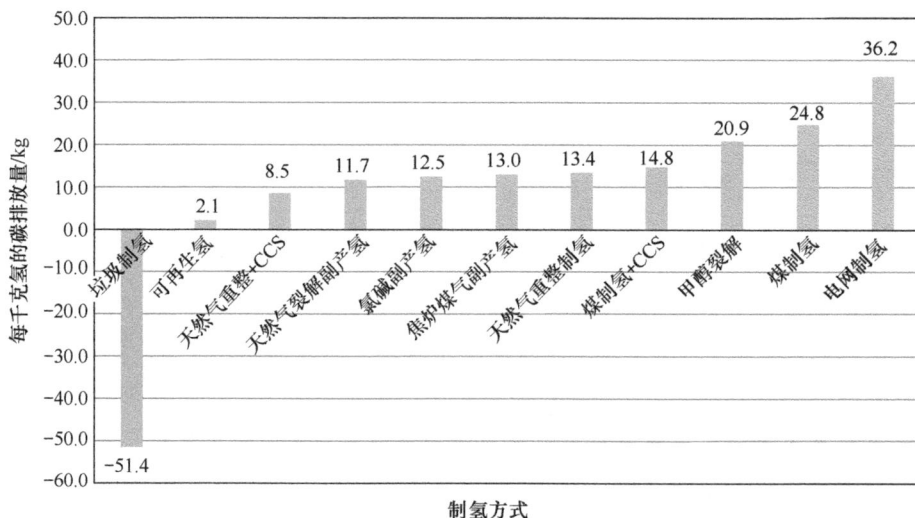

图 3-4　中国主要制氢方式的全生命周期碳排放

测算 11 类制氢方式下 HFCV 的全生命周期碳排放。在电网的碳排放因子为 $0.565\ kg/(kW \cdot h)$ 场景下，ICEV 全生命周期碳排放为 208.1 g/km，BEV 全生命周期碳排放为 113.5 g/km，如图 3-5 所示。当氢气来自垃圾制氢、可再生氢、天然气重整 +CCS（碳捕集与封存）、天然气裂解副产氢、氯碱副产氢、焦炉煤气副产氢、天然气重整制氢时，HFCV 的全生命周期碳排放将低于 ICEV；当氢气来自垃圾制氢和可再生氢两类时，HFCV 的全生命周期碳排放将低于 BEV。

从测算结果来看，降低 HFCV 全生命周期碳排放的关键在于使用低碳排放甚至负碳排放的氢源，这与我国当前的氢能产业规划和战略不谋而合。2022年，国家发展改革委和国家能源局印发了《氢能产业发展中长期规划（2021—2035年）》，提出"构建清洁化、低碳化、低成本的多元制氢体系，重点发展可再生能源制氢，严格控制化石能源制氢"以及"初步建立以工业副产氢和可再生能源制氢就近利用为主的氢能供应体系"。可以预见，未来我国氢气产业结构将从目前的煤制氢为主逐渐转变为工业副产氢和可再生氢为主，燃料电池汽车全生命周期碳排放不断下降，真正实现低碳属性。

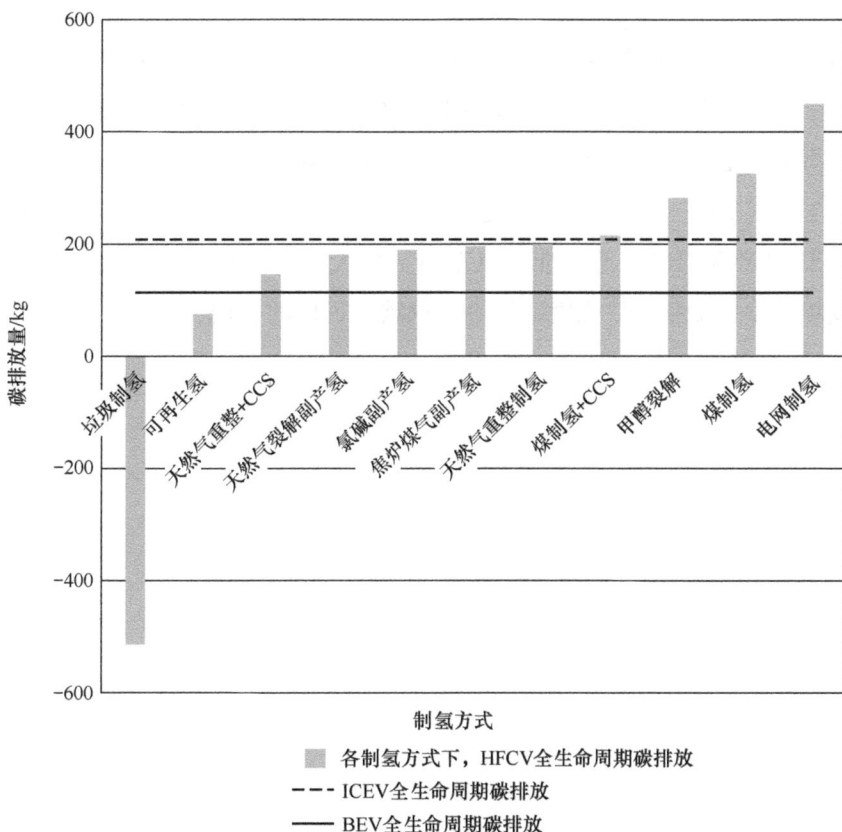

图 3-5　ICEV、BEV 和 HFCV 全生命周期碳排放情况

四、碳足迹评价研究结果总结

（1）在当前电力结构、氢源按照氯碱副产氢测算的场景下，选取的 ICEV、BEV 和 HFCV 3 类车型的全生命周期碳排放分别为 208.1 g/km、113.5 g/km 和

189.3 g/km；相比 ICEV，BEV 全生命周期碳减排达到 18 890 kg，具有显著的减碳效益。

（2)BEV 和 HFCV 整车制造阶段碳排放量比 ICEV 高出 45%～46%，其减碳关键在燃料生产环节，取决于是否使用低碳电力和氢源；随着电力和氢源的持续清洁化发展，BEV 和 HFCV 还有巨大的减排空间。

（3）电力结构的变化对 BEV 碳减排影响显著，当排放因子下降幅度达到 30%，其全生命周期碳排放下降 26%，同样情况下，ICEV 和 HFCV 仅下降 2.6% 和 4.9%。

（4）制氢方式的选取对 HFCV 碳排放影响显著，氢源来自电网制氢的 HFCV 全生命周期碳排放最高，是 ICEV 的 2.16 倍，相比之下，氢源为垃圾制氢和可再生氢全生命周期碳排放具有良好的减碳效益。

（5）发展 BEV 和 HFCV 等新能源汽车是交通领域低碳转型的必要的技术路线，未来 BEV 和 HFCV 等新能源汽车将替代大部分的存量 ICEV，大幅降低交通领域碳排放总量和排放强度，推进"双碳"目标的实现。

第四章
企业实践

　　本章分享了浙江极氪智能科技有限公司、氢动力（北京）科技服务有限公司和宁德时代新能源科技股份有限公司在 ESG 领域的先进经验和具体举措。其中，浙江极氪智能科技有限公司以 5G 智慧低碳汽车工厂为核心，强调基建部署、高效生产、低碳运营、智慧管理及绿色生态，致力于打造环境友好、社会友好型企业；氢动力（北京）科技服务有限公司则聚焦于氢能交通，在治理、环境、社会和创新等方面实施了多项有力举措，践行 ESG 发展理念，持续推动企业的可持续发展；宁德时代新能源科技股份有限公司提出低碳时代和可持续时代的愿景，将发展方向聚焦于推动低碳生产、营造和谐共赢社会，以及引领未来能源技术的变革。

第一节 5G智慧低碳汽车工厂 先行者——浙江极氪智能科技有限公司

李伟平

吉利汽车集团首席政府事务官

赵昱辉

浙江极氪智能科技有限公司副总裁

刘昉

浙江极氪智能科技有限公司副总裁、首席法务官兼首席合规官

赵春林

浙江极氪智能科技有限公司副总裁

沈庆广

浙江极氪智能科技有限公司智慧工厂资深经理

刘立

浙江极氪智能科技有限公司法务合规部总监

陈婷婷

浙江极氪智能科技有限公司全国政府事务总监

潘慧超

浙江极氪智能科技有限公司 ESG 负责人

汪京

浙江极氪智能科技有限公司双碳和能源政府事务负责人

浙江极氪智能科技有限公司（简称"极氪"）成立于 2021 年，由吉利汽车集团、吉利控股集团共同投资成立，专注于智能电动汽车前瞻技术的研发，是一家新能源汽车整车制造企业。作为吉利控股集团新能源转型的排头兵，极氪自创立之初便高度重视 ESG 工作，推动智能电动汽车行业 ESG 发展，通过"共建更有韧性的零碳生态""共创更加和谐美好的可持续未来""打造极致体验的驾驶环境和出行生活""协同供应链建立'积极性'合规管理机制"推动新能源汽车 ESG 发展，为社会可持续发展贡献"极氪"力量。

在制造端，极氪持续推动建设"设备节能化""能源清洁化""资源循环化""物流零碳化"的零碳工厂。位于宁波杭州湾的极氪智慧工厂作为吉利控股集团重点制造项目，建筑面积约 37 万 m²，包含冲压、压铸、焊装、涂装、总装车间，主营生产高端纯电动智能网联汽车车身部件及总装。工厂部署有 MES、LES、信息化系统、AGV 配送、柔性化装备，配套动力能源系统，同时充分采用数字化技术，是吉利控股集团的第一个 5G 智慧车间。通过广泛应用大数据、人工智能、云计算技术，极氪致力打造智能制造标杆车间。该项目的实施也标志着吉利控股集团开启"科技吉利 4.0"时代。

极氪智慧工厂自 2018 年年底开工建设，于 2021 年正式投产。自项目设计、施工至运营、管理再提升，工厂始终从基建部署、高效生产、低碳运营、智慧管理乃至绿色生态方面贯彻可持续发展理念，迭代提升 5G 智慧低碳汽车工厂实践。

一、基建部署——以 5G 信息化智慧工厂作为核心实现"互联互通"

自工厂规划伊始，极氪智慧工厂即确定"互联互通"的策略，如图 4-1 所示，即打通产品及设计研发线、产品交付线（含供应链）、生产制造线数据，并以物联网（internet of things，IoT）平台作为数据中台，应用商业智能（business intelligence，BI）、微服务开发、人工智能算法等技术为数据应用赋能，部署智能管理驾驶舱、IoT 微服务群、精益排班数学模型、高级排产、工艺管理平台等应用系统，从业务管理到业务分析、从精益生产到敏捷响应，产生"知识泛在"效应。极氪智慧工厂致力于充分利用人工智能，创建"工业大脑"，通过智能分析预测、异常诊断分析、设备状态监控完成生产设备的全周期 360° 无死角管控，为极氪打造杰出品质、精益管理、及时交付、敏捷开发的品牌价值提供了技术支撑。

为实现项目 5G 信息化智慧运营，厂区在项目设计之初即实施信息化规划，在工厂完成 5G 全覆盖部署，通过 5G 特性实现智能分析与决策，利用 5G 改造工业互联网内网，打造高带宽、低延时网络，引领 5G 技术在垂直行业的融合创新，呈现出叠加倍增效应，具备多应用落地的潜力，赋能极氪汽车的战略需求。在订单方面，采用智能分配排产，订单分配到天，部署多车型混线，支持个性化定制等。通过多系统协同，完成全过程透明化管控。

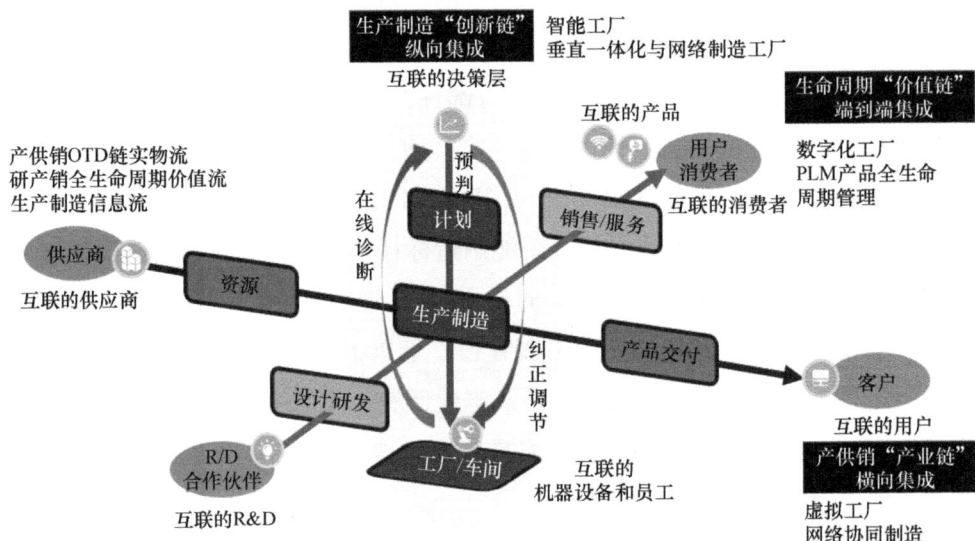

图 4-1　极氪智慧工厂"互联互通"策略

二、高效生产——自动化安全生产保障车辆品质交付

极氪智慧工厂生产工艺由 5 个车间完成，通过高度自动化的生产设施、设备及系统，工厂以领先工艺保障车辆品质交付。

（一）冲压车间

图 4-2 所示为极氪智慧工厂冲压车间。该车间采用全封闭、自动化五序生产线、6900 t 高速冲压机线，铝板、高强度钢及各类车身覆盖件都能轻松成型。通过瑞士 GüDEL 高速单臂机械手自动冲压，配合 AGV 自动上料、取料，智能

调度，能够实现每分钟 15 次的传送速率，在提升制造效率的同时降低了安全风险，保障了生产安全。

图 4-2　极氪智慧工厂冲压车间

（二）压铸车间

图 4-3 所示为极氪智慧工厂压铸车间。极氪建立了全球首个大型结构件一体化压铸 L4 级智慧产线，现已设置 2 套 7200 t 以上压铸线、8 台高速五轴双主轴 CNC 及配套装配线，并计划进一步提升整体配置至 3 套、12 台，实现单岛年产能 12 万件一体化压铸件，自动化率 100%，达到行业领先水平。

图 4-3　极氪智慧工厂压铸车间

（三）焊装车间

图 4-4 所示为极氪智慧工厂焊装车间，设置了 902 台柔性机器人进行自动焊接，采用"无人化"管理，可满足 3 大平台、6 款车型全柔性化生产，让曾经火花四溅、气味难闻的焊装车间成了安静的"黑灯工厂"；引入 FDS 热熔自攻丝螺接工艺铸就高稳固高、安全车身；在国内新能源行业率先应用 SPR 自穿刺铆接技术，以航天工艺融合多种材质；采用 CMT 自动冷弧焊技术，实现更低能量输入、更小焊接变形。

图 4-4　极氪智慧工厂焊装车间

（四）涂装车间

遵循低碳、环保、高效、智能的设计理念，涂装车间（见图 4-5）引入国际知名品牌杜尔机器人自动涂胶，以达到由点及面、精准严密的实施效果。通过液态阻尼胶代替传统阻尼板，缔造优质 NVH 隔音效果。前处理电泳采用最新 M-RODIP 输送技术与 IGBT 多段整流技术，确保车身 6 年无锈蚀，12 年不锈穿，捍卫豪华制造品质。绿色环保的工艺降低了喷涂过程的水体污染，有效减少了 60% 的空调能耗。

（五）总装车间

总装车间（见图 4-6）内，车身、底盘自动合装，整体精度可达 0.5 mm。通过 49 把高精度枪，严格控制拧紧扭矩，车辆底盘连接点可一次拧紧到位。国内首条杜尔环形灯廊的应用得以实现两倍照度提升，达到精密检测、出色成品的效果。同时，引入 5G 技术，通过 VR 眼镜可实现设备远程维修、智能巡检等应用，高效提升工作效率。

图 4-5 极氪智慧工厂涂装车间

图 4-6 极氪智慧工厂总装车间

三、低碳运营——可再生能源供能高效系统设备，持续改进迭代

作为建筑全生命周期碳排放最大的阶段，建筑运营期实现低碳管理乃至零碳管理对建筑整体减碳表现将起到主导性作用。极氪智慧工厂采用降低负荷消耗、提高设备效率，以及循环 / 可再生利用等多种措施，减少了温室气体排放。

（一）能源侧

极氪智慧工厂主要能源消耗为电力、天然气及蒸汽。在产品生产层面，生产车间采用先进的进口高效能设备，引入自动化机器人、高精度设施，并通过非标定制、集成设备等实现节省空间的高效布局，在节约能耗的基础上实现高效能生产；在建筑运营层面，厂区广泛采用节能型冷水机组、变压器、空压机及其他专用设备和通用设备，其中冷水机组最高达 GB 19577—2015《冷水机组能效限定值及能效等级》1 级能效标准，各功能区域照明功率实际值均远低于 GB/T 50034—2024《建筑照明设计标准》限定值。

除应用高效系统及设备外，极氪智慧工厂还在运营中不断改进迭代，积极探索工艺、技术、设备提升措施。同时将可持续理念融入研发的各个环节，加大研发投入，不断改进实验设备，利用技术优势加强系统实验效果。极氪智慧工厂已连续两年实现单车能耗降低，其中 2023 年实际单车能耗约 118.62 kgce/ 台（1 kgce 表示燃烧 1 kg 标准煤所产生的能量，约为 29.307 MJ），较 2022 年单车能耗下降 14.6%。其中，极氪智慧工厂各车间环节的重点节能措施及节能成效情况如表 4-1 所示。

表 4-1　极氪智慧工厂各车间环节的重点节能措施及节能成效情况

车间环节	工艺/技术/设备提升措施	节能成效
焊装	改造制冷系统	通过改造制冷系统，实现综合节能率 7.55%，年节省用电量45.6万kW·h
	控制温度优化设定	涂装、小涂RTO控制温度优化设定，实现综合节能率0.6%，年节省天然气耗量约2万m³
	优化设备匹配度及参数设定	通过压缩空气系统供气压力研究，优化设备匹配度及参数设定，实现综合节能率3%，年节省用电量约13.5万kW·h
	SPR新型焊接设定	铆接过程中无烟尘排放，无须冷却循环水，且耗电量仅为焊接的1/10
涂装	涂装余热回收利用	烘干炉为涂装工艺耗能最高设备，通过将烘干炉余热回收后换热用于生产，减少外购天然气消耗，每小时可回收热量571 200 kcal（约2391 MJ），同时还可减少烘干炉烟气排放

车间环节	工艺/技术/设备提升措施	节能成效
总装	非标减重设计	整体非标设备的能耗优化10%
	休眠待机技术	整体设备全年用电量减少约30万kW·h
	全场LED照明	通过采用全场LED系统，照明节电30%～50%
公用动力	永磁同步离心式冷水机组	引入高效永磁同步离心式冷水机组，机组性能系数达到6.8以上
	水泵变频控制	通过引入水泵变频控制，实现水泵设备节能30%以上

（二）可再生能源系统

持续扩大自身运营中的清洁能源占比是极氪绿色发展主要行动。极氪智慧工厂分布式智能光伏项目（见图4-7）利用建筑屋顶面积15.42万 m^2 及停车场面积17.13万 m^2，铺设安装总容量达44.54 MW的单晶硅光伏系统，其中一期为29.46 MW，二期为15.08 MW，分别于2022年8月、2023年8月完成并网运行，运行后总碳减排潜力近每年2.79万 t。项目整体分为8个光伏子站，每个子站最大装机容量为6 MW，分布于总装车间屋顶、焊装车间屋面、压铸车间屋面、员工停车棚，以自发自用、余电上网模式运行，同时运用可视化监控系统、自动化清洗系统、固定端后台监控系统、移动端后台监控系统及掌上智能管理系统提高系统的运行稳定性。

图 4-7　极氪智慧工厂分布式智能光伏项目

经过二期规划实施，项目现已进入稳定运营阶段。2023 年，极氪智慧工厂分布式智能光伏项目累计发电 3367.12 万 kW·h，除去自用电量，返送电网电量达 976.9 万 kW·h。通过光伏发电、本地储能及绿电直购综合规划，工厂内现已实现 100% 绿电。

（三）资源侧

在资源投入上，极氪利用产品生态设计理念，从车身材料即引入可再生环保资源。例如，极氪 001 车身采用了 15% 的可再生钢板材料和 25% 的可再生铝合金材料；极氪 009 采用环境友好型材料，顶棚、立柱、遮阳板均应用生物基麂皮绒，实现了植物性原料占比 30%。同时，极氪智慧工厂积极推广循环包装，并进一步推动供应商包装管理简约化、减量化、复用化、可降解及可循环化。2023 年，极氪智慧工厂自有包装循环包装采用率已达到 100%，零件入厂使用可循环包装覆盖率达 88.7%。

除生产消耗材料资源，运营侧水资源也在项目全厂区范围内进行综合规划。厂区水资源消耗主要为纯化水制备、循环冷却水补水、员工生活办公消耗、公共区域维护消耗等。工厂致力优化废水点位产生工艺，合理利用水资源，降低生产过程中废水的产生量，从而减少废水的产生量；在全厂区洗手池及小便池 100% 安装使用自动感应设施，避免水资源浪费。本项目在建设初期即已规划循环回用技术，现阶段已实施复用水处理回用、反渗透浓水回用、冷凝水回用等措施，以减少外购市政用水。公司污水处理站复用水处理系统产出的复用水回用于绿化灌溉和冲厕，并确保回用水质满足 GB/T 18920—2020《城市污水再生利用 城市杂用水水质》绿化、冲厕要求；项目纯水制水系统产出的反渗透浓水回用于车间设施设备的清洗，以节约市政用水。2023 年，极氪智慧工厂回收利用水资源达 14.6 万 m^3。

（四）废弃物侧

在一般固体废物方面，厂区在提升材料利用率、从源头减废的同时，严格遵循 GB 34330—2017《固体废物鉴别标准 通则》等规定，对生产运营产生的除产品和副产品以外的物质进行废物属性识别与分类处理。对生活垃圾及无害废弃物，采用分类管理、回收处理等方式，通过相应处理措施避免废弃物对环境造成负面影响。对废包装物、废塑料、废金属等可回收废弃物，先进行分类收集，然后由专业第三方定期回收，实现资源综合再利用。

在危险废弃物方面，厂区遵照 GB/T 30512—2014《汽车禁用物质要求》《国家危险废物名录》（2021年版）等标准与规定，识别经营活动可能涉及的危险废弃物种类，并结合企业标准《汽车零部件和材料禁用、限用物质要求》，实现汽车产品中有害物质种类和含量的有效控制。通过制定《固体废物污染防治管理程序》并贯彻实施，加强废弃物管理，力求减少直至避免对生态环境造成损害。2023年，极氪智慧工厂有害废弃物单台产生量较2022年下降27%。

四、智慧管理——数字化赋能在线能耗监控及碳排放监测

智慧管理是厂区通过自动化、数字化手段优化生产流程及资源配置的重要策略，也是厂区实现低碳运营的主要抓手。早在厂区规划设计阶段，即已确定分级计量的核心思路，对电力、天然气、热力、水资源分别进行分区、分用途、分层级计量，满足国标三级计量要求和分类计量要求，为远程抄表、能源监控提供设施设备和数据基础。

厂区通过极氪智慧工厂能源管理平台（见图4-8），对各车间的建筑布局、机电设备 BIM 建模，接入电力、天然气、热力、水资源计量数据及其他二次能源介质，实现对能源管理的实时监测，并通过内嵌计算逻辑及转换因子，实现标煤能源及碳排放数据实时计量展示。

图 4-8　极氪智慧工厂能源管理平台

随着极氪智慧工厂运行成熟，智慧管理系统可从多个方面进一步帮助厂区实现数字化运维及节能降耗，包括实时监测与数据分析、自动化控制与流程优化、能源预测与需求管理、可再生能源与储能技术融合、促进员工节能意识提升。

（一）实时监测与数据分析

智慧管理系统通过部署传感器网络、智能电表等设备，能够实时监测工厂的能源消耗情况。这些数据被实时传输到平台，并可通过与产量联动提供按场地、按产量的能源资源消耗数据，供管理人员随时查看和分析。通过对这些数据进行分析，工厂可以准确了解各设备、各生产环节的能耗情况，进而识别出能耗高点和潜在可提效环节。

（二）自动化控制与流程优化

智慧管理系统已覆盖厂区所有车间，基于实时监测的数据，智慧管理系统能够监测设备的运行状态，为生产优化分配提供基础支撑。例如，系统可以根据生产线的实际需求调节空气压缩机、冷却系统和照明设备的运行，避免不必要的能源浪费。此外，智慧管理系统还可结合设置设备定时开关、智能联动控制等功能，进一步提高能源使用效率。

（三）能源预测与需求管理

对工厂的监测数据进行分析后，智慧管理系统可进一步通过计划管理预测未来的能源需求。结合产量导入及预测，工厂可提前制订能源管理和使用计划，避免能源短缺或过剩的情况发生，确保能源供应与生产需求相匹配。

（四）可再生能源与储能技术融合

智慧管理系统已接入分布式光伏及储能系统，实现光伏系统产电量、减碳量、发电占比等数据的线上监控。通过对一次、二次能源及可再生能源的覆盖监测，工厂可实现对厂区整体消耗的完整把控，为碳中和管理提供数据资源。

（五）促进员工节能意识提升

除完善质量管理体系、职业健康安全管理体系、环境管理体系文件，并通过质量、环境和职业健康安全管理体系第三方认证，厂区还制定了《能源管理体系管理手册》《能源管理程序文件》等一系列能源管理体系文件，已建立、实施满足 GB/T 23331—2020《能源管理体系　要求及使用指南》要求的能源管理体系，确保公司在生产过程中给予质量、安全、环保、能源管理等足够的保障；

结合体系系统管理及智慧平台支持，可推动工厂整体节能降耗工作的深入开展，进一步提高员工的节能意识。

五、绿色生态——清洁生产运营，与自然同行

从基建、生产、运营到运维管理，极氪始终将清洁化开发生产视为履行环境保护责任的重要一环。通过对工艺设备的探索创新，从源头削减污染，集中规划布局，减少有害物质排放，不断推进厂区及周边环境的绿色生态管理。

极氪智慧工厂在废水、废气及噪声管理方面采取多项措施（见表4-2），有效减少对环境的不利影响，并定期对厂区全边界范围进行排放情况检测，检测结果远低于国标排放限值。

表 4-2　极氪智慧工厂废水、废气及噪声管理

管理项目	管理措施及成效
废水管理	• 在预防、治理、循环利用等多个环节实现废水综合管理； • 涂装纯水尾水再利用至循环水系统的补水系统，减少污水放流及废水产生； • 涂装空调冷凝水回收用于纯水制造，同时减少外购市政用水及废水产生
废气管理	• 涂装车间能源采用清洁能源，减少大气污染物的排放。大小涂车间均采用全自动机器人喷涂流水线，其中大涂装车间中途及面涂均采用水性漆作为涂料，最大限度地减少喷漆线挥发性有机物的排放； • 为进一步减少有机物的排放，在各喷房配备废气干式净化循环系统，外排喷漆废气采用沸石转轮吸附+蓄热式焚烧炉（RTO）装置进行处理，净化效率达90%以上； • 烘干废气采用热力回收式天然气焚烧（TNV）装置进行处理，净化效率达95%以上，同时回收有机废气燃烧的热量作为烘房的热源； • 小件涂装喷漆房配置喷漆废气干式净化循环系统，外排喷漆废气采用RTO装置进行处置，净化效率达95%以上
噪声管理	• 冲压车间冲压设备采用隔振橡胶垫和封闭隔声罩，隔声罩内部铺设吸声材料，减少振动传声； • 高噪声的清洗间单独隔离布置，减少对其他工序的影响； • 综合动力站空气压缩机组设置消声器； • 空调机组设置消声段，降低空调噪声； • 污水处理站设单独的鼓风机房，采用隔声门窗，墙面铺设吸声材料； • 值班室设置隔声门

除了清洁生产运营，厂区也积极规划维护绿化及景观，以期进一步提升环境质量，创造自然友好的运营环境。公司所在厂区的容积率为1.01，整体绿化

率约为 20%，在厂区管理人员的精心维护下，迎来季节性鸟类停驻（见图 4-9），更为厂区生态环境添一抹生机。

　　作为一家车企，极氪坚持为用户提供极致安全与舒适的驾乘体验，并秉承绿色可持续发展理念，持续推动制造端、供应端、用户端的全链路减碳，以最终实现碳中和的长期气候目标。极氪智慧工厂从规划、设计、建设乃至运营阶段沉淀项目经验，并不断迭代提升复制应用于其他生产工厂。极氪致力于实现革新式产业生产模式，在低碳制造、企业责任等方面加速行动，推动企业向高质量发展的目标稳步前行。

图 4-9　极氪智慧工厂公共区域迎来季节性鸟类停驻

第二节 打造社会友好型企业
——氢动力（北京）科技服务有限公司

路遥

氢动力（北京）科技服务有限公司总经理

刘国柱

氢动力（北京）科技服务有限公司董事、总监

氢动力（北京）科技服务有限公司（简称"氢动科技"）成立于 2021 年，作为国家电力投资集团有限公司（简称"国家电投"）旗下的重要平台公司，氢动科技专注于氢能燃料电池车辆应用技术的推广，致力于提供氢动能汽车大数据服务和氢能绿色零碳出行方案，是清洁能源领域的先行者，更是国家电投 ESG 战略实施的重要一环。当前，氢动科技已经在治理、环境、社会和创新等方面实施了多项有力举措，践行 ESG 发展理念，持续推动企业的可持续发展。

一、治理方面：筑基未来，引领行业规范

在当今全球经济一体化与可持续发展的浪潮中，企业治理不仅关乎企业自身的稳健成长，更是推动行业进步、促进社会和谐的重要力量。氢动科技作为氢能交通领域的佼佼者，深知治理体系的重要性，致力于构建一套高效、透明、负责任的治理体系，为企业的长远发展筑基，同时引领行业向更加规范、可持续的方向迈进。

（一）治理体系优化与战略融合：深度融合，共绘蓝图

氢动科技设立了独立的 ESG 管理委员会，由公司高层亲自挂帅，汇聚了来自环境、社会、财务等多领域的专家，共同负责 ESG 政策的制定、执行、监督与评估。这一举措不仅提升了 ESG 管理的专业性和权威性，也确保了 ESG 工作

能够得到有效推进和持续改进。

在 ESG 管理体系的构建过程中，氢动科技注重与国际标准的接轨，积极参照 GRI 的《可持续发展报告标准（2021）》及 SASB 的《可持续发展会计准则》等国际标准，不断优化 ESG 信息披露的内容和格式，提升信息披露的质量和透明度。

同时，氢动科技将 ESG 理念深度融入公司战略规划之中，将可持续发展目标作为公司长期发展的核心驱动力。通过制定明确的 ESG 目标和指标，确保公司在追求经济效益的同时，也能在环境保护、社会责任和公司治理等方面取得显著成效。

（二）商业道德与合规建设：诚信为本，行稳致远

在商业道德与合规建设方面，氢动科技获得了 ISO 三标体系认证证书（即 ISO 9001 质量管理体系认证、ISO 14001 环境管理体系认证和 ISO 45001 职业健康安全管理体系认证），建立了全面的合规管理体系，组织开展了合规自查专项行动和外部专家审查活动。通过自查自纠和外部监督相结合的方式，实现了合同合规性审查的全覆盖和深度挖掘，消除了潜在的风险点和问题隐患。通过建立认证和合规管理体系，提高了企业的质量管理、环境管理和职业健康安全管理的水平，并为企业的可持续发展奠定基础，确保企业的合规运营和稳健发展。

（三）风险管理：未雨绸缪，稳健前行

面对复杂多变的市场环境和日益激烈的市场竞争，氢动科技建立了全面的风险管理体系，以确保公司能够稳健前行、防患未然。

在风险管理方面，氢动科技从源头抓起，通过制定科学的风险评估方法和指标体系，对可能存在的各类风险进行全面排查和评估。同时，建立了风险预警机制和信息共享平台，确保风险信息能够及时传递和共享，利用先进的数据分析算法，对海量数据进行深度挖掘和分析，以识别潜在的风险因素和趋势。在风险应对方面，制定了详细的应急预案和处置流程，确保在风险发生时能够迅速响应、有效应对。

此外，氢动科技还建立了主要负责人负总责、分管领导分别牵头负责分管领域内风险的责任体系。通过明确各级领导的责任和权限范围以及风险防范的 3 道防线（即事前预防、事中控制和事后处理）的构建，确保了公司运营过程

中的每一个环节都能够得到有效监管和控制。这种全面、系统、科学的风险管理与合规审查体系，为氢动科技的稳健前行提供了坚实的保障。

（四）治理体系的持续优化与创新

治理体系的建设是一个动态的发展过程。随着市场环境的变化和公司业务的发展，氢动科技需要不断优化和创新治理体系以适应新的挑战和机遇，并根据国际 ESG 标准和最佳实践的发展动态，及时调整和完善公司的 ESG 管理体系。同时，氢动科技还将积极探索新的治理模式和工具方法以提升治理效率和效果。例如，引入区块链技术来提升信息披露的透明度和可信度；利用大数据和人工智能技术来优化风险管理和合规审查流程等。

二、环境方面：绿色行动，守护地球家园

在当今全球气候变化和资源环境约束日益严峻的背景下，氢动科技作为氢能交通领域的先行者，深刻认识到自身在推动绿色发展、守护地球家园中的重要角色与责任。秉持"绿色、低碳、循环、可持续"的发展理念，氢动科技不断探索与实践，力求在氢能交通体系的构建、环保制度与设施的完善以及循环经济体系的探索等方面取得突破性进展，为全球能源转型和生态文明建设贡献自己的力量。

（一）绿色交通体系构建：引领未来出行方式

氢动科技以"推动建立电氢交通体系，打造美好零碳氢能生活"为宏伟愿景，将构建绿色、低碳、高效的氢能交通体系视为己任。传统交通方式带来的碳排放是加剧全球变暖的重要因素之一，而氢能作为一种清洁、高效的能源载体，具有能量密度高、来源广泛、零排放等优势，是实现交通领域碳中和的重要途径。

氢动科技凭借自身优势，持续加大氢能车辆的研发与投入力度。截至2024年7月，自持运营的氢燃料电池汽车数量已突破1000辆大关，这些车辆穿梭于城市的大街小巷，成为城市中一道亮丽的绿色风景线。同时，氢动科技积极拓展氢燃料电池汽车的应用场景，从公共交通、物流配送到长途客运等多个领域。氢燃料电池汽车的运营，不仅为市民提供了更加便捷、舒适的出行体验，更在无形中减少了大量二氧化碳的排放，为提高空气质量、保护生态环境作出了积极

贡献。

和传统燃油汽车相比，氢的燃料电池反应只生成水，因此氢燃料电池汽车在运行阶段的碳排放为零。截至目前，氢动科技运营的氢燃料电池汽车累计纯氢运营里程已突破 2100 万 km 大关，在运行环节减少了数千 t 的二氧化碳排放。这一数字的背后，是对绿色出行理念的坚守与践行。

（二）环保制度与设施完善：筑牢绿色发展基石

保护环境是企业应尽的社会责任，更是企业实现可持续发展的内在要求。为了确保各项环保工作落到实处、取得实效，氢动科技不断完善环境保护制度和污染防治设施，努力构建一套科学、规范、高效的环保管理体系。通过认证 ISO 14001 环境管理体系，氢动科技进一步明确了环保工作的目标、任务和职责分工，建立了完善的环保管理制度和流程，确保了环保工作的规范化、制度化和长效化。

同时，氢动科技还积极参与地方政府的重大活动保障工作，凭借出色的环保表现和服务质量，成功入选了北京市重大活动保障优先选用库。这一荣誉不仅是对氢动科技环保工作的高度肯定，更是对服务质量和品牌形象的肯定。值得一提的是，氢动科技的子公司湖北氢动力科技服务有限公司（简称"湖北氢动"）在绿色货运配送领域也取得了显著成效，通过优化配送路线、提高车辆装载率、推广使用氢能车辆等措施，湖北氢动成功入选了武汉市绿色货运配送示范企业，彰显整个集团在绿色物流领域积极探索和创新的努力。

（三）循环经济体系探索：推动氢能产业绿色发展

循环经济是实现可持续发展的重要途径之一。在氢能产业领域，氢动科技联合股东单位及清华大学、西安电子科技大学、北京航空航天大学等高校，积极探索搭建氢能零碳交通循环经济体系。这一体系旨在通过优化氢能产业链布局、推动氢能技术创新和商业模式创新等措施，实现氢能资源的最大化利用和循环利用。

在优化氢能产业链布局方面，氢动科技注重与上下游企业的紧密合作与协同发展。通过加强与氢能制备、储存、运输等环节的衔接与协作，构建了完整、高效的氢能产业链生态体系。这一体系不仅降低了氢能的生产成本和使用成本，还提高了氢能资源的利用效率和市场竞争力。

在推动氢能技术创新方面，氢动科技不断加大研发投入力度，致力于突破氢能产业中的关键技术瓶颈。通过引进国内外先进技术和设备、加强与高校和科研机构的合作与交流等方式，不断提升自身的技术创新能力和核心竞争力。这些技术创新不仅推动了氢能产业的快速发展和广泛应用，更为构建循环经济体系提供了有力的技术支撑。

在商业模式创新方面，氢动科技积极探索氢能交通的多元化商业模式和盈利模式。通过推出氢燃料电池汽车租赁、加氢站建设运营、氢能产业链金融等创新业务模式和盈利模式，实现了氢能产业的可持续发展和营收增长。同时，氢动科技还注重与地方政府和企业的合作与共赢，共同推动氢能产业的绿色转型和高质量发展。

展望未来，氢动科技将继续深化与各方伙伴的合作与交流，共同探索氢能产业循环经济体系的新模式、新路径，致力于推动氢能技术的持续创新与应用推广，促进氢能产业的绿色转型与高质量发展。同时，氢动科技也将积极履行社会责任与担当，为守护地球家园、构建人类命运共同体贡献自己的力量与智慧。

三、社会方面：共享发展，共创美好未来

在追求技术革新与产业突破的同时，氢动科技深刻理解作为企业公民的社会责任，坚信通过共享发展的模式，携手社会各界能够共创一个更加绿色、可持续的美好未来。这一愿景不仅体现在对氢能零碳交通的执着追求上，更贯穿于与产业伙伴的紧密合作、对碳中和目标的坚定支持、对员工的深切关怀以及对社区与利益相关者的和谐共融之中。

（一）氢能零碳业务布局：战略引领，全国布局

氢动科技自成立以来，便将绿色发展的理念深植于心，致力于将氢能这一清洁、高效的能源形式转化为推动社会进步的实际动力。氢动科技锚定氢能作为战略性新兴产业的定位，充分利用自身在技术研发、市场开拓、资源整合等方面的优势，努力成为国家高新技术企业和专精特新中小企业的典范。

为了推动氢能零碳交通的普及和应用，氢动科技在全国范围内精心布局，截至目前，已在北京、湖北、山东、广东、浙江、河南等多个省市建立了氢能

交通平台，形成了"1+8+1"的集团化布局。这些平台不仅承载着氢燃料电池车辆的运营与管理任务，更是氢动科技展示氢能技术成果、推广氢能应用模式的窗口。通过这些平台的建立与运营，有效促进了氢能产业链上下游的协同发展，为国家"双碳"目标的实现贡献了重要力量。

在布局过程中，氢动科技注重与当地政府和企业的深度合作，共同探索氢能交通的本地化解决方案，响应氢能高速倡议，打通北京—济南、宁波—上海、武汉光谷—鄂州等氢能高速运营线路，持续推动零碳物流落地；截至 2024 年 7 月，累计开通乡村氢能专线 8 条，服务村镇 4 个，以氢能助力乡村振兴；通过政策引导、资金扶持、市场培育等多种方式，氢动科技助力各地氢能产业从无到有、从小到大，逐步形成了各具特色的氢能发展路径和模式。

（二）产业交流与合作：携手并进，共创未来

氢能产业的发展离不开产业链上下游的紧密合作与协同创新。氢动科技始终秉持开放合作的态度，积极参与国内外各类氢能产业展会、活动及商用车论坛，与来自全球的产业伙伴共话氢能未来、共谋发展大计。

在展会与活动中，氢动科技不仅展示了最新的氢能技术成果和产品应用案例，还积极寻求与产业链上下游企业的合作机会。通过与供应商、客户、科研机构等建立长期稳定的合作关系，共同探索氢能交通的推广路径和拓展应用场景。从氢气的制备、储存、运输到燃料电池系统的研发、生产、应用，努力构建一个完整、高效的氢能产业链生态体系。

此外，氢动科技还积极参与氢能产业的标准化制定和国际合作，推动中国氢能技术与产品走向世界舞台。通过与国际知名企业的交流与合作，不断吸收借鉴国际先进经验和技术成果，提升自身的核心竞争力和国际影响力。

在履行社会责任方面，氢动科技同样不遗余力，积极参与公益事业，通过捐赠资金、物资和技术支持等方式，助力教育扶贫、乡村振兴等社会事业。同时，氢动科技还倡导并实践绿色办公和低碳出行理念，鼓励员工和公众共同参与环境保护行动，为构建美丽中国贡献自己的力量。

（三）碳中和目标助力：绿色出行，共筑零碳未来

面对全球气候变化的严峻挑战，实现碳中和已成为全球的共识和行动目标。氢动科技深知自身在推动氢能交通发展中的重要作用和使命担当，因此积极为

客户提供零碳通勤服务，助力企业实现碳中和目标。

截至目前，氢动科技已累计为国家电投、腾讯公司、海航集团等知名企业提供了氢能零碳通勤服务。这些服务不仅有效减少了企业的碳排放量，还为企业树立了绿色、低碳的企业形象。同时，也通过不断优化服务流程和提升服务质量，确保客户能够享受到更加便捷、高效、环保的通勤体验。

为了进一步推动绿色办公和低碳出行理念的普及，氢动科技举办了多场绿色出行宣传活动，并通过发放绿色出行倡议书等方式，鼓励更多员工和公众选择低碳出行方式。氢动科技还与地方政府和公共交通运输部门合作，共同推广氢能公交、氢能出租车等公共交通工具的应用，为城市绿色出行提供有力支持。

（四）员工关怀与成长：以人为本，共筑梦想

员工是企业最宝贵的财富和发展的基石。氢动科技始终坚持以人为本的管理理念，高度重视员工的成长与福祉。氢动科技建立了完善的员工培训体系，涵盖专业技能培训、领导力发展、职业规划等多个方面，旨在帮助员工不断提升自我、实现个人价值。

在专业技能培训方面，氢动科技根据员工的岗位需求和职业发展路径，量身定制培训计划，邀请行业专家、企业内部资深讲师、产业链技术合作伙伴等进行授课和指导。同时，还鼓励员工参加各类技能认证和资格考试，提升自身的专业素养和竞争力。

在领导力发展方面，氢动科技注重培养员工的领导才能和团队协作精神。通过组织团队建设活动、领导力培训项目等方式，帮助员工提升领导力、沟通能力和团队协作能力，为企业的长远发展培养了一批优秀的领导人才。

在职业规划方面，氢动科技关注员工的职业发展和个人成长需求，提供个性化的职业规划咨询和指导服务。通过与员工进行一对一的交流，了解员工的职业目标和发展意愿，并为其量身定制职业发展路径和成长计划。同时，还为员工提供多样化的晋升通道和机会，确保每位员工都能在适合自己的岗位上发光发热，实现个人价值与企业发展的双赢局面。

除了专业技能和领导力的培养，氢动科技还高度关注员工的身心健康。在快节奏的工作环境中，保持健康的体魄和积极的心态是员工持续高效工作的基

础。因此，氢动科技每年定期组织员工进行健康体检，及时发现并预防潜在的健康问题。同时，还邀请专业心理咨询师为员工开展心理健康讲座和辅导，帮助员工应对工作压力，保持积极向上的心态。

为了丰富员工的业余生活，增强团队凝聚力，氢动科技举办了形式多样的文体活动，如运动会、文艺晚会、户外拓展等。这些活动不仅让员工在紧张的工作之余得到放松和娱乐，还促进了员工之间的交流与沟通，增强了团队的凝聚力和向心力。此外，氢动科技还设立了员工关爱基金并为员工购买保险，为遇到特殊困难的员工提供及时的帮助和支持。这一举措不仅体现了企业对员工的深切关怀，也进一步增强了员工的归属感和忠诚度。

（五）社区关系：和谐共生，共谋发展

在快速发展的同时，氢动科技始终不忘回馈社会，与社区和利益相关者保持密切联系和合作。氢动科技深知，企业的成功离不开社会各界的支持与帮助，因此积极履行企业社会责任，为社区和利益相关者带来实实在在的利益。

在社区公益活动方面，氢动科技关注社区发展的实际需求，结合企业的专业优势，开展了一系列有针对性的公益活动。例如，为社区学校捐赠教学设备和图书资料，支持教育事业的发展；参与社区环境整治活动，助力美丽社区建设；为社区老年人提供志愿服务，传递社会关爱和温暖。这些活动不仅提升了企业的社会形象，也增强了企业与社区之间的情感纽带。

在支持地方经济发展方面，氢动科技积极响应政府号召，参与地方重点项目建设，为当地经济发展注入新的活力。氢动科技与地方政府和企业建立紧密的合作关系，共同探索氢能产业的本地化解决方案和可持续发展路径。通过投资建厂、技术转移、人才培养等方式，助力地方氢能产业的快速发展和转型升级。

在与供应商、客户、政府等利益相关者的沟通与协作中，氢动科技秉持诚信、共赢的原则，建立长期、稳定的合作关系。氢动科技注重与供应商的互利共赢，通过优化供应链管理、提升采购效率等方式，降低采购成本、提高产品质量；关注客户需求的变化和反馈，不断提升服务水平和客户满意度；积极与政府部门沟通合作，争取政策支持和市场机遇，共同推动氢能产业的可持续发展。

氢动科技在追求自身发展的同时，始终不忘回馈社会、关爱员工、与社区和利益相关者和谐共生。氢动科技坚信，只有通过共享发展的模式，才能携手社会各界共创一个更加绿色、可持续的美好未来。在未来的发展中，氢动科技将继续秉承绿色发展的理念，不断推动氢能技术的创新与应用，为实现碳中和目标和构建人类命运共同体贡献更大的力量。

四、创新方面：创新驱动，引领行业变革

（一）技术研发与创新：深耕氢能，突破边界

在氢动科技的蓝图中，技术创新不仅是企业发展的生命线，更是推动氢能交通行业变革的关键力量。氢动科技深知，只有不断突破技术瓶颈，才能引领行业走向更加广阔的未来。因此，氢动科技持续加大在氢能技术研发上的投入，与国内外顶尖高校、科研机构及行业伙伴建立了深度合作关系，共同探索氢能技术的无限可能。

在燃料电池系统领域，氢动科技致力于提高燃料电池的能量密度、降低系统成本并延长使用寿命。通过材料科学的最新研究成果，研发出更加高效、稳定的电极催化剂，优化了电池结构设计，显著提升了燃料电池的整体性能。此外，还在电池管理系统（battery management system，BMS）方面取得重要进展，实现了对燃料电池状态的精准监控和高效管理，确保了系统的安全性和可靠性。

（二）商业模式创新：构建氢能生态，推动产业融合

除了技术创新外，氢动科技还积极探索氢能交通的商业模式创新，以构建更加完善的氢能生态系统。氢动科技深知，只有实现产业链上下游的深度融合和协同发展，才能推动氢能交通产业的快速发展。

为此，氢动科技打造了氢能零碳交通平台，整合氢能车辆、加氢站、能源供应等资源，为客户提供一站式氢能交通解决方案。与多家知名企业建立了战略合作关系，共同探索氢能交通在公共交通、物流运输、环卫作业等领域的应用场景和解决方案。通过定制化服务、灵活的租赁和运营方案，努力满足不同客户的多样化需求，提升客户满意度和市场竞争力。

此外，氢动科技还注重与能源企业的合作，推动氢能与其他清洁能源的融合发展。通过整合太阳能、风能等可再生能源资源，为氢能交通提供更加绿色、可持续的能源供应方案。这不仅有助于降低氢能交通的运营成本，还有助于推动能源结构的优化和升级。

（三）数字化转型：智慧赋能，引领未来

在数字化转型方面，氢动科技紧跟时代步伐，将大数据、云计算、人工智能等先进技术应用于氢能交通领域。建立了氢能交通大数据平台，实现对氢能车辆运营数据的实时监测和分析。通过数据分析，可以更加精准地掌握车辆运行状态、能耗情况、安全性能等信息，为车辆调度、能耗管理、安全监控等提供有力支持。

同时，氢动科技还注重客户服务的数字化转型。通过开发移动应用、建立在线服务平台等方式，为客户提供更加便捷、高效的服务体验。客户可以随时随地查询车辆状态、预约加氢服务、获取技术支持等，大大提高了服务效率和客户满意度。

此外，氢动科技还利用人工智能技术优化车辆调度和路线规划。通过智能算法分析交通流量、路况信息等因素，可以为氢能车辆提供更加科学合理的调度和路线规划方案，降低运营成本、提高运输效率。这一举措不仅有助于提升氢能交通的市场竞争力，还有助于推动智慧城市的建设和发展。

五、未来展望：携手共进，共创氢能未来

（一）深化技术创新，拓展应用场景

在未来的发展中，氢动科技将把技术创新作为企业发展的核心驱动力，持续加大在氢能技术领域的研发投入；将瞄准国际前沿技术，加强与国际知名企业和研究机构的合作，共同开展氢能关键技术的联合攻关；在燃料电池效率提升、长寿命储氢材料研发、智能化加氢站建设等方面，将力求取得更多突破性成果，为氢能交通的商业化应用提供坚实的技术支撑。

随着氢能技术的不断成熟和成本的逐步降低，氢能交通的应用场景将越来越广泛。氢动科技将紧跟市场需求变化，积极拓展氢能交通在公共交通、物流运输、长途客运、环卫作业等多个领域的应用场景；将通过提供定制化的解决方案和优质的服务，满足不同客户的多样化需求，推动氢能交通理念的普及和发展。

（二）构建氢能生态，促进产业协同

氢能产业的发展离不开完整的产业链和生态系统的支持。氢动科技将积极构建氢能生态系统，加强与上游氢气制备、中游氢能储运、下游氢能应用等环

节的协同合作，推动氢能产业上下游的深度融合和协同发展；将通过搭建产业联盟、建立技术交流平台等方式，促进产业链各环节的资源共享和优势互补，共同推动氢能产业的快速发展。

（三）践行绿色理念，强化人才培养

氢动科技将始终践行绿色发展的理念，将环保和社会责任融入企业发展的每一个环节。将继续推动氢能车辆的零排放运营，减少碳足迹；积极参与全球气候变化治理和环保公益活动，为环境保护贡献自己的力量。同时，也将加强与政府、非政府组织、社会公众等各方的合作，共同推动全球能源转型和可持续发展目标的实现。

人才是企业发展的根本。氢动科技将始终把人才作为企业发展的第一资源，加大人才培养和引进力度；将建立完善的人才培养体系，通过内部培训、外部合作、实践锻炼等多种方式，提升员工的专业技能和综合素质；将积极引进国内外优秀人才，为企业的创新发展注入新的活力和动力。

展望未来，氢动科技将以技术创新为引领，以市场需求为导向，以绿色发展为目标，努力成为全球领先的氢能交通解决方案提供商，并推动氢能成为全球能源转型和应对气候变化的重要力量。

第三节　产业领航，共创零碳
——宁德时代新能源科技股份有限公司

孟祥峰

宁德时代新能源科技股份有限公司第一书记

潘学兴

宁德时代新能源科技股份有限公司可持续发展副总监

宁德时代新能源科技股份有限公司（简称"宁德时代"）成立于 2011 年，是全球动力电池系统的领军企业，专注于新能源汽车动力电池系统、储能系统的研发、生产和销售。宁德时代在电池材料、电池系统、电池回收等产业链关键领域拥有核心技术优势及可持续研发能力，形成了全面、完善的生产服务体系。

近年来，气温上升、冰川融化、海平面上升以及一系列极端天气事件频发，导致人们对气候变化的关注度越来越高。发展新能源是应对气候变化的关键举措，对于降低碳排放和实现碳中和目标具有重要作用。在看到新能源带来的降碳成效的同时，也要关注新能源电池生产过程中的碳排放问题。

2023 年，全球动力电池产业规模持续扩大，总使用量达 705.5 GW·h，同比增长 38.6%，储能使用量达到了 196.7 GW·h（SNE Research 数据）。2023 年，宁德时代动力电池全球市占率达 36.8%，连续 7 年稳居全球榜首；储能电池全球市占率达 40%，连续 3 年蝉联世界第一（SNE Research 数据）。在致力于前沿技术创新探索和业务发展的同时，宁德时代始终将回馈社会作为己任，积极投身节能降碳和可持续发展事业。为此，宁德时代明确了自上而下、由内向外的减碳治理思路，将减碳贯穿至全产业链，发布了全球锂电产业最具挑战的碳中和目标：到 2025 年实现核心运营碳中和，到 2035 年实现整个价值链的碳中和。2024 年是宁德时代连续发布可持续发展年报的第五年。在可持续发展道路上，宁德时代推出一系列强有力举措，致力于构建零碳生态体系、营造廉洁奉公风气、加强信息安全保护和推动人才培养发展等，对全球低碳和可持续发展作出卓越贡献。

在推进自身全方位降碳和可持续发展的同时，宁德时代充分发挥引领作用，希望能够将自身成果辐射给同行业和上下游的伙伴。公司实行"CREDIT"计划、组织供应链可持续发展知识培训，与生态伙伴共同推进供应链的可持续发展。其中，骐骥换电的发布，为重卡运输行业提供了更环保、更经济、更高效的解决方案；零辅源光储直流耦合解决方案的推出，摆脱了传统储能解决方案对冷却系统及其辅助电源的依赖；电动船舶行业首个零碳充换电综合补能解决方案及首个新能源船舶全生命周期协同运营云平台，更是实现了动力电池从陆路生态到水路生态的跨越。本节将介绍宁德时代在低碳和ESG方面的实践情况及成效，并探讨其积极作用与贡献。

一、低碳时代：助力可持续发展

新能源行业是实现碳中和的主力军。作为全球领先的新能源科技创新企业，宁德时代深植零碳基因，在为全球新能源应用提供一流解决方案和服务的同时，持续加速零碳进程。宁德时代以建立高效组织架构、明确气候情景风险与解决方案和打造独特零碳战略为思路导向，为温室气体减排贡献力量。

（一）践行绿色低碳发展

1. 组织架构与治理体系

宁德时代将气候变化与碳排放议题作为战略规划中的重要考虑因素，以可持续发展管理体系为基础建立气候治理架构，进行气候变化和碳排放管理工作。其气候治理架构包括董事会、企业可持续发展管理委员会、企业可持续发展管理理事会等。其中，董事会负责制定气候治理战略、监督和审核气候相关战略的进展与落实；企业可持续发展管理委员会负责气候风险与机遇的识别、排序、分析和管理，气候事务年度预算的管理，气候相关目标的制定及具体工作的监督和支持，为相关工作提供指导并协调资源，推动高级管理人员薪酬方案与气候变化相关指标挂钩，并就风险及应对策略向董事会汇报；企业可持续发展管理理事会负责气候相关具体工作的蓝图落地，并就重点进展及风险应对向企业可持续发展管理委员会汇报；公司相关部门与分公司、子公司将气候变化风险管理融入日常工作中；同时，公司成立跨组织的专项项目组，负责推动气候应对相关重点项目高质量落地。

除此之外，为工作有序开展和目标顺利达成，宁德时代以能效提升水平、零碳电力占比、制造端碳排放强度等能源相关绩效指标作为气候管理工作的考核重点，并将其纳入相关部门与分公司、子公司的薪酬激励政策中。

2. 气候情景分析

气候变化对企业既是风险也是机遇，为了帮助企业更好地理解和应对气候变化带来的影响，有必要推动企业对气候变化相关指标进行披露并进行情景分析。宁德时代参考《国际财务报告可持续披露准则第 2 号——气候相关披露》（S2）框架，从治理、战略、风险管理、指标和目标 4 个方面出发，打造公司应对气候风险机制与架构。

宁德时代结合自身业务特点、内外部发展环境以及专家意见，识别具有重要潜在影响的气候风险与机遇（见表 4-3），锚定其具体类型以及影响时限。公司综合评估风险和机遇对投资研发、生产运营、产品与服务以及价值链的影响，并就气候风险和机遇的影响程度和发生概率进行排序。基于识别出的气候风险和机遇制定应对策略，成立气候相关专项项目组，在项目负责人的领导下进行专项规划，通过周例会、月例会机制定期跟踪相关行动和计划进展，开展项目年度目标考核，并持续探索优化项目组工作机制。

表 4-3　重要潜在影响的气候风险与机遇

风险与机遇类别	风险与机遇描述	潜在影响		
		影响时限	价值链环节	财务影响
实体风险：急性风险	台风、洪水等极端天气事件频发，可能造成固定资产贬值、劳动力损失或供应链中断等	短–中期	内向物流	成本上升
			生产运营	收入下降
轻型风险：声誉风险	客户、消费者等相关方日益关注公司在应对气候变化方面的表现；若未开展积极的气候变化应对行动，可能无法满足利益相关方期待，从而导致公司的形象和声誉受损	短–中期	营销及销售	收入下降

续表

风险与机遇类别	风险与机遇描述	潜在影响		
		影响时限	价值链环节	财务影响
机遇：低碳产品与服务	在低碳经济转型背景下，绿色低碳产品与服务的社会需求可能增加；进一步开发和提供低碳产品与服务以及解决方案能够使公司更好地适应市场需求，获得额外的增长	长期	营销及销售	收入上升
机遇：自身能源的可再生转型	当公司回应终端市场面临的监管压力和降碳目标时，通过主动开发可再生能源项目并持续扩大项目规模，可减轻公司能源转型的成本压力	中–长期	生产运营	成本下降
机遇：高效资源管理	开展生产运营端能源管理、水资源及物料的循环利用以及推行绿色生产和物流等举措均可提升资源效率，助力全球减碳。高效的资源管理体系能够有效避免浪费、降低公司的运营成本，同时实现生产效率和供应能力的提升	中–长期	生产运营内/外向物流	成本下降
机遇：新能源与电动化新兴市场	在全球碳中和背景下，政府、客户、消费者和社区更倾向于气候友好型产品与服务，新兴市场对新能源和电动化转型有广泛的需求，公司加快对于新能源新兴市场的开发并加强合作、提供更多符合市场需求和期待的产品与服务，则能够实现业务与营收长期可持续增长	长期	营销及销售服务	收入上升
机遇：提升气候韧性	气候变化响应速度及适应能力的持续提升将为把握气候机遇创造更大空间；开展基础设施及供应链气候适应能力建设能够提升公司资产和运营的稳定性，引入可再生能源等适应性项目、打造一流的新能源产品和服务可为公司带来新的机遇	长期	生产运营内/外向物流营销及销售服务	收入上升

3. 零碳战略

新能源电池作为碳中和社会的关键基础设施，对于实现社会电气化和能源清洁化具有重大贡献。宁德时代坚持绿色发展理念，一直积极推进其电池产品的低碳化、零碳化和企业低碳转型。2023 年 4 月，公司于上海国际汽车工业展览会发布公司"零碳战略"，正式宣布"到 2025 年实现核心运营碳中和，到 2035 年实现整个价值链的碳中和"。这是当前行业最具挑战的碳中和规划，该目标意味着：到 2025 年，宁德时代的电池工厂将全部成为"零碳"工厂，率先在生产制造领域实现碳中和；到 2035 年，宁德时代将实现从矿产资源到电池出厂的价值链碳中和。

基于"零碳战略"及对应行动规划，公司制定"零碳"设计、"零碳"工厂、"零碳"供应、"零碳"制造、"零碳"电力及循环生态六大"零碳"专项，全方位推进目标实现。

"零碳"设计是"零碳战略"的核心要素，需要将零碳理念融入公司产品设计哲学，全面兼顾产品质量、效率、绿色等多维度竞争力，对公司前沿创新能力提出了极高的要求。公司在新体系产品研发中充分考虑"零碳"因素，持续完善产品碳足迹数据库，创新引入前瞻性全生命周期预测，对概念阶段及技术早期的产品碳足迹、水污染影响、土壤污染影响及生物毒性影响等指标进行评价分析，大力开发低碳材料及技术，并将相关研究成果赋能价值链伙伴。

"零碳"工厂是公司实现"2025 年核心运营碳中和"目标的关键力量，是一项关乎生产与运营的系统性工程。公司积极推进零碳能源，依托智慧能源管理平台精准施策以提升能源利用效率，并基于丰富的管理经验优化产能分布和排产计划，全方位降低自身运营环节的温室气体排放。截至 2024 年上半年，宁德时代已成功点亮 9 座"零碳"工厂。

"零碳"供应对价值链降碳提供有力抓手。三元电池和磷酸铁锂电池原材料获取阶段的碳排放约占 80%（UNGC 发布的《动力电池碳足迹及低碳循环发展白皮书》数据），供应链对于产品碳足迹的下降至关重要。领先的企业规模、多元的全球布局、复杂的供应链体系及各环节迥异的碳排放特征对公司沟通管理能力提出极高的要求。公司将原料碳足迹作为评估供应商的重要指标之一，协助供应商开展工艺优化和提升，针对主要正负极供应商设定零碳电力使用比例目标，并为供应商提供分布式光伏项目技术支持。此外，公司逐步引入电动重卡等新能源运载工具，辅以精细的计划和高效的物流管理，实现自有物流绿色转型。

"零碳"制造从工艺创新角度出发，专注于通过优化工艺需求、设备升级改造等方式降低制造过程中的碳排放强度，在基地开展推广和复制。2023 年，公司遵循设备小型化、数智化等理念，持续优化产线设备及工艺，在宜春基地引入自主研发且行业领先的技术和设备，实现化成容量、搅拌涂布、环境管控等多方面的优化和改进，相较于传统产线满产情况下，宜春基地单位产品能耗下降约 20%。

"零碳"电力关注再生能源项目。宁德时代通过成立子公司时代绿能，专注于开发集中式太阳能及海陆风能、分布式太阳能等可再生能源发电项目，为公司及价值链实现能源结构转型提供坚实支撑。截至 2023 年年底，时代绿能累计获取集中式可再生能源项目指标 4175 MW，其中在建项目 168 MW，建成并网项目 82 MW。对于分布式可再生能源项目，在建项目 55.03 MW，建成并网项目 145.67 MW。

循环生态指通过电池回收提取废旧电池中的镍、钴、锰、锂等金属元素，其工艺过程能耗显著低于从矿山开采精炼的原生材料，将有效降低电池生产全生命周期碳排放总量。畅通的回收渠道和高效的回收技术是当前电池回收行业必须攻克的难题，子公司邦普循环全面布局电池回收网络及生产基地，持续加强电池拆解、回收冶炼、材料合成及资源开发等领域的技术创新，致力通过完善的回收体系和先进的回收技术，为产业提供绿色低碳的再生材料。

（二）低碳所取得的成效

1. 碳排放管理

宁德时代参照 GHG Protocol 以及 ISO 14064-1:2018 相关要求，定期对正式投产的电池生产基地开展温室气体盘查，并委托第三方对具有实质性温室气体排放影响的基地开展独立核查，夯实碳排放数据基础。2023 年，公司完成 2022 年温室气体排放核查工作，核定的排放绩效及核查证书详见《宁德时代 2022 年度碳排放核算报告》。此外，公司已对 2023 年温室气体排放开展测算，依据能源消耗量及能源使用结构的变化情况分析排放总量变化原因。公司定期披露有关排放绩效、核算方法论、第三方核查声明以及碳减排行动进展的报告。

2. 节能改造升级

宁德时代以能源管理作为绿色制造低碳化的主要抓手，通过完善管理机制、精益改善和提效、可再生能源应用等途径实践高效的绿色运营。如图 4-10 所示，从能源消费结构来看，2023 年，其光伏发电量为 241 548.61 MW·h，同比增加 313.36%；其零碳电力的使用占比达到 65.43%，同比增加 38.83%。从温室气体排放情况来看，2023 年全年推进 538 项减排项目，相当于减少 440 913.14 t 二氧化碳排放；温室气体（范围 1、范围 2）排放总量下降了 34.99%，排放强度由 2022 年的 9.99 $tCO_2e/(MW·h)$ 下降到 2023 年的 5.44 $tCO_2e/(MW·h)$，下降 45.55%。从数据来看，宁德时代的节能低碳改造卓有成效。

宁德时代参照 ISO 50001 等标准建设完善能源管理体系，制定《能源法律法规及其他要求管理程序》《能源绩效参数目标指标管理程序》《能源监视、测量与分析控制程序》《能源采购管理控制程序》《能源评审程序》《能源计量管理制度》等管理制度与程序。公司还新增《能源碳排放数据管理》程序文件，明确与温室气体相关的能源数据管理要求，提升公司能源与碳排放数据的管理水平。公司设有"能源奖惩评估工作标准"，明确规定各生产基地电力、天然气、蒸汽、水在内的能源和资源消耗总量指标与相关管理者的薪酬绩效直接相关。

目前，总部基地、四川时代等稳定运营且具备认证资格的电池生产基地的能源管理体系经审核 100% 符合 ISO 50001: 2018 要求，并取得相应认证证书。公司针对总部基地已开展内部能源计量审计，并通过工业和信息化部及专家组审核。公司后续将按规划持续开展其余基地的能源审计工作。宁德时代坚持"全员支持、高效低耗、遵章守法、绿色工厂"能源方针，推动绿色化日常办公，并通过宣传与培训等形式，持续增强全员低碳节能意识。

2023 年，公司持续优化办公区域空调、电梯、照明等设施设备的运行控制流程，改善办公用能情况。公司面向全体员工开展以"节能降碳、你我同行"为主题的节能宣传周活动，通过节能减碳相关科普、知识竞赛等多维度活动，深化全员节能低碳意识，并通过创意征集活动收到员工对于公司运营节能的改善建议 1000 余条，有效助力公司进一步运营降碳。此外，公司开展运营节能降碳专场培训，涵盖"碳足迹""温室气体核算"等多项主题，为企业进一步节能降碳、实现碳中和打下坚实基础。截至 2023 年年底，宁德时代关键节能项目及进展如表 4-4 所示。

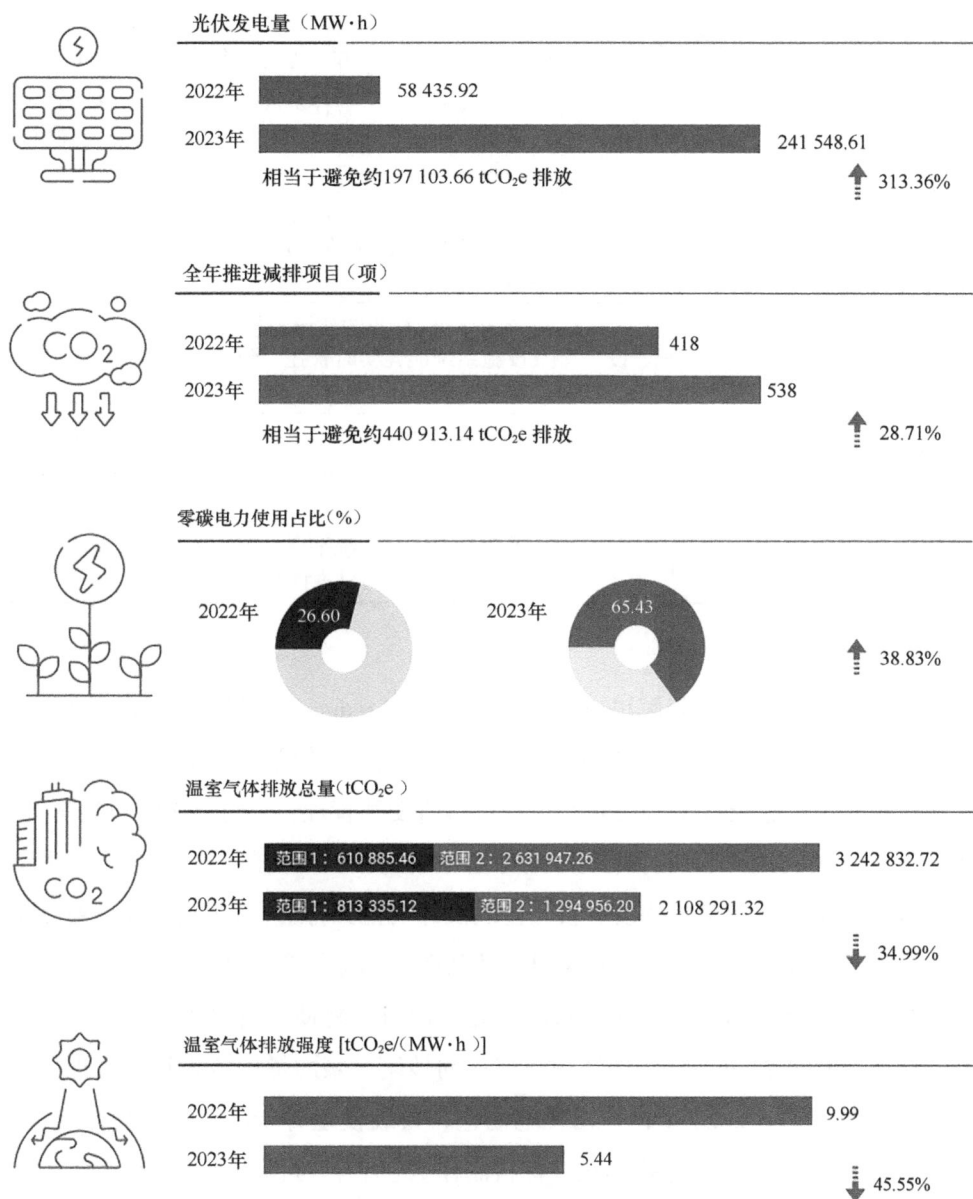

光伏发电量（MW·h）

2022年　58 435.92

2023年　241 548.61

相当于避免约197 103.66 tCO₂e 排放　↑ 313.36%

全年推进减排项目（项）

2022年　418

2023年　538

相当于避免约440 913.14 tCO₂e 排放　↑ 28.71%

零碳电力使用占比（%）

2022年　26.60　　2023年　65.43　　↑ 38.83%

温室气体排放总量（tCO₂e）

2022年　范围1：610 885.46　范围2：2 631 947.26　3 242 832.72

2023年　范围1：813 335.12　范围2：1 294 956.20　2 108 291.32　↓ 34.99%

温室气体排放强度 [tCO₂e/（MW·h）]

2022年　9.99

2023年　5.44　↓ 45.55%

图 4-10　2023 年宁德时代降碳成效

表 4-4　宁德时代关键节能项目及进展（截至 2023 年年底）

关键项目		行动进展
设备优化	注液机排风电动控制	系统内增加电动执行器，集中控制运行，能效提升23%，单个基地每年减排约1110 tCO_2e
	冷却塔能效提升	改进冻水冷却塔的热交换器系统，提升降温效能，能效提升5%，单个基地每年减排约1500 tCO_2e
	蒸汽冷凝水节能	通过管理措施，管控蒸汽冷凝水排放，减少疏水阀泄漏冷凝水，节能率6.94%，单个基地每年减排约3600 t CO_2e
	空压系统节能	降低站内供气压力，减少站内过滤器、干燥机压损，用能同比下降9.58%，单个基地每年减排1300 tCO_2e
系统支撑	能源管理系统建设	全面推进CFMS的建设与横展，实现各生产工序及设施系统能耗实时管控、预警、分项统计、趋势分析及预测
	动力设备全生命周期管理	从厂房规划、设计施工、商务、运维等模块开展全生命周期顶层设计，实现动力设备能效同比提升3%
	节能项目横展	借助工厂信息系统平台，面向公司各基地横展节能项目，已落地项目累计246项

3. 包装材料管理

宁德时代在绿色包装解决方案中落实 3R1D（reduce：轻量化；reuse：可重复使用；recycle：可回收再生；degradable：可降解腐化）的设计理念，从循环包材、极限包材和复合包材 3 个维度开展包装材料研发和管理，并将一次性包装减重、提升循环包装利用率、设计低碳方案等指标纳入相关部门的绩效考核中。推动包装设计规范化，制定并持续更新《包装设计规范文件》，对包装的设计要点及相关法律法规要求进行梳理，确保包装及其标识标签的合规性。

成品出货环节所使用的包装材料优先选用可重复使用材料和可再生材料包装方案，具体材料包括金属周转箱、塑料周转箱、聚丙烯中空板箱、可再生木制和纸质器具等。2023 年，公司在电池包、封装模组等产品上大量使用金属、高密度聚乙烯等材质的包装，此类材料制作的包装箱可循环使用 3 ～ 7 年，到达报废期限后经过处理，满足可持续性使用要求。2023 年，约 1 130 000 个PACK 电池包、5 330 000 个模组使用了循环包装。

与此同时，宁德时代积极践行包装轻量化要求，持续开发高性能的极限包装和复合包装，通过对包装的结构及其全生命周期使用场景的分析和优化，探索极限包材的极限边界、提升复合包材的材料利用率。2023 年，公司开展包装仿真搭建项目，模拟包装运输使用中的真实物理环境，优化包装强度方案，削减用材过剩部分。2023 年，累计导入 22 200 个循环包装，总共节省塑钢板材料约 667.5 t；导入约 94 900 套新型储能包装，每套减重 120 kg。经验证后取消塑钢板结构件，单个包装减少塑钢板用量 30 kg。储能及重卡产品极限包装导入约 241 600 套，每套减重 10 kg。另外，公司新研 PACK 一次性纸木复合减重包装，并逐步导入实际应用中。

宁德时代还开发循环器具运营管理系统，实现包装器具投入、增补、出入库、回收、清洁、维修、报废等过程的实时监控，通过系统大数据分析，有效识别呆滞器具并及时改造利用，2023 年，减少新器具投入约 20 600 件，单器具周转频次提升 41%。同步采用器具租赁、器具共享等创新管理模式，进一步提高可重复使用包装的使用率。

4. 绿色循环

动力电池内含钴、锂、镍、锰等有价金属，退役后的废旧电池若处置不当，不仅造成资源浪费，还可能会引发环境污染和安全风险。宁德时代致力于构建原材料和电池产品的循环生态闭环，通过技术突破引领高质量循环，推动资源的高效利用、人与自然的交互共生。

子公司邦普循环是宁德时代电池产业生态体系中的重要组成部分，助力公司打造上下游优势互补的电池全产业链循环体系。通过建立系统的回收体系、研发先进的回收处理技术，邦普循环能够高效地从废旧电池中提取出可再利用的金属、非金属和其他高分子材料等资源，结合其独创的逆向产品定位设计与定向循环技术，将退役动力电池制备材料应用到原生制造领域。依托定向循环技术，邦普循环率先破解全球废旧电池回收领域"废料还原"的行业性难题，其镍、钴、锰回收率达 99.6%，锂回收率达 91.0%。邦普循环已在广东省佛山市、湖南省长沙市、湖北省宜昌市、福建省屏南县、福建省福鼎市，以及印度尼西亚莫罗瓦利工业园区、纬达贝工业园区建立 7 大基地，并依托国家企业技术中心、新能源汽车动力电池循环利用国家地方联合工程研究中心（广东）、电化学储能技术国家工程研究中心邦普分中心、CNAS 认证的测试验证中心等建立科研平台。

截至 2023 年年底，邦普循环已参与制定或修订废旧电池回收、电池材料等相关标准 369 项，其中发布 259 项；申请专利 4527 件。2023 年，邦普循环提出再生材料追溯方法及再生材料标准，实现产品再生料正向核算和逆向溯源，联合多方发布动力电池回收碳足迹综合权益方法学，推动碳足迹方法学国际衔接与互认。此外，邦普循环还荣获"2022 年度广东省科学技术进步奖一等奖"、入选工业和信息化部发布的《工业产品绿色设计示范企业名单（第五批）》。

5. 时代碳链

2023 年，宁德时代自主设计并开发的"时代碳链"系统正式上线。"时代碳链"系统是一款集碳排放数据收集、建模、核算与分析于一体的平台（见图 4-11），与宁德时代厂务设施管理系统（CATL facility management system，CFMS）进行实时数据共享，可实时监控能源消耗及碳排放。同时，此平台依托宁德时代强大的供应链管理体系，深入产业链各层级，联动自身及行业权威背景数据库，根据生命周期评价方法对产品进行碳足迹计算，为建立健全锂电池产业链材料及产品碳足迹数据库提供支持。

6. 物流电动化

基于公司在清洁能源领域的产品与技术优势，以及在自身与价值链减碳方面丰富的经验积累，宁德基地已全面实现蓝牌货车电动化，厂内叉车、拖车等设备电动化，为产品及原材料运输带来更环保、更经济、更高效的解决方案，推动物流生态的可持续转型。在大型重卡方面，宁德时代打造电动重卡福宁干线示范运输，续航里程可达 180 km，致力于打造覆盖供应链、生产端、用户端的全环节电动物流解决方案。

除此之外，宁德时代还致力于为客户提供不同场景的电动物流解决方案，其中包括骐骥换电和电动船舶。骐骥换电是宁德时代自研一站式重卡底盘换电解决方案，包含换电块、换电站与云平台。骐骥换电块采用无热扩散技术、成熟高效的无模组电池包成组技术以及 15 000 次超长寿命电池技术，兼顾安全性和性价比。依托车、站、电池的信息交互，骐骥云平台可通过大数据计算实现资产监控、智能调度、预约换电与路线规划等功能，提升运营和运输效率。骐骥换电为重卡运输行业带来更环保、更经济、更高效的解决方案，推动物流生态的可持续转型。2023 年，公司骐骥换电在《商业周刊 / 中文版》主办的"The

Year Ahead 2024 展望峰会"上荣获"新商业公民——杰出可持续技术贡献奖"。

图 4-11　时代碳链管理平台

在电动船舶领域，宁德时代是全球首家电动船舶全生命周期解决方案提供商。截至 2023 年年底，全球已有 500 多艘搭载宁德时代船用动力电池的新能源船舶投入应用。公司发布电动船舶行业首个云生态平台——新能源船舶全生命周期协同运营云平台；发布首个零碳充换电综合补能解决方案，以解决各类船舶应用场景的数字化需求，满足电动船舶的快速补能需求。

（三）实例：零碳工厂案例分享——四川时代

四川时代秉持绿色低碳发展理念，从筹备之初就开始规划零碳工厂路径，通过在生产制造、能源利用等环节不断改造和创新，在减少碳排放的同时，致力于用更少的原材料做出更多具备低碳竞争力的产品。以绿色能源、绿色制造和绿色物流作为抓手实现零碳工厂，已得到可持续发展目标（SDGs）的认证。

在生产制造方面，四川时代通过在基础设施、管理体系、能源资源投入与利用、环境排放等方面大力践行绿色低碳理念，实现了"能源低碳化、厂房集约化、原料无害化、生产洁净化、废物资源化"的绿色制造能力。

在能源利用方面，四川时代自主研发了 CFMS 智慧厂房管理系统，并在厂区中铺设了超过 40 000 个环境探测传感器，通过窄带物联网（NB-IoT）采集，可实现对全域厂房设备的 100% 在线监控，让各项状态参数都可以得到实时上传，进而实现数据的快速交互。AI 系统通过计算这些数据，不断优化节能方案，并为每台设备量身定制最优的运行参数，实现过程废料闭环回收，镍、钴、锰等贵金属回收率可达 99.3%。

在绿色物流方面，广泛使用无人驾驶物流车、电动叉车，实现原料仓库、生产工厂、成品仓、客户工厂之间零碳运转。鼓励员工电动出行与共享出行，将减碳融入生产与生活的方方面面。除自身持续推进零碳目标，四川时代也积极协同生态伙伴，在清洁能源应用推广、区域电动化等绿色低碳领域持续保持紧密合作，努力推进锂电全产业链的可持续发展。

四川时代的上述举措，是宁德时代全力推进绿色低碳发展的一个缩影。当前，绿色制造已成为推进"双碳"目标、落实高质量发展要求的必选项。在此背景下，宁德时代将发挥好绿色制造引领作用，与生态伙伴一起相互协作，努力为新能源行业的零碳升级和产业高质量发展持续注入绿色动能。

二、可持续时代：营造和谐共赢社会

宁德时代以推动实现全球与自身的可持续发展为目标，将可持续发展理念融入日常经营管理，以扎实的 ESG 管理作为实现可持续发展目标的方法与路径。以"和谐共赢、创新成就、守正经营和绿色创新"为可持续发展方针，宁德时代积极响应联合国可持续发展目标，在提供创新产品和服务的同时，将可持续发展管理理念融入业务运营的方方面面，构建可持续发展管理体系，坚持道德经营与合规经营的原则，持续加强利益相关方的沟通，确保公司可持续发展，回馈客户和社会。

（一）践行可持续发展

1. 可持续发展管理模式

在管理模式上，宁德时代建立企业可持续发展管理委员会（简称"委员会"），其组织架构如图 4-12 所示。委员会由董事会秘书担任委员会主任，公司高管担任委员，负责公司可持续发展管理事宜的规划和对实际成果进行决策与监察。委员会设可持续发展管理委员，通过更加多元化的团队背景，为公司更好地应对可持续发展挑战提供顶层支持。委员会下设企业可持续发展管理理事会（简称"理事会"），由各业务部门的核心业务骨干担任理事，负责推进公司可持续发展管理相关事宜的蓝图规划和业务。理事会设置可持续发展管理理事，进一步强化可持续发展与公司业务运营的紧密联系与深度融合。理事会下设集团工作组与基地工作组，全面保障公司可持续发展工作的有效推进和运行。同时，为进一步推动与激励可持续发展，公司将 ESG 表现设置为公司层级绩效指标，基于公司级指标进行拆解，将其作为相关部门绩效的考核内容，并为此设置合理的考核权重，根据年度考核结果采取相关奖惩施。

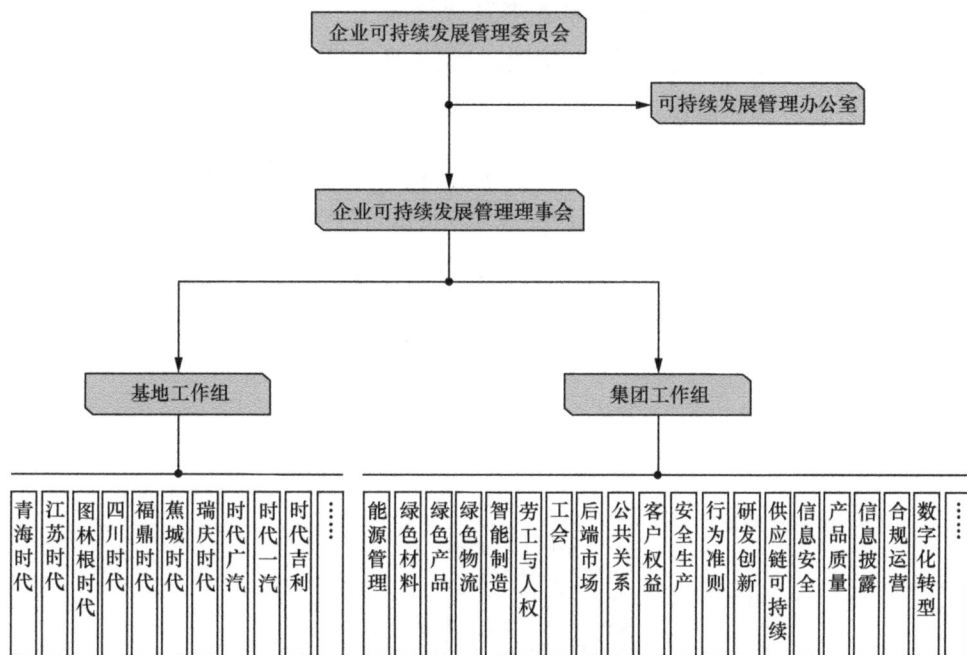

图 4-12　宁德时代可持续发展管理委员会组织架构

宁德时代自 2018 年起正式向外披露可持续发展报告（见图 4-13），其中 2018—2020 年发布的是社会责任报告，2021 年起发布企业的 ESG 报告。ESG 报告的内容较社会责任报告的内容，在丰富程度、标准化程度、国际化程度等均持续提升。

图 4-13　宁德时代 2019—2023 年可持续发展报告封面

宁德时代在日常运营中融入可持续发展理念，通过邮件、企业内刊、宣传海报等渠道，分享可持续发展相关资讯。此外，公司每年定期举办可持续发展活动月，通过内部可持续发展座谈会、培训等形式，将可持续发展理念深植于企业文化中。2023 年，公司开展"可持续发展管理基础""产品生命周期评价与碳足迹管理""'双碳'目标与机遇"等主题培训，持续提升全员可持续发展的意识和能力。

2. 积极响应国际倡议

宁德时代积极响应联合国可持续发展目标（SDGs），全面审视 SDGs 与公司责任实践的关联性，在提供创新产品和服务的同时，将可持续发展管理理念融入业务运营的方方面面。公司基于自身业务属性与相关方关注重点，就其中 7 项重点可持续发展目标贡献度予以总结，如图 4-14 所示。

图 4-14　宁德时代贡献全球可持续发展目标（SDGs）

宁德时代对全球可持续发展目标的贡献包括：无贫穷，优质教育，经济适用的清洁能源，气候行动，负责任消费和生产，产业、创新和基础设施，以及体面工作和经济增长。宁德时代通过具体的行动和实践，展现了其在实现全球可持续发展目标方面的坚定决心和积极贡献。

2023 年，宁德时代正式加入 UNGC，承诺支持 UNGC 关于人权、劳工、环境和反腐败 4 个领域的 10 项原则。公司持续优化内部 ESG 管理能力，提升对外信息透明度，将可持续发展价值与理念传递给更多的利益相关方。

3. 实质性议题

宁德时代建立实质性议题作为可持续发展的着力点，充分理解利益相关方的关注重点，更好地在自身可持续发展管理实践中融入利益相关方的诉求与期望。宁德时代贯彻利益相关方参与原则，定期开展实质性议题识别与分析工作。实质性议题识别与分析流程如图 4-15 所示。

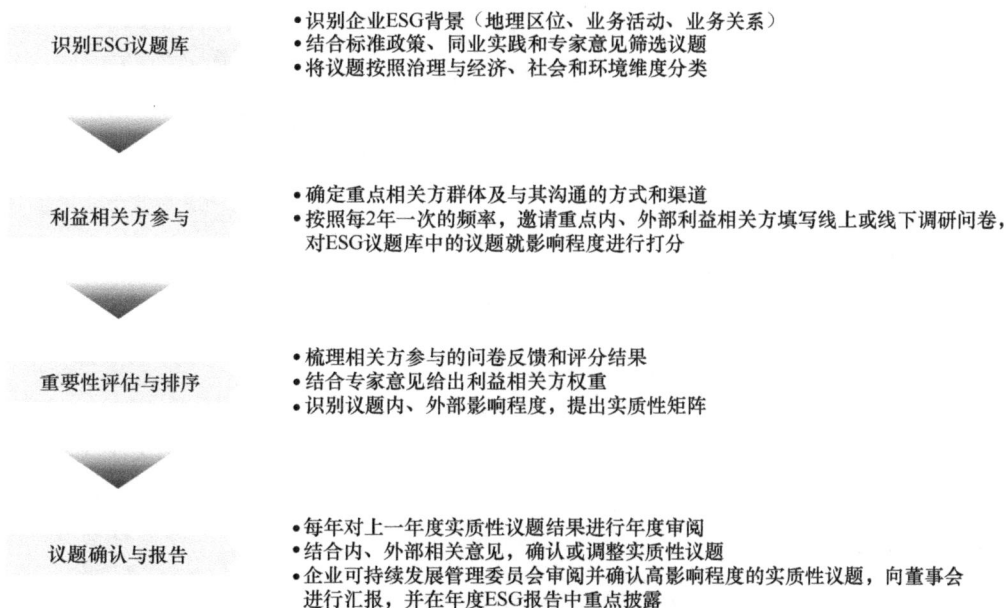

识别ESG议题库
- 识别企业ESG背景（地理区位、业务活动、业务关系）
- 结合标准政策、同业实践和专家意见筛选议题
- 将议题按照治理与经济、社会和环境维度分类

利益相关方参与
- 确定重点相关方群体及与其沟通的方式和渠道
- 按照每2年一次的频率，邀请重点内、外部利益相关方填写线上或线下调研问卷，对ESG议题库中的议题就影响程度进行打分

重要性评估与排序
- 梳理相关方参与的问卷反馈和评分结果
- 结合专家意见给出利益相关方权重
- 识别议题内、外部影响程度，提出实质性矩阵

议题确认与报告
- 每年对上一年度实质性议题结果进行年度审阅
- 结合内、外部相关意见，确认或调整实质性议题
- 企业可持续发展管理委员会审阅并确认高影响程度的实质性议题，向董事会进行汇报，并在年度ESG报告中重点披露

图 4-15　宁德时代实质性议题识别与分析流程

根据交易所最新政策、国内外可持续发展相关政策法规，分析外部相关方对公司的关注重点，结合国内外同业管理实践，对上一年度实质性议题结果进行年度审阅，通过向内、外部相关方代表征询意见，公司综合形成最终年度实质性议

题结果。识别分析得到的实质性议题包括产品质量与安全、研发创新、安全生产、负责任供应链、产业合作与发展、职业健康与安全、客户关系管理、员工权益与福利、人才培养与发展、负责任矿产尽责管理、多元化与平等机会、社区沟通与发展、公益慈善与志愿服务；经济绩效、反腐败、合规经营、ESG 管理、信息安全与隐私保护、公司治理、公平竞争、风险管理；清洁技术机遇、循环经济、排放与废弃物管理、能源管理、环境管理体系、产品碳足迹、水资源管理、生物多样性保护和包装材料管理等，其实质性议题矩阵如图 4-16 所示。公司针对高实质性议题开展风险与机遇分析，持续识别议题对公司业务经营以及相关方的影响。

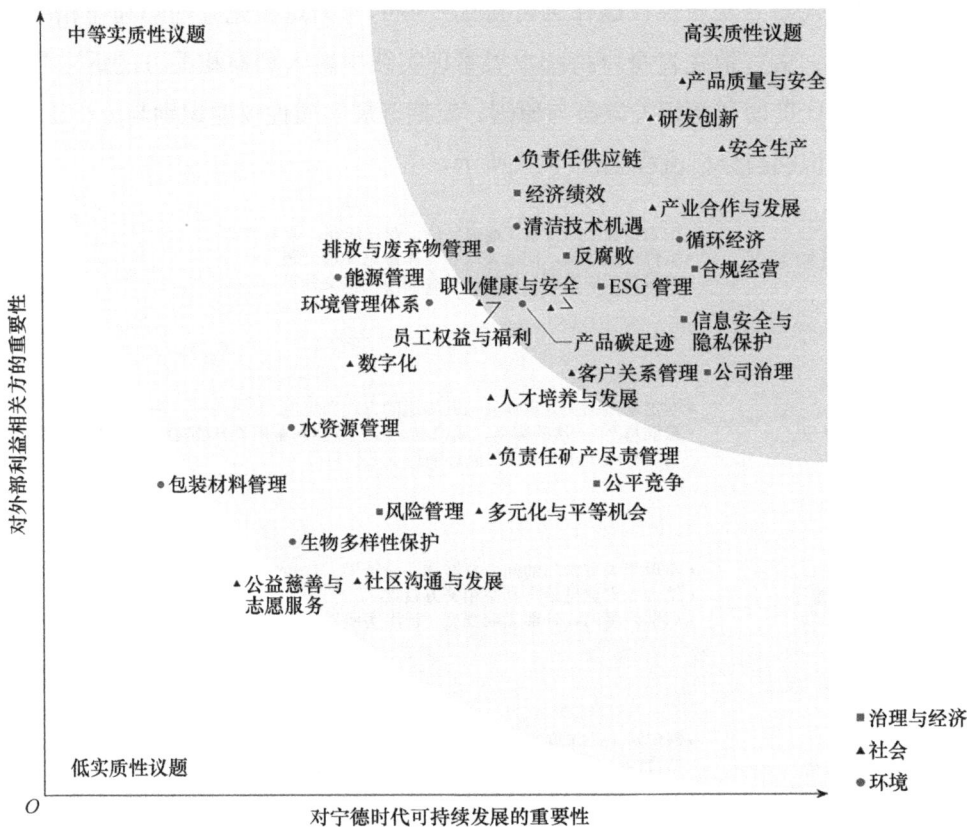

图 4-16　宁德时代实质性议题矩阵

基于"维度—议题—指标"3 个层级构建 ESG 管理指标体系，并对指标情况开展对标分析，根据不同特性将指标分类，明确不同类型指标的差异化管控模式。公司将所有指标分配到相关责任部门，在各部门设置 ESG 管理专员，负责协调、推动相关 ESG 指标的改善与提升。

公司通过常态化沟通机制了解重点利益相关方的意见与期待，开展针对性交流与回应，与各相关方建立长期、互信的合作关系，确保实质性议题管理的包容性与平衡性。公司在围绕实质性议题开展可持续发展管理和披露工作的同时，及时与利益相关方沟通进展、获得其反馈，并以此进一步提升管理水平。宁德时代利益相关方关注议题以及沟通方式与渠道如图 4-17 所示。

4. 供应链管理

宁德时代持续强化供应链可持续发展管理能力，将可持续发展纳入供应链管理体系中，积极落实对供应商的环境与社会责任风险管理，助力产业链实现可持续发展转型。

在制度建设方面，宁德时代制定《供应商行为准则》，涵盖劳工、健康与安全、环境、合规管理体系以及商业道德相关标准，要求全部国内供应商签署《供应商行为准则》。2023 年，管理范围内的供应商 100% 完成签订《供应商行为准则》。在采购框架合同中纳入环境健康安全、廉洁、负责任供应链管理等条款，管理覆盖 100% 供应商。宁德时代制定《可持续发展协议》，要求所有正负极供应商、铝制品主要品类前三供应商在产品碳足迹、零碳电力使用比例、绿铝使用比例、回收材料等指标上达成对应要求。

供应商准入阶段，宁德时代参考 IATF 16949、ISO 9001、ISO 14001 等要求及当地劳动与环境法律法规，通过多方审核，判断供应商资质满足情况。结合上述体系及当地劳动与环境法律法规要求，公司将环境保护、关键矿产、劳工人权、工作时间、商业道德与诚信廉洁等列入考核指标。在供应商关系管理系统中，增加外部查询接口与供应商关联关系表，提升供应商腐败、关联交易风险排查水平。

宁德时代将绿色低碳、社会责任等 ESG 相关指标纳入供应商绩效考核附加分，指标包括降碳比例、零碳电力使用比例、绿铝使用比例、循环材料使用比例、关键矿物尽责管理等。为可持续发展管理表现优秀的供应商提供激励措施，例如在供应商的技术商务符合要求的情况下，优先选择可持续发展管理表现优秀的供应商。在供应商大会设置可持续发展奖项，每年评选可持续发展管理表现优异的供应商。针对可持续发展管理表现不佳的供应商，出具不符合项的整改计划，并督促其整改。

利益相关方	投资者	员工：高级管理层员工	员工：除最高级管理层外的其他员工	客户	政府及监管机构	供应商	合作伙伴	公众和社区
相关方代表	公司股东及潜在投资者	总经理、副总经理、部门负责人	工会成员代表和职工代表、其他服务于公司的工作者代表	国内外整车企业、储能等能源项目开发者	运营所在地国家/当地政府、深圳证券交易所	正极材料、负极材料等核心原材料供应商	运营所在地国家/当地行业协会、标准工作组、合作商	非政府组织、慈善机构、社会组织、主流媒体
关注议题	·公司治理 ·合规经营 ·经济绩效 ·反腐败 ·研发创新 ·安全生产 ·产业合作与发展	·合规经营 ·公司治理 ·产品质量与安全 ·安全生产 ·研发创新 ·信息安全与隐私保护	·员工权益与福利 ·职业健康与安全 ·产品质量与安全 ·人才培养与发展 ·多元化与平等机会 ·信息安全与隐私保护	·产品质量与安全 ·负责任供应链 ·循环经济 ·负责任矿产品质管理 ·产品碳足迹 ·清洁技术机遇	·合规经营 ·公平竞争 ·反腐败 ·产品碳足迹 ·环境管理体系	·研发创新 ·负责任供应链 ·信息安全与隐私保护 ·产品质量与安全 ·安全生产 ·职业健康与安全	·产业合作与发展 ·研发创新 ·产品质量与安全 ·经济绩效 ·排放与废弃物管理	·研发创新 ·产品质量与安全 ·经济绩效 ·公益慈善与服务 ·社区沟通与发展
沟通方式与渠道	·股东大会 ·财务报告及公告 ·互动易问答 ·投资者热线 ·路演及反路演 ·业绩说明会 ·现场调研	·内部管理会议和报告 ·公司治理相关培训 ·内部信息沟通平台 ·内部邮件往来 ·外部专家部门交流会	·员工活动 ·员工培训 ·工会考核售价 ·工会沟通平台 ·内部信息沟通平台 ·积极组织促进委员会 ·职业健康维护 ·全员信息安全培训与考核 ·安全生产管理 ·安全应急演习	·客户满意度调查 ·全生命周期绿色产品和服务 ·全生命周期质量管理 ·供应链审核 ·负责任矿产供应链尽责管理	·机构考察 ·公文往来 ·政策执行 ·信息披露	·供应链审核 ·供应链质量/安全/责任管理 ·供应商辅导与提升	·交流互访 ·标准政策相关协会、工作组 ·战略合作项目 ·信息披露	·交流互访 ·媒体采访 ·全生命周期质量管理 ·信息公益项目 ·社区公益项目 ·社区志愿者活动 ·慈善基金

图 4-17　宁德时代利益相关方关注议题以及沟通方式与渠道

2023 年，针对正负极、铜箔、铝制品供应商，开展产品碳足迹、企业碳排放、零碳电力、回收铝、负责任矿产等主题培训，覆盖 60 家供应商。针对采购部门全体员工，开展"生命周期评价核查方法""产品碳足迹核算原理及方法""碳链系统核算原理及操作"等主题培训 6 次。

（二）ESG 评级情况

宁德时代在 ESG 评级方面的成绩显著，2023 年，MSCI ESG 评级为 A 级；晨星 Sustainalytics ESG 风险分数为 19.2 分（低风险）；标普企业可持续发展评估为 54 分，在同行业中名列前茅。

2023 年，宁德时代获得"2023 福布斯中国 ESG 创新企业"、标普《可持续发展年鉴（中国版）2023》入选企业、中国广播电视总台"中国 ESG 榜样"企业等 ESG 荣誉奖项，登上《财富》中国"ESG 影响力榜 2023"，连续 4 年深圳证券交易所信息披露考评 A 级。同时荣获中国上市公司协会"2023 年公司治理最佳实践""2023 年上市公司董事会优秀实践案例"和"2023 年上市公司董办最佳实践案例"等公司治理荣誉。

（三）实例："CREDIT"价值链审核计划

宁德时代正式启动业内首套针对锂电池供应链的审核工具——"CREDIT"价值链可持续透明度审核计划（简称"CREDIT 计划"）。首期"CREDIT 计划"包含可持续发展管理机制、商业道德准则、环境保护、劳工实践、负责任采购五大一级指标，24 项二级评级指标以及 135 项三级评级指标，覆盖环境、社会与治理的关键议题，适用于公司直接供应商及间接供应商，如图 4-18 所示。通过评估与分析，公司帮助供应链合作伙伴强化可持续发展意识、探索可持续发展潜力与路径。

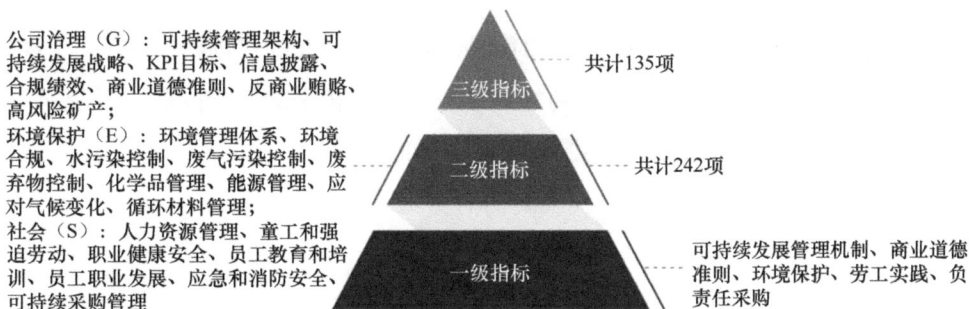

公司治理（G）：可持续管理架构、可持续发展战略、KPI目标、信息披露、合规绩效、商业道德准则、反商业贿赂、高风险矿产；

环境保护（E）：环境管理体系、环境合规、水污染控制、废气污染控制、废弃物控制、化学品管理、能源管理、应对气候变化、循环材料管理；

社会（S）：人力资源管理、童工和强迫劳动、职业健康安全、员工教育和培训、员工职业发展、应急和消防安全、可持续采购管理

三级指标　共计135项

二级指标　共计242项

一级指标　可持续发展管理机制、商业道德准则、环境保护、劳工实践、负责任采购

图 4-18　"CREDIT 计划"审查管理体系

2022 年，基于首期"CREDIT 计划"，公司邀请第三方机构向共计 35 家正极材料、负极材料等核心原材料供应商开展现场审核。到 2023 年，公司共计向 60 家供应商开展现场审核。针对审核结果，CREDIT 审核设立整改机制，生成供应商可持续管理风险等级，为供应商提出改善建议。未来，公司将会根据供应商可持续发展管理能力提升情况，完善并扩大考核范围及指标，同时根据不同的行业与品类，设置不同模块的考核权重。

三、未来发展方向

"为人类新能源事业作出卓越贡献，为员工谋求精神与物质福祉，提供奋斗平台"是宁德时代的企业愿景。宁德时代将继续积极、坚定且持续推进低碳和可持续发展管理工作，将低碳和可持续发展理念覆盖生产运营、产品和供应商等方方面面。持续关注企业运营、生产及供应链中的环境保护、可再生能源使用、节能减排、资源回收利用，倡导"绿色循环经济"。落实企业及供应链中的劳工权益、人权、职业健康与安全等制度，积极履行社会责任。确保产品安全、信息安全、财务安全、运营安全、政治安全；预防不可抗力因素；消除企业及供应链中存在的诚信、道德、廉洁问题；确保宁德时代守正合规经营。

未来，公司将持续以创新为牵引，构建零碳科技新生态，全力攻坚低碳产品与技术研发，有序推进工艺优化及节能减排，大力开发可再生能源项目，深入布局退役电池回收利用产业，全方位推动自身运营及价值链碳中和的实现。与客户携手打造"电池生产—使用—回收与资源再生"的生态闭环及可持续发展的电池价值链。同时，也会将创新的零碳解决方案向零碳社区、零碳岛屿、零碳城市拓展，最终实现零碳世界。

面对气候变化的复杂态势，宁德时代将继续推动"开放式创新"的价值实现，加速突破技术壁垒，推动科技红利的共享与共赢，将全球气候问题以及复杂交织的矛盾和挑战，转化为全人类愿意为之奋斗的使命！

第五章
国际经验

　　本章对欧盟可持续发展的相关法规做了详尽解读，主要包括欧盟的《企业可持续发展报告指令》《企业可持续发展尽职调查指令》《欧盟电池和废电池法规》等法规，以及应对这些法规的策略和建议。此外，本章分享了必维国际检验集团等检测认证机构在帮助国内企业应对绿色贸易壁垒、提升可持续发展水平方面的实践案例，对提升企业国际竞争力和可持续发展水平具有重要指导意义。

第一节　国外ESG发展经验

朱骏

　　琦威质量检验认证（北京）有限责任公司（Kiwa China）首席技术官

刘晓岭

　　新世纪检验认证有限责任公司（Kiwa BCC）产品和服务认证总监

蔡倩倩

　　新世纪检验认证有限责任公司（Kiwa BCC）可持续发展产品经理

管建堃

　　新世纪检验认证有限责任公司（Kiwa BCC）可持续发展产品经理

　　欧盟作为全球范围内的 ESG 先行者和领导者，在新能源汽车产业 ESG 的发展方面积累了丰富的经验。这些经验不仅体现在政策制定、市场准入、供应链管理及用户隐私保护等多个层面，还通过具体的法规、补贴和激励措施，推动了新能源汽车产业的可持续发展。

一、政策制定与法规建设

　　欧盟的 ESG 政策侧重于立法和强制性，通过一系列法规和政策，构建了新能源汽车产业 ESG 发展的坚实基础。这些法规和政策主要集中在可持续发展、碳足迹管理、市场准入、税收优惠与补贴等方面。

　　在可持续发展方面，欧盟发布了《企业可持续发展报告指令》《企业可持续发展尽职调查指令》两个比较重要的指令。《企业可持续发展报告法令》于

2023 年 1 月 5 日生效，该指令对企业披露可持续发展报告提出要求，要求报告从双重重要性的角度进行披露，包括 ESG 风险和机遇如何影响财务业绩，以及报告企业如何影响人类和环境，并要求将其作为年度财务报表的一部分。直接受该指令影响的中国企业包括在欧盟监管市场内已发行证券的企业，或在欧盟境内的大型企业，以及符合条件的欧盟企业的中国母公司。由于《企业可持续发展报告指令》要求企业披露的信息涵盖整个价值链，因此中国企业也可能被其欧盟客户、投资人或其他利益相关方要求披露可持续发展信息。《企业可持续发展尽职调查指令》于 2024 年 7 月 25 日生效，该指令要求企业识别其业务及供应链中对人权和环境的实际和潜在负面影响；采取适当措施，预防和减轻已识别的风险；对尽职调查过程的有效性进行跟踪和评估；公开披露其尽职调查流程及其效果。直接受该指令影响的企业主要是在欧盟具有较大规模业务的企业。此外，《企业可持续发展尽职调查指令》要求尽职调查义务应该涵盖的企业活动除了受规制企业自身经营、子公司经营，还包括其活动链中的商业伙伴的经营活动。若企业属于《企业可持续发展尽职调查指令》约束范围公司的商业伙伴，也会被要求进行可持续发展尽职调查。这两个指令的核心思想是让近年来要求相关公司或组织披露其在可持续发展方面的活动，即 ESG 相关信息更加明确，并以法令法规方式颁布。

在碳足迹管理方面，欧盟通过《欧盟电池和废电池法规》，对电池回收、电池护照、碳足迹追踪以及制造商尽职调查等方面提出严苛要求。该法规要求自 2027 年 2 月 18 日起，进入欧洲市场的电池须持有电池护照，记录电池的主要信息，包括碳足迹、供应链尽职调查等。这一措施不仅推动了电池产业的可持续发展，也促进了新能源汽车产业碳足迹的透明化和可追溯性。

在市场准入方面，欧盟通过海关市场准入政策，对新能源汽车提出了更高的环保和能效要求。这些要求虽然提高了出口国的贸易门槛，但也推动了整个产业链的绿色发展。此外，欧盟理事会还批准了《2035 年欧洲新售燃油轿车和小货车零排放协议》，就 2035 年原则上禁止销售燃油车达成共识。该协议明确了阶段和最终减排目标，要求新销售小货车的二氧化碳排放量在 2021 年水平上减少 50%，新销售燃油轿车的二氧化碳排放量在 2021 年水平上减少 55%。到 2035 年，新销售燃油轿车和小货车的二氧化碳实现零排放。这一协议的实施，将极大地推动新能源汽车产业的发展，促进欧盟实现碳中和目标。

在税收优惠和补贴方面，欧盟各国在税收上给予新能源汽车优惠或减免征收，减少新能源汽车的购买成本。例如，法国为销售的每辆纯电动车或燃料电池车提供最高 5000 欧元的补贴，德国为售价低于 4 万欧元的每辆纯电动车提供 6750 欧元的补贴。这些政策降低了消费者的购车成本，提高了新能源汽车的市场竞争力。此外，欧盟各国还进行配套设施资助，降低新能源汽车的使用成本。例如，奥地利为 2023 年年底前购买新能源汽车的用户提供 600～1800 欧元的基础设施补贴，瑞典对家用电动汽车充电箱实行 50% 的税收减免。这些政策促进了充电基础设施的建设和完善，提高了新能源汽车的使用便利性。

二、ESG 评级与投资生态建设

在评级体系方面，欧盟建立了完善的 ESG 评级体系，对新能源汽车企业的环境、社会和治理表现进行评估。当前国际上主要的 ESG 评级机构如 MSCI、路孚特、晨星 Sustainalytics 等都在欧盟设有分支机构，为欧盟企业提供 ESG 评级服务。这些评级机构通过评估企业在环境、社会和治理方面的表现，为企业提供 ESG 评级和可持续发展建议。

在投资生态建设方面，欧盟建立 ESG 统一大市场框架的政策行动具备参考价值，这有助于为投资者提供更多的 ESG 信息，并使其更易于进行 ESG 投资决策。同时，欧盟建立和推动包括《欧盟可持续金融分类方案》在内的一些可持续融资相关倡议，有助于为 ESG 项目提供辅助的市场支持，吸引欧盟内外的绿色资金，并促进资本市场对可持续发展领域的倾斜。此外，欧盟辅助采取了一系列符合 ESG 可持续发展理念与价值的行动，包括减少温室气体排放、减少非循环产品制造与贸易，以及提高空气质量的环保行动；通过确保改善工作条件、提升福利待遇和实现工资公平等举措，提升公司治理水平，以确保公司遵守社会道德、财务要求等，这些都为 ESG 统一市场的建设提供了金融层面之外的积极助力。

三、"碳足迹"及相关核查、核验以及认证

ESG 当中的"E"部分是企业或组织需要披露的其生产活动对环境的影响，在这方面，围绕"碳足迹"相关标准的核查、核验以及认证结果将为企业提供

有力的声明以及证据。

欧盟在碳足迹管理方面走在了世界前列，建立了较为完善的碳足迹管理体系。欧盟通过制定相关法规和政策，推动企业和产品在全生命周期内降低碳排放，提高环境友好度。例如，《欧盟电池和废电池法规》规定，进入欧盟市场的电池需符合碳足迹相关要求，动力电池以及工业电池必须申报产品碳足迹，并设定了相应的限值要求。法国能源监管委员会要求，在进入法国市场的光伏产品招标中，要将光伏产品碳足迹列为重要的竞标依据之一。

《欧盟电池和废电池法规》对电池的碳足迹、电池护照、回收与再利用、生产者责任等方面提出了要求，主要包括以下内容。

（1）碳足迹：自2024年7月起，动力电池以及工业电池必须申报产品碳足迹。这包括提供电池厂家信息、电池型号、原料（包括可再生部分）、电池碳足迹总量等信息。到2027年7月，这些电池的碳足迹需要达到相关限值要求。

（2）电池护照：自2027年2月18日起，出口到欧洲的动力电池必须持有符合要求的"电池护照"。这个护照将记录电池制造商、材料成分、可回收物、碳足迹、供应链等信息。

（3）回收与再利用：从2025年起，所有收集的废电池都必须回收利用，且必须实现高水平的回收（特别是钴、锂和镍等关键原材料）。

（4）生产者责任：制造商、进口商、分销商等均被视为电池生产者，需承担相应责任。非欧盟成立的卖家需指定当地授权代表，以履行生产者义务。

法国光伏产品碳足迹要求主要体现在其光伏招标政策中，特别是针对光伏组件的简化碳评估认证，相关要求如下。

（1）自2019年起，法国能源监管委员会将光伏产品碳足迹列为重要的竞标依据，对于超过100 kWp的光伏项目必须强制执行简化碳评估流程，并由专业的认证机构出具对应的碳足迹认证报告。

（2）202s3年4月，法国能源监管委员会更新了《与太阳能发电设施的建设和运营有关的招标规范（AO PPE2 PV Sol）》（简称"PPE2文件"），对2023年4月1日及以后的简化碳提出了新的要求。简化碳评估方法首先对光伏组件所需的主要部件材料进行清点和量化，然后确定组件制造地点的分配系数，并采用默认系数法或生命周期评价方法来确定全球变暖潜势值，最终确定产品的碳足迹值并为标书中的"碳影响"进行打分。

除了电池行业、光伏行业，在建材、纺织、食品、电子等行业都有欧盟客户要求出具产品碳足迹或环境产品声明的要求。

欧盟在产品碳足迹核算方面制定了严格的标准和方法，以确保核算结果的准确性和可比性。常用的产品碳足迹核算方法包括生命周期评价法、IPCC 碳排放法、投入产出法和 Kaya 碳排放恒等式等。其中，生命周期评价法是一种自下而上的计算方法，对产品及其"从开始到结束"的过程进行详细评估，计算结果较为准确。

欧盟碳足迹管理要求的实施对推动绿色低碳发展、提高产品国际竞争力产生了积极影响。一方面，通过碳足迹核算和认证，企业可以深入了解自身产品的碳排放情况，制订科学的减排计划，降低生产成本，提高产品附加值；另一方面，碳足迹管理体系的建立有助于推动国际贸易中的绿色壁垒建设，保护欧盟本土产业免受不公平竞争的影响。

四、问题与挑战

欧盟的 ESG 市场发展状况也有一些需要注意的问题和不足，未必适用于其他国家的市场，例如在欧盟碳关税出台的背景下，欧盟本土对企业 ESG 披露和碳减排的严苛要求可能会导致欧洲部分高碳企业倾向于外迁到减排政策宽松的国家和地区，转移排放成本，造成环境约束下的国际"碳泄漏"问题，碳关税则更适用于阻碍这些企业的产品进口回流，维护本国企业利益。对此，需要正确看待全球可持续发展进程中本国 ESG 市场政策与国际绿色低碳发展之间的关系，在维护本国权益的同时避免绿色保护主义的产生。

从欧盟当前的 ESG 市场政策和现状可以看出，我国应积极构建符合本国目标需求的 ESG 发展体系与框架，为产业经济绿色转型提供绿色金融创新。

一是推进 ESG 统一市场标准的进程，尽快构建科学高效的 ESG 评级体系。在 ESG 获得全球金融市场青睐的背景下，我国加快 ESG 统一市场标准的步伐有助于提升在 ESG 投资领域的国际话语权，充分发挥我国作为全球最大绿色金融市场以及全球最大碳减排国的基础优势，构建影响力不低于欧盟的 ESG 投资大市场。

　　二是可以考虑建立 ESG 与碳市场联动机制，结合纳入碳市场的高排放企业的减排成本、环境影响等重要披露信息，建立"双碳"目标导向型的 ESG 指标体系，同时纳入碳市场的企业也可提升 ESG 投资的参与度，相比于其他企业，棕色业务占比较高的高排放企业在"双碳"目标下更具备提升环境责任与公司治理能力的客观需求。

　　三是将符合我国及一般发展中国家特殊需求的目标和因素纳入我国 ESG 市场发展目标之中，比如共同富裕、乡村振兴等重要领域，再比如发展中国家在工业化进程中兼顾经济增长与环境保护、平衡能源清洁化与安全性等。与欧盟不同的是，我国建立了符合本国长期经济高质量发展的多重目标，绿色、可持续正是其中之一，ESG 投资与绿色金融市场的发展必须兼顾多项战略规划的阶段性需求。同时，我国相关绿色发展进程更注重人类命运共同体的构建，在 ESG 市场发展上也会不断注入为推进全球可持续发展议程贡献中国力量的重要理念。

第二节　行业ESG发展经验

📍 **石荣洲**

必维国际检验集团科技产品事业群中国区高级总监

📍 **毛毛**

必维国际检验集团中国区汽车部大客户经理

全球新能源汽车产业正在经历前所未有的增长。其中，技术进步是推动新能源汽车市场增长的关键因素之一，随着电池能量密度的提升和成本的降低，新能源汽车的性能正在不断提升。在性能提升的带动下，全球新能源汽车市场规模也持续扩大。研究机构 EVTank 数据显示，2023 年，全球新能源汽车销量达到 1465.3 万辆，同比增长 35.4%；中国新能源汽车销量达到 949.5 万辆，占全球销量的 64.8%；美国和欧洲新能源汽车销量分别为 294.8 万辆和 146.8 万辆，同比增速分别为 18.3% 和 48.0%。中国作为后起之秀，已经成为全球最大的新能源汽车产销国，新能源汽车产业化规模位居世界首位。

然而，在新能源汽车市场快速发展过程中，新能源汽车产业的发展也面临一些挑战，如基础设施建设不足和研发投入不足等。全球汽车产业的调整和"逆全球化"趋势也可能对市场产生影响。为应对这些挑战，各国政府需要继续提供政策支持，加强基础设施建设和技术创新。

一、行业企业脱碳路径发展情况

欧洲的领先汽车制造商在供应链、生产和技术研发方面已建立了成熟的脱碳战略，受益于欧盟法规的推动，这些企业已经设定了明确的减排目标，并在范围 1 和范围 2 的减排工作上取得了显著进展。它们正将注意力转向范围 3 的减排，特别是在供应链管理上，通过建立跟踪体系和设定供应商减排目标，以及采用低碳材料和绿色设计，进一步推动减碳工作。

与此同时，中国的汽车企业在新能源技术领域迅速发展，尽管只有少数企业设定了碳中和时间目标，但领先的企业已经开始实施范围 1 和范围 2 的减排措施，并积极进行绿电应用和零碳工厂建设，不断深化企业生产和管理的减碳。此外，这些企业也在积极探索供应链减排的可能性，通过 IT 系统建设和供应商碳排放计划承诺等手段，推动整个供应链的可持续发展。图 5-1 所示为国内外部分车企的减排发展情况。

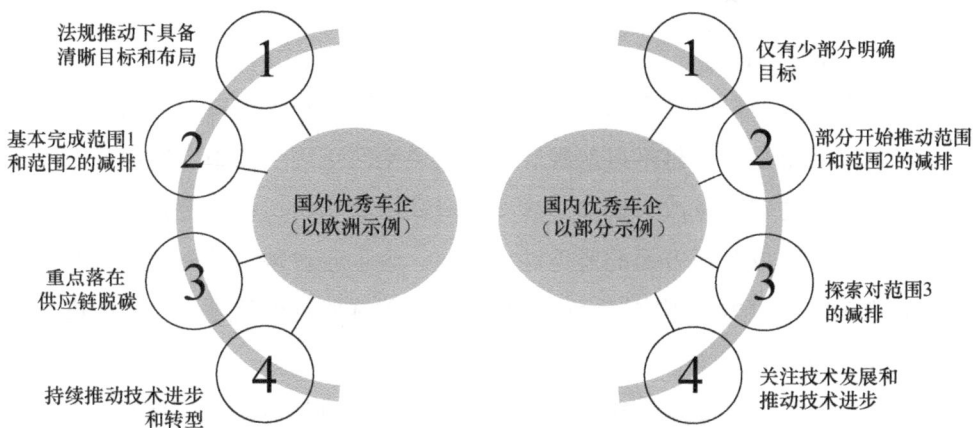

图 5-1　国内外部分车企的减排发展情况

根据观察，欧洲汽车行业的领军企业在推进脱碳议程上已展现出显著的成熟度。它们通过广泛应用可再生能源和沼气发电技术，致力于达成组织层面的碳中和目标。这些企业不仅在可持续组织和治理结构上进行了创新，将管理层的薪酬与实现关键减排绩效指标直接关联，还通过数字化转型和生产流程的智能化，显著提升了资源的使用效率。此外，它们在供应链管理上采取了先进措施，如实行碳排放准入标准，并通过区块链技术增强了供应链中碳排放信息的透明度。

与此同时，中国的汽车企业在新能源技术的发展上也取得了显著进步，其中一些领军企业已经开始着手实施全面的脱碳策略。这些企业专注于提升新能源汽车在其产品组合中的比例，实施节能减排措施，并优化制造流程。在供应链管理方面，中国车企正积极探索与绿色供应商的合作，推动再生和循环材料的研发与应用，并倡导绿色设计的理念。同时，它们也开始对电池供应商提出使用可再生能源电力的要求，并利用数据平台来收集和分析零部件材料信息，与钢铁供应商合作开发循环材料。

综合来看，欧洲的汽车企业在脱碳措施上已经实施了全面而深入的策略，而中国的汽车企业虽然在脱碳之路上起步较晚，但正以强劲的势头加速追赶，尤其在新能源汽车技术的发展和供应链的绿色管理方面表现出了明显的积极态度。欧洲和中国两大世界汽车产业集群都在为全球碳中和的宏伟目标作出积极贡献，通过创新和转型，推动着汽车行业向着更加可持续的未来发展。

二、行业上市企业 ESG 披露情况

（一）碳目标设定

随着中国成为全球最大的汽车（尤其是新能源汽车）出口国，出口汽车的碳足迹在国际贸易中变得不可忽视。加之欧盟地区正逐步实施碳边境税，预示着碳贸易壁垒的建立将成为现实。这不仅对我国汽车出口构成潜在威胁，也凸显了车企在碳排放管理方面的紧迫性。因此，为了应对碳贸易壁垒的挑战并保持国际市场的竞争力，国内车企必须高度重视碳排放管理议题，并提前进行战略规划和布局。

减碳承诺和控温目标是 MSCI ESG 评级中衡量企业表现的重要标准。在全球范围内，汽车行业正面临日益增长的减排压力和可持续发展的要求。全球车企都在积极响应这一趋势，通过各种措施来减少温室气体排放并努力实现气候目标。国内外部分车企已制定本企业的减排目标，如图 5-2 所示。

尽管中国的汽车企业在碳核算方面取得了一定进展，开展了涵盖原材料采购、生产制造、物流运输、产品使用到报废回收的全价值链碳盘查与核算工作，但在明确披露减碳时间表和实施路线图方面，仍存在不足。面对全球气候变化的严峻挑战，国内车企需要迅速采取更为紧迫和有力的措施来设定减碳目标和实施具体行动。

（二）ESG 治理框架设置及举措

中国及全球代表性整车上市公司在碳目标设定和 ESG 治理框架设置方面均有显著进展。部分车企不仅设定了具体的减碳目标，还通过发布 ESG 报告和实施相关标准来提升其 ESG 管理水平。关于 ESG 工作架构，部分代表性整车上市公司都已在董事会下建立了 ESG 委员会或工作领导小组，并使用重要性矩阵对

实质性议题进行了识别、分析与排序，具体 ESG 管理实践情况如表 5-1 所示。

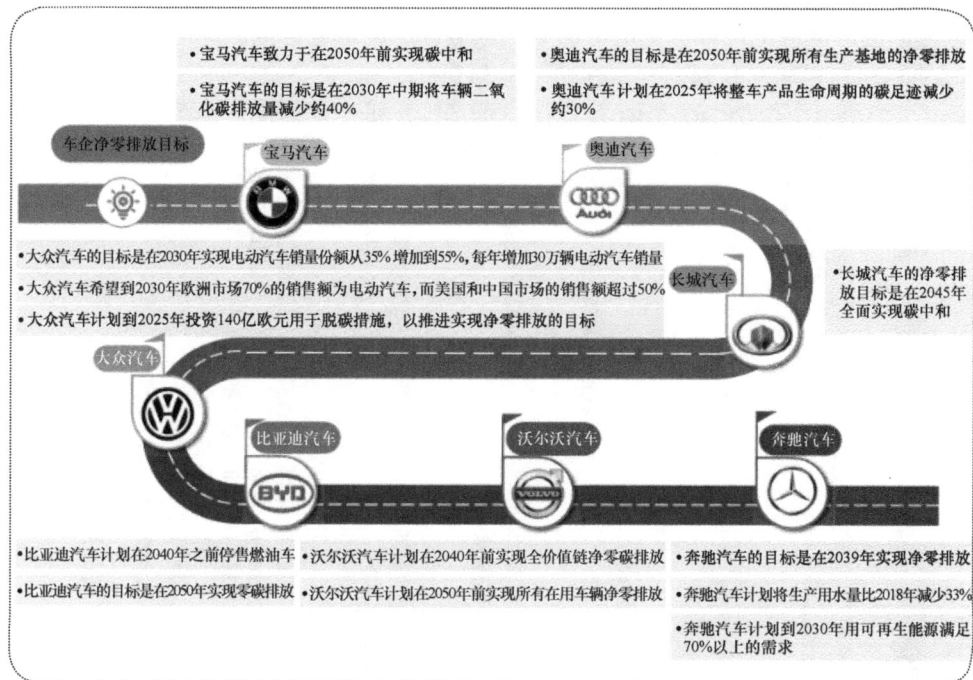

- 宝马汽车致力于在2050年前实现碳中和
- 宝马汽车的目标是在2030年中期将车辆二氧化碳排放量减少约40%

- 奥迪汽车的目标是在2050年前实现所有生产基地的净零排放
- 奥迪汽车计划在2025年将整车产品生命周期的碳足迹减少约30%

车企净零排放目标　宝马汽车　奥迪汽车

- 大众汽车的目标是在2030年实现电动汽车销量份额从35%增加到55%，每年增加30万辆电动汽车销量
- 大众汽车希望到2030年欧洲市场70%的销售额为电动汽车，而美国和中国市场的销售额超过50%
- 大众汽车计划到2025年投资140亿欧元用于脱碳措施，以推进实现净零排放的目标

- 长城汽车的净零排放目标是在2045年全面实现碳中和

长城汽车

大众汽车　比亚迪汽车　沃尔沃汽车　奔驰汽车

- 比亚迪汽车计划在2040年之前停售燃油车
- 比亚迪汽车的目标是在2050年实现零碳排放

- 沃尔沃汽车计划在2040年前实现全价值链净零碳排放
- 沃尔沃汽车计划在2050年前实现所有在用车辆净零排放

- 奔驰汽车的目标是在2039年实现净零排放
- 奔驰汽车计划将生产用水量比2018年减少33%
- 奔驰汽车计划到2030年用可再生能源满足70%以上的需求

图 5-2　国内外部分车企的减排目标

表 5-1　部分代表性整车上市公司 ESG 管理实践情况

车企名称	是否设立ESG工作架构	是否进行了实质性议题识别与分析	是否明确提出ESG战略目标与路径
理想汽车	已设立	已识别与分析	暂无
小鹏汽车	已设立	已识别与分析	暂无
吉利汽车	已设立	已识别与分析	已提出
蔚来汽车	已设立	已识别与分析	暂无
比亚迪汽车	已设立	已识别与分析	暂无
宝马汽车	已设立	已识别与分析	已提出

资料来源：根据各企业 ESG 报告整理。

在 ESG 战略目标与路径方面，以吉利为例，吉利控股集团及其旗下的吉利汽车、路特斯科技、远程新能源商用车集团、沃尔沃汽车、极星、曹操出行均发布了碳减排目标，如图 5-3 所示。例如，吉利控股集团预计 2030 年实现全集团运营层面碳中和，2040 年实现自身运营层面的零碳就绪，2045 年实现全链路碳中和。

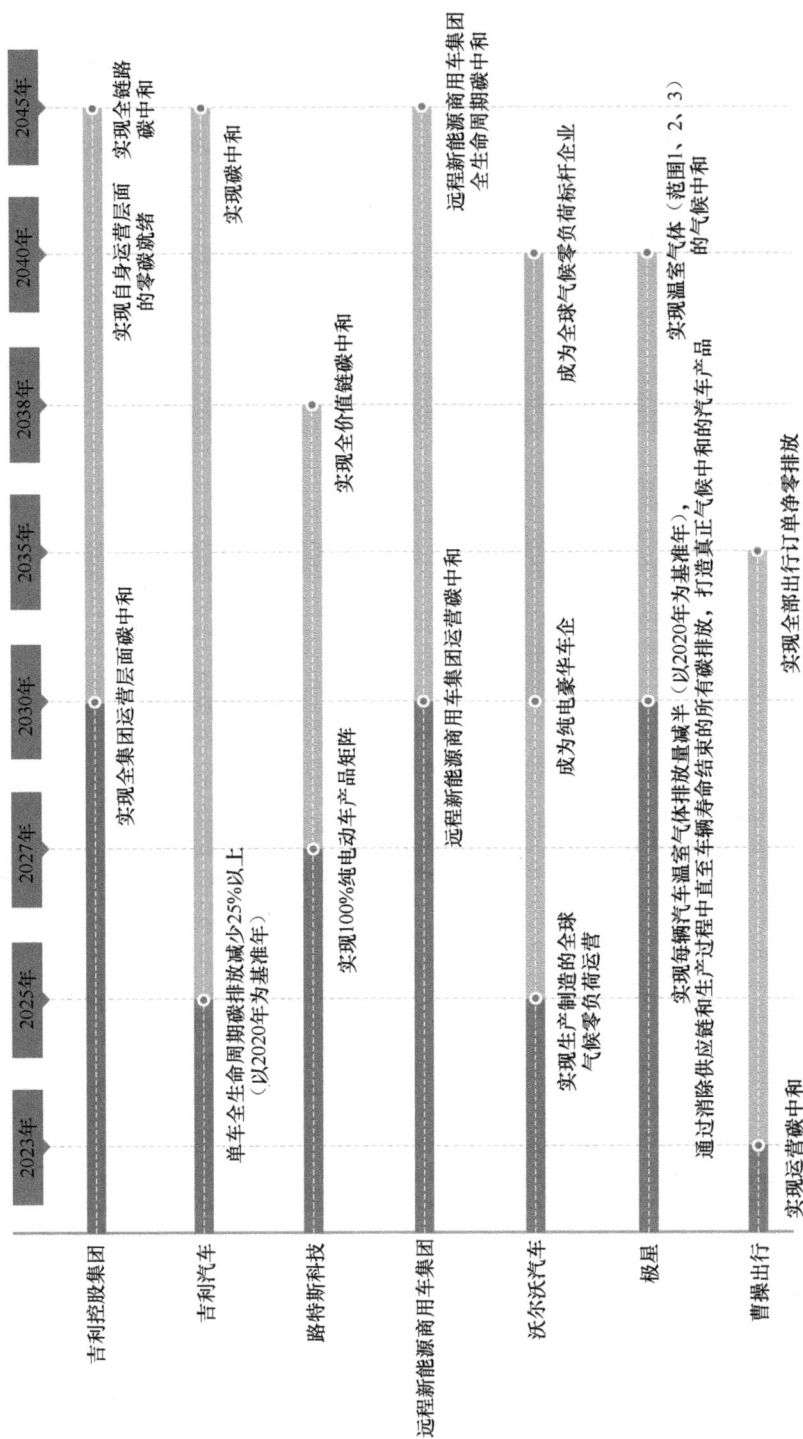

图 5-3 吉利控股集团及其旗下各品牌碳减排目标

（三）ESG实质性议题披露情况

汽车行业和其他行业有较大的差异，作为强调产品和服务的行业，产品品质和客户服务都是各大车企较为关心的ESG核心议题。

MSCI ESG评级较高的6家主要代表车企实质性议题排序情况统计如表5-2所示，从表中可以看出，理想汽车、小鹏汽车、吉利汽车、蔚来汽车、比亚迪汽车和宝马汽车这6家公司在ESG议题上各有侧重，体现了它们在企业社会责任、环境保护和公司治理方面的战略方向。理想汽车、小鹏汽车和蔚来汽车都把产品质量与安全放在了高度重要的位置。理想汽车和吉利汽车将商业道德作为首要议题，强调企业的社会责任和诚信经营，同时在客户服务、质量管理与控制方面也进行重点关注。比亚迪汽车在公司治理、经营业绩、可持续发展管理、产品责任上展现了更高的关注和承诺。宝马汽车则在可持续的产品组合、价值链的减排行动、负责任采购和循环经济等方面展现了其在推动环境友好和社会责任方面的决心和领导力。此外，所有公司均在不同程度上关注供应链管理和应对气候变化，显示出对全球环境问题和可持续供应链的共同承诺。整体而言，这些公司正通过其特定的ESG议题管理，努力实现企业的可持续发展和社会价值的最大化。

表5-2　MSCI ESG评级较高的6家主要代表车企实质性议题排序情况统计

序号	理想汽车	小鹏汽车	吉利汽车	蔚来汽车	比亚迪汽车	宝马汽车
1	商业道德	产品质量与安全	商业道德	电池全生命周期管理	公司治理	可持续的产品组合
2	产品质量与安全	商业道德	质量管理与控制	产品质量与安全	经营业绩	价值链的减排行动
3	客户服务与满意度	客户服务与满意度	出行安全	超越期待的用户服务	可持续发展管理	负责任采购
4	信息安全与隐私保护	劳工管理	数据安全与隐私保护	员工薪酬与福利	产品责任	产品质量与安全
5	公司治理	供应链管理	应对气候变化	科技创新与研发	应对气候变化	循环经济

续表

序号	理想汽车	小鹏汽车	吉利汽车	蔚来汽车	比亚迪汽车	宝马汽车
6	可持续供应链管理	多元化及平等机会	可持续供应链	职业健康与安全	技术创新	合规
7	职业健康与安全	气候变化	客户服务与满意度	突发事件与危机管理	供应链管理	空气污染
8	创新发展	科技创新与知识产权	新能源动力与储能	可持续充换电服务	薪酬福利	环节生态与资源管理
9	人才吸引与保留	企业管治	研发与技术创新	可持续产品与技术	品质服务	可持续的治理
10	可持续产品与技术	绿色技术与产品	合规管理	可持续供应链	伙伴共赢	信息安全与隐私保护

资料来源：根据各企业 ESG 报告整理。

（四）新能源行业议题——动力电池循环回收体系构建情况

在新能源行业的诸多议题中，动力电池的循环回收体系构建是一个特殊且关键的重要议题。随着新能源汽车制造业的快速发展，构建一个全面的动力电池回收体系不仅对汽车行业具有特殊的重要性，也是企业战略布局的关键一环。对于汽车制造商而言，动力电池的高回收价值不仅意味着经济潜力，更代表着循环经济的巨大市场空间。

鉴于新能源汽车电池平均 5 ～ 8 年的使用寿命，我国即将进入动力电池大规模报废的阶段，妥善处理这些电池是避免环境污染、资源浪费的关键。中国汽车工程学会数据显示，2023 年我国退役动力电池总量超过 58 万 t。而中国汽车技术研究中心的预测显示，到 2025 年，动力电池将迎来大规模退役，预计退役电池容量将达到 116 GW·h。而与此同时，全球动力电池回收市场也正迎来迅猛扩张，Trend Force 估计，到 2030 年，全球电动汽车和蓄能电池回收市场将超过 1 万亿 W·h，其中磷酸铁锂电池回收将占 58% 以上。中国作为全球新能源汽车市场的领头羊，其动力电池回收市场的增长速度同样迅猛。

目前，全球主要的整车上市公司在动力电池回收领域均进行了积极布局和投资，凸显了该行业的庞大潜力和战略价值。虽然我国的主要新能源车企已经初步建立了动力电池循环回收体系，但要完善整个动力电池的循环回收链条和产业体系，还需要进一步的整合与优化。尽管技术和市场挑战依然存在，但在政策的扶持和技术创新的推动下，动力电池回收行业预计将在未来几年实现快速增长。

三、必维国际检验集团 ESG 管理解决方案分享

ESG 管理，包括供应链的 ESG 管理，作为衡量企业在环境、社会和治理方面表现的重要标准，一直是企业管理中的一个复杂议题。它不仅关系到企业的社会责任，也是企业可持续发展的关键。然而，由于缺乏统一的标准和有效的管理工具，这经常成为企业管理中的难点和痛点。

为了应对这一挑战，必维国际检验集团（Bureau Veritas，BV）经过自行研发和多方投入，于 2021 年成功推出了 CLARITY 评估系统，这是为不同规模企业提供全面服务的综合管理工具，帮助企业管理其 ESG 绩效并监控其可持续发展战略的完成情况（遵守其承诺，评估其改进情况等）。CLARITY 评估系统的核心优势在于其能够进行全面的 ESG 成熟度评估，帮助企业识别自身在 ESG 实践中的强项和待改进领域。

除了评估功能，CLARITY 评估系统还提供了强大的可视化管理解决方案。这一功能使得企业能够直观地监控和管理其 ESG 绩效，实时跟踪关键指标的进展，并及时调整策略以实现既定目标。这种透明度和可访问性极大地提升了企业对 ESG 议题的掌控能力，优化了决策过程。CLARITY 评估系统同时考虑到各公司在不同程度上关注供应链 ESG 管理的情况，因此也可以通过 CLARITY 评估系统来更好地管理其供应链中的风险，确保供应商遵守环境和社会责任标准，进一步显示出企业对于全球环境问题和构建可持续供应链的共同承诺。

CLARITY 评估系统基于单个模块，客户可以根据需求进行定制，要么从 BV 的综合目录（社会、健康与安全、环境和商业道德、负责任的采购等）中进行选择，要么直接与 BV 团队定制需要评估的项目。一些模块是标准化的，被认为是"跨行业"的，其他模块是针对特定行业的，可以满足不同客户的需求。

标准化评估和行业特定评估的结合确保了可靠和彻底的转向能力。下面从模块、评估、评分方法和法规标准4个方面来进一步介绍 CLARITY 评估系统。

（一）CLARITY 模块

CLARITY 评估系统的每个模块都由不同的部分和清单组成，这些模块专为评估客户在全球和地方层面的表现而设计。通过子公司、相关资产以及供应商进行实地数据收集。数据收集过程可以是结合了 BV 审查的自我评估问卷（self-assessment questionnaire，SAQ）或者是由 BV 遍布全球超 80 000 人的专业服务网络进行现场审核，甚至可以由 BV 进行统一的评估及现场审核（field assessment，FA），最大程度地确保了来自独立第三方的一致和可靠的信息。

CLARITY 模块的构建参考了全球性的标准和原则，包括 ISO 14001、ISO 45001、SMETA 审核标准。如果客户公司已经获得了相关的认证，CLARITY 系统问卷也将免除问卷中涉及相关问题的审查，以避免审计过程的冗余，减少资源浪费。

收集的数据将对资产、实体或供应商级别进行评分，并根据客户选择的地理位置和模块进行汇总。客户可以通过 My Radar（CLARITY 仪表板）对这些数据进行可视化管理，该仪表板允许客户对数据元素进行排序和筛选，并且只需单击两次这样简单的操作就可以展示出已记录的不合格项列表，这有助于客户及时有效地采取行动。

考虑到客户业务的特殊性，My Radar 完全可定制，能够集成客户需要特别监控的特定元素。My Radar 还参考了在可持续发展宣传中被广泛使用的联合国可持续发展目标（UN SDGs）框架。

CLARITY 模块总共包含6个 ESG 标准模块和3个跨行业的非核心 ESG 模块，为企业提供全面的评估工具，以支持其可持续发展。6个 ESG 标准模块分别是：社会、健康与安全、环境与生物多样性、气候变化、商业道德、负责任采购；3个跨行业的非核心 ESG 模块分别是：业务绩效、数据安全与隐私、产品质量与过程控制。

（二）CLARITY 评估

CLARITY 评估分为两个阶段，即 SAQ 和 FA，以满足客户的不同需求。SAQ 可以通过提供管理文件和证明来完成，SAQ 和支持文件的答案将由 BV 专家进行审查。对于 FA 问题，由审核员在现场审核期间进行验证。

CLARITY 标准模块问题共计 300 道，分布情况如表 5-3 所示。

表 5-3　CLARITY 标准模块问题分布情况

标准模块名称	SAQ题目数/道	FA题目数/道	题目总数/道
商业道德	41	18	59
气候变化	43	/	43
环境与生物多样性	36	21	57
健康与安全	27	23	50
负责任采购	14	6	20
社会	43	28	71

项目经理将根据客户的需要，与客户深入讨论并确定最适合他们需求的评估类型，评估可以采取以下 3 种形式。

● SAQ：客户可以通过自我评估问卷来评估其子公司、资产或供应商站点。如果客户对这种评估方式感到满意，可以选择此选项。

● SAQ+FA：在进行 SAQ 之后，根据其结果选择特定的站点进行现场审核，或者决定对所有站点进行全面现场审核。这种方式结合了自我评估和现场审核的优势。

● FA：直接进行现场审核，FA 将包括 SAQ 中的问题以及 FA 特有的问题，提供更深入的评估。

这 3 种形式可以根据不同的站点组进行组合，以满足不同情况的需求。

对于第二种形式，即 SAQ+FA，现场审核员将不仅执行 FA，还将审查已有的 SAQ 问题和答案。现场审核员将特别关注那些在 SAQ 中被标识为不符合项的问题，并在 FA 中对这些问题进行进一步的审核。

通过这种灵活的评估方法，项目经理能够为客户提供定制化的服务，确保评估既全面又符合客户的实际需求。

（三）CLARITY 评分方法

所有问题被设计来全面评估客户在可持续发展方面的成熟度水平，并据此将问题分为 3 个可持续发展成熟度级别。

（1）必修实践：这代表了组织实践的基本水平，包括当地法规要求或被认为对组织运营至关重要的实践。在评估中，符合必修实践的标准将获得 5 分。需要特别注意的是，如果在必修实践上的任何一项不符合要求，将导致整个部分的评级结果为 0，不论在其他问题上的得分如何。

（2）共同做法：这指的是在公司中普遍采用的做法，通常由国际管理体系标准推荐，如 ISO 标准。符合这些共同做法的组织将获得 20 分，这反映了组织实践与国际标准接轨的程度。

（3）最佳实践：指那些被普遍认为优于通用标准并能够带来卓越成果的实践。这些实践代表了行业内的领先水平和创新精神。符合最佳实践标准的组织将获得 40 分，这是对组织在可持续发展方面所做努力的最高认可。

在评估过程中，模块中的每个部分默认情况下具有相同的权重。然而，如果客户有特定的需求，可以为每个部分分配不同的权重，以便给予某些部分更多的重视。例如，如果客户希望特别强调童工和强迫劳动问题，以及政策与目标、监测和控制的重要性，可以相应地增加这些部分的权重（如权重为 5）。在默认方案中，所有部分的权重是相同的，以确保评估的平衡性和全面性。

通过这种分层和灵活的评估方法，客户可以更好地了解自身在可持续发展方面的现状，清晰地了解自己在可持续发展过程中的位置，并识别出改进和发展的机会，从而推动组织向更高的成熟度水平迈进。这种评估体系鼓励组织不仅满足基本的合规要求，而且追求更高的管理实践标准，以实现长期的可持续发展目标。

（四）CLARITY 与法规标准的对应情况

BV 凭借其在专业审核与认证领域的丰富经验，确保了 CLARITY 评估系统能够全面覆盖国际法规标准的要求。以下是 CLARITY 评估系统与国际法规标准的对应关系。

CLARITY 评估系统包含 6 个 ESG 的标准模块，这些模块的构建受到了 ISO 标准、SA 8000 以及 SMETA 等全球性标准和原则的启发。此外，CLARITY 评估系统还与在可持续发展领域广泛使用的联合国可持续发展目标（UN SDGs）框架相一致。在 CLARITY 仪表板上，可持续性成熟度分数可以根据不同的 SDG 进行展示，使客户能够清晰地看到他们在各个可持续发展目标上的进展。

为了减少重复工作并提高效率，CLARITY 问卷已经与主要的认证标准进行了交叉检查，如表 5-4、表 5-5 所示。这意味着，如果被审核的站点已经获得了有效的认证，并且这些认证是由 BV 的审查员进行验证的，那么这些站点就可以免除那些已经被认证涵盖的审核问题。目前，CLARITY 评估系统中的 ESG 模块已经与 ISO 14001（环境管理体系）、ISO 14064–1（温室气体排放和移除的量化和报告）、ISO 45001（职业健康安全管理体系）、ISO 50001（能源管理体系）、ISO 27001（信息安全管理体系）、ISO 27701（隐私信息管理体系）以及 SA 8000（社会责任标准）等标准进行了认证等效处理。

表 5-4　CLARITY 100% 覆盖 SA 8000 主题的对应情况

SA 8000	CLARITY社会模块部分
管理体系	政策与目标，监测与控制
纪律处分行为	政策与目标，监测与控制
童工	童工和强迫劳动
强迫或强制劳动	童工和强迫劳动
结社自由和集体谈判权	结社自由和集体谈判
歧视	包容性与多样性，性别平等
报酬	工资和福利
工作时间	工作时间

表 5-5　CLARITY 100% 覆盖 SMETA 主题的对应情况

SMETA	CLARITY模块	
问题	模块	部分
涵盖联合国全球方案的普遍权利	社会	政策与目标，监测与控制
管理系统和代码实施	社会	政策与目标，监测与控制
自由选择就业	社会	童工和强迫劳动
结社自由	社会	结社自由和集体谈判
安全和卫生条件	健康与安全	全部
童工	社会	童工和强迫劳动

续表

SMETA	CLARITY模块	
生活工资和福利	社会	工资和福利
工作时间	社会	工作时间
歧视	社会	性别平等，包容性与多样性
正规就业	社会	工资和福利，工作时间
不允许受到严厉或不人道的对待	社会	包容性与多样性，童工和强迫劳动，政策与目标，监测与控制
工作和移民的权利	社会	童工和强迫劳动
环境	环境与生物多样性	全部
商业道德	商业道德	全部

通过这种设计，CLARITY 解决方案不仅可以帮助客户满足国际法规标准的要求，还通过避免不必要的重复审核，为客户节省了时间和资源。

第三节 国内外ESG发展经验比较

王长胜

中国消费品质量安全促进会汽车工作委员会副秘书长

对我国新能源汽车企业而言，践行可持续发展战略，实现ESG达标已经成为国际化扩张的关键通行证，研究欧美ESG标准政策法规体系发展现状及先进经验，并借鉴至国内新能源汽车产业，对于新能源车企自身可持续发展及突破国际绿色贸易壁垒都至关重要。

目前，全球围绕"碳"已经形成汽车全生命周期的系列政策发展，以"减碳"和可持续发展为目标，对汽车产品上下游产业链进行管理约束，其中以欧盟政策体系最为领先和完善。本节将以欧盟地区新能源汽车相关ESG及碳排放政策作为研究重点，给予我国新能源汽车行业在ESG及碳排放政策体系建设方面经验启示与发展建议。

一、国外发展经验

ESG已成为全球共治焦点。整体来看，全球汽车工业ESG已逐步进入系统化、规范化发展阶段。欧盟碳排放及ESG监督制度体系起步较早，至今已经建立在整体目标之下，具有较为完善的顶层架构设计、标准制定以及监督执行的政策体系，对ESG披露及碳排放监管已进入立法阶段，形成一系列制度法案，推动碳排放整体目标达成。基于整体制度体系，欧盟已在新能源汽车细分领域建立了较为完善的ESG及碳排放监督机制。

在欧盟，新能源战略促进新能源汽车行业快速发展，完整的ESG政策管理体系促使新能源汽车企业建立完整的ESG管控体系。

顶层设计方面，基于《欧洲绿色协议》《欧洲气候法案》与"减碳55"——

揽子立法计划等新能源战略目标与纲领性文件，欧盟已形成了涵盖 ESG 信息披露标准、ESG 评估评级方法和 ESG 投资实践三位一体的 ESG 体系，将欧盟 2030 年减排和 2050 年碳中和目标上升到法治层面，明确到 2030 年欧盟至少 40% 的电能来自可再生能源发电。欧盟提出至 2030 年所有登记注册的新车的排放总量较 2021 年降低 55%，至 2035 年全面禁售燃油车，加速汽车产业从燃油汽车向纯电动汽车转型，提升欧洲新能源汽车渗透率。

标准体系方面，欧盟已经形成包括 ESG 披露标准、ESG 披露政策、ESG 评级体系及 ESG 金融投资在内完整的 ESG 监督及政策体系，目前表现出以下特征。

（一）ESG 信息披露标准不断提升，促使新能源汽车企业不断完善内部 ESG 管理体系

信息披露方面，欧盟已经从初级阶段的鼓励自愿性信息披露向中级阶段的"不披露即解释"半强制信息披露过渡，最终转向高级阶段的完全强制信息披露。

2014 年 10 月，欧盟发布《非财务报告指令》，作为 ESG 披露的指导文件，对企业的可持续信息披露进行试点。

2022 年 11 月 28 日，欧盟理事会正式通过《企业可持续发展报告指令》，取代《非财务报告指令》成为欧盟 ESG 信息披露的核心法规，《企业可持续发展报告指令》侧重于对企业 ESG 信息强制性披露规定，包括供应链上相关企业信息，并引入了 ESRS 标准。2023 年 3 月 15 日，欧盟理事会又批准了《企业可持续发展尽职调查指令》，该指令侧重于要求企业开展供应链尽职调查。这两个指令覆盖了对供应链上企业的管控和强制性信息披露，要求所有新能源汽车企业建立完善的内部 ESG 治理机制，按要求对汽车全产业链、上下游供应商，甚至全生命周期过程中涉及的环境、社会、治理相关问题进行披露和合规管理。

（二）碳关税及《欧盟电池和废电池法规》进一步完善新能源汽车领域碳排放监督管理

涉及汽车产业方面的碳排放政策，欧盟主要采取碳边境调节机制和产品碳足迹两大工具促使全球范围内车企将生态环境成本纳入经济成本体系中，从而发挥并增强欧盟企业全球绿色竞争力。

1. 碳关税：碳边境调节机制

2023 年 8 月 17 日，欧盟委员会对外公布欧盟碳边境调节机制过渡期实

施细则，规定 2023 年 10 月 1 日起，欧盟碳边境调节机制正式进入试运行阶段，过渡期到 2025 年年底，2026 年至 2034 年逐步全面实施，2035 年后则完全取消欧盟碳排放交易体系和碳边境调节机制所覆盖高碳产品的免费碳配额。

根据碳边境调节机制规定，对欧盟出口的碳密集产品，主要涉及水泥、钢铁、铝、化肥、氢、电力六大行业，只要是生产地的碳定价低于欧盟碳价的产品，一旦进口到欧盟关税区，就要购买碳边境调节机制凭证，补足差额。汽车产业包括新能源汽车、动力电池、汽车零部件、汽车金属原材料、氢燃料电池的汽车产业链都将受到影响，意味着汽车供应链上任何一个环节的高碳排放，都将导致产品在欧洲市场付出更多的碳管制成本。

2.《欧盟电池和废电池法规》

2023 年 8 月 17 日，《欧盟电池和废电池法规》正式生效，首次以法规的形式对电池生命周期各阶段的碳足迹管理提出严格要求（见表 5-6）。自 2025 年起，欧盟对电动汽车电池、轻型交通工具电池和容量大于 2 kW·h 的工业充电电池进行碳足迹声明和标签强制要求，根据新法规规定，未来的电动汽车电池、轻型交通工具电池以及容量超过 2 kW·h 的工业电池在进入欧盟市场之前，都必须具备碳足迹声明和标签，以及数字电池护照，同时也对电池中重要原材料的回收比例有明确的规定。欧盟还要求电动汽车电池企业按照电池生命周期阶段（即原材料获取和预处理、主要产品生产、分销、报废和回收阶段）进行碳足迹披露，不满足要求的电池产品或装载了该类电池的新能源汽车产品将被禁止进入欧盟市场，或者受到经济惩罚。

表 5-6　《欧盟电池和废电池法规》规定的生命周期阶段和涉及的过程

生命周期阶段	涉及的过程
原料的获取和预处理	包括活性材料的开采和其他相关采购、预处理和运输，直至电池单元和电池组件以及电气或电子组件的制造
主要产品生产	电池单元的组装、电池与电池单元和电气元件的组装
分销	运输过程
废弃和回收	收集、拆解和回收

（三）成熟的 ESG 评级体系及金融投资机制为新能源汽车绿色之路提供保障

欧洲是 ESG 评级发展最为成熟的地区之一，其 ESG 评级机构主要有 4 家，分别是 Vigeo Eiris、ISS ESG、Sustainalytics 和 MSCI ESG。其中，MSCI ESG 评级是深受全球投资机构认可的 ESG 评级体系之一。MSCI 每年对全球纳入其指数的上市公司进行 ESG 评级，评级结果已成为国际资本市场的主流投资参考依据，是重要的投资风向标之一。

对于汽车行业，MSCI 指定专门的评级标准，选取如下议题并分配权重。其中，环境占 29.1%，社会占 37.1%，治理占 33.8%，如表 5-7 所示。环境议题中，MSCI 选取产品碳足迹、清洁技术机遇、有害排放与废弃物议题。社会议题中，MSCI 选取产品安全与质量、劳工管理、社区关系、化学物质安全性议题，其中产品安全与质量议题占比最高，为 19.9%。MSCI 未列出治理的具体议题。

表 5-7　MSCI ESG 汽车行业（汽车制造商）的关键议题及权重

环境29.1%		社会37.1%		治理33.8%	
议题	权重	议题	权重	议题	权重
产品碳足迹	15.7%	产品安全与质量	19.9%	—	—
清洁技术机遇	13.2%	劳工管理	16.8%	—	—
有害排放与废弃物	0.2%	社区关系	0.2%	—	—
—	—	化学物质安全性	0.2%	—	—

二、国内发展经验

作为全球最大的电动汽车市场，我国新能源汽车已形成具有竞争力的完整产业链，国内品牌生产能力和市场占有率不断提升。中国汽车工业协会数据显示，2023 年，我国新能源汽车出口再创新高，实现出口 120.3 万辆，同比增长 77.6%，全球市场份额超过六成。我国的电动乘用车累计销量已占全球的 45%，电动公交和电动卡车销量更占到全球的 90% 以上，在推动全国乃至全球道路交通电动化转型道路上成果斐然。但随着全球 ESG 与碳排放监管政策趋紧，我国新能源汽车行业也面临重大挑战，这些挑战一方面来自主要出口市场日渐严苛的 ESG 标准法规，另一方面来自我国整体 ESG 政策体系建设与车企内部 ESG 建设能力。

（一）创建我国特色的 ESG 政策体系

近年来，我国在 ESG 信息披露方面的要求不断提升，与全球 ESG 发展趋势相契合，特别是针对上市公司、中央企业的披露要求越加严格，各个机构及社会团队纷纷制定 ESG 披露相关标准及政策。但就企业 ESG 披露整体要求而言，相比欧盟对 ESG 强制披露立法，我国目前尚未就 ESG 披露及评级进行立法，ESG 披露处于自愿披露时代，且未建立统一和完善的 ESG 信息披露规范，企业信息披露质量不高。

2006 年，深圳证券交易所发布《深圳证券交易所上市公司社会责任指引》，要求上市公司积极履行社会责任，自愿披露社会责任报告。自此，交易所方面陆续出台了 ESG 相关的政策和规则，指引和推动我国企业 ESG 不断向前发展。直至 2024 年，上海证券交易所、深圳证券交易所和北京证券交易所正式宣布《上市公司自律监管指引——可持续发展报告（试行）》，从 2024 年 5 月 1 日起实施。这一指引文件的制定标志着 A 股 ESG 信息披露迎来里程碑式新跨越，强制披露时代来临。根据该可持续发展报告指引的要求，报告期内持续被纳入上证 180 指数、科创 50 指数、深证 100 指数、创业板指数的样本公司以及境内外同时上市的公司，作为第一批实施该政策的上市公司，必须披露 ESG 报告。针对汽车行业，2023 年 12 月，中国汽车工业协会正式发布汽车行业首套 ESG 系列团体标准《中国汽车行业 ESG 信息披露指南》《中国汽车行业 ESG 评级指南》《中国汽车行业 ESG 管理体系 要求及使用指南》，为汽车企业 ESG 管理工作提供了指导和规范。针对汽车企业组织级的 ESG 综合管理能力，中国消费品质量安全促进会于 2014 年年初制定了《汽车组织可持续发展成熟度评估》团体标准。

但我国对汽车行业的各项标准要求是由不同管理职能部门拆分管理的，标准之间相对孤立，在整体框架上还需要进一步完善和调整。与此同时，当前全球 ESG 相关标准繁多、各国家和地区标准存在差异，加之汽车产业链庞大复杂，导致汽车行业 ESG 信息披露、绩效评级及管理体系建设存在要求不明、缺乏专业性指引等问题。虽然一批领先企业已逐步形成 ESG 或社会责任管理机制，但绝大多数汽车企业仍处于起步阶段。

新能源汽车产业链庞大、复杂且独立于传统汽车行业，与传统车企的 ESG 风险存在较多差异，全球可持续发展和社会责任的相关标准繁多，各国家、地区均存在差异，传统可持续发展报告披露要点和指标要求无法体现新能源汽车智能化、网联化等发展趋势和特征。目前，我国新能源汽车披露 ESG 信息缺乏专业性指引，新能源汽车非财务信息相关企业报告编写主要参考其所在证券交易所的相关规定，分为 ESG 报告、社会责任报告和可持续发展报告 3 类，尚无统一标准，且多数企业报告编写较为单一，缺乏规范性和有效性。

在我国新能源汽车纷纷出海，拓展海外市场的大背景下，未来如何将海外主流可持续发展相关法案、标准、评级要求与我国新能源汽车行业特性相结合，建立我国统一的、能够衔接国际标准的新能源汽车可持续报告政策及规范，是我国新能源汽车行业高质量发展的关键。

（二）缺乏顶层路线设计和具体标准的引导和支持

在碳足迹政策方面，随着国际气候政策的相继出台以及国际跨国公司逐步将产品碳足迹纳入供应链管理要求，碳足迹管理已成为国际贸易中新兴的重要组成部分。我国目前也在加快提升产品碳足迹的管理水平，已在多部文件中提出了与碳足迹相关的具体工作。但新能源汽车在国内发展时间尚短，国内新能源汽车行业"双碳"工作仍缺乏顶层路线设计和具体标准的引导和支持。

在碳排放核算方法方面，我国已发布了 3 批共 24 个行业核算方法，但没有正式发布针对汽车行业的碳排放核算标准，核算方法也未能覆盖新能源汽车全产业链。部分企业直接采用国际标准进行整车产品的碳排放核算，碳排放核算的准确性和规范性难以保证。

在碳排放核算数据方面，缺少反映国内真实水平的数据，虽然部分企业使用国际数据库中的中国区数据进行碳排放核算，但其核算结果与真实水平相差较远。推进新能源汽车碳足迹认证标准及规范的出台，制定行业碳排放核算标准势在必行。

（三）部分头部新能源车企提供积极示范作用

我国的 ESG 评级体系相对较晚起步，目前主要聚焦于国内的上市公司，如 A 股市场和主要指数成分股，形成了一些具有影响力的评级机构（主要有华证指数 ESG 评级、中证指数 ESG 评级、万得 ESG 评级等），这些 ESG 评级机构主要基于企业的 ESG 绩效、风险管理和社会责任等方面对企业进行评级，并参考了国际标准和指南。

由于没有国内 ESG 统一披露标准及强制披露政策做基础，国内评级机构主要通过公开披露的信息、新闻报道、行业研究等渠道获取数据，其在数据渠道透明度与可信度方面面临较大挑战。各评级机构在评级方法、数据来源和权重设置等方面存在差异，对 A 股公司的评级结果也会呈现一定的差异化，评级结果的国际影响力也较小。

在新能源汽车领域，多家车企参考国际标准编制发布其 2023 年 ESG 报告，从技术创新、全生命周期减碳、社会价值等方面进行阐述。其中，理想汽车、小鹏汽车和吉利汽车获得 MSCI 优秀评级，部分头部新能源车企在国际评级机构的努力与成绩也将为我国 ESG 评级体系的建设提供积极示范效应。

三、先进经验与有益启示

（1）参考国际标准，建立一套对接国际要求，符合中国新能源汽车行业发展的可持续报告披露整体体系及评价指南，即建立行业统一规范，促进国内新能源车企积极推进 ESG 建设，践行企业责任，推动"双碳"目标达成；同时提升我国新能源汽车行业应对国际绿色贸易壁垒，提升新能源汽车行业的国际竞争力。

（2）基于国际 ESG 评级表现优异的新能源车企，形成中国新能源汽车行业标准，逐步实现与国际主流标准互认，提升我国在全球新能源汽车领域的话语权与影响力。

当前，我国汽车产业已进入从高速增长向高质量发展转型的关键时期，低排放、零排放发展共识进一步凝聚。汽车行业的绿色低碳发展，对于我国顺利实现"双碳"目标至关重要。自建标准促进企业做好 ESG 战略管理，帮助企业增强全球投资者信任，助力中国新能源车企突破国际绿色贸易壁垒，提升全球影响力。

一是加快出台碳足迹核算基础通用国家标准。目前，我国的碳足迹标准体系尚未形成统一规范，国家标准 GB/ T 24067—2024《温室气体　产品碳足迹量化要求和指南》建议通过统一的文件规范，明确产品碳足迹核算边界、核算方法、数据质量要求和溯源性要求等，为后续的细分行业、细分类别产品的碳足迹核算标准制定提供指导。

二是夯实碳数据基础。在当前国际气候博弈以及贸易摩擦日益严峻的环境下，碳数据的可得性和质量成为影响企业、行业乃至国家竞争力的重要因素。除了国际对于产品碳足迹预计将执行的约束性要求，我国企业还将面临来自欧盟碳边境调节机制等碳关税机制的压力。因此，建议进一步强化对于重点行业直接排放数据的核算要求，同时基于相关数据，建立能够代表我国各行业发展和排放现状的碳足迹背景数据库，以统一的方法和准确的数据支持企业的碳足迹核算，形成具有国际公信力的碳数据基础。

三是积极推动各维度的碳足迹应用。目前，各地方已相继开展碳足迹相关的探索与实践，例如山东省发布的《山东省产品碳足迹评价工作方案（2023—2025 年）》，以推动重点企业产品碳足迹核算；浙江省绍兴市、上海市黄浦区、广东省深圳市、四川省成都市等地对开展碳足迹标识认证的企业提供资金资助。建议地方政府进一步发挥各自的主观能动性，积极推动地方重点行业开展或参与碳足迹标准起草，积极试点碳足迹认证工作，丰富碳足迹应用领域和应用场景，逐步构建起完善的碳足迹管理机制。

第六章
未来展望

本章首先介绍了如何持续完善ESG政策法规体系；其次，探讨了ESG对金融与投融资的影响力；再次，探讨了碳交易对新能源汽车发展的推动作用；最后，探讨了未来ESG在新能源汽车品牌建设中的作用。

第一节 持续完善ESG政策法规体系

张铜柱

中国汽车技术研究中心有限公司教授级高级工程师

来鑫雪

中国汽车技术研究中心有限公司工程师

一、构建促进汽车工业转型的政策法规体系

（一）明确战略导向，加强顶层设计

汽车产业低碳转型是实现可持续发展的关键举措，构建促进其转型的政策法规体系，需从顶层设计入手，明确战略导向。政府应制定长远的汽车工业发展规划，将低碳、环保、可持续发展理念贯穿其中，以引领汽车行业朝着绿色、智能、可持续的方向发展。例如，设立明确的减排目标和时间表，规定到某一具体年份，汽车尾气排放标准应达到何种水平，新能源汽车在汽车销售总量中所占比例应达到多少等。这样的目标设定将为企业提供明确的发展方向，促使其加大在新能源汽车研发、生产等方面的投入。同时，出台鼓励技术创新的政策，如加大对汽车研发的资金支持，设立专项科研基金，鼓励企业开展关键技术攻关，提高汽车的能源利用效率和环保性能。例如，对在电池技术、自动驾驶技术等关键领域取得突破的企业给予奖励和补贴，以激励企业积极创新。

此外，还应加强各部门之间的协作，形成合力，共同推动汽车工业的转型升级。例如，建立由各相关部门组成的联合工作小组，定期召开会议，协调解决汽车产业低碳转型过程中遇到的问题。同时，加强政策的连贯性和稳定性，避免政策的频繁变动给企业带来困扰，确保企业能够按照规划有序推进转型工作。

（二）完善法律法规，强化监管力度

完善的法律法规是促进汽车工业转型的重要保障。应修订和完善相关法律法规，增加对汽车碳排放、新能源汽车发展等方面的具体规定，明确企业的责任和义务，使企业在生产经营过程中有法可依、有章可循。加强对汽车排放标准的制定和执行，逐步提高标准要求，促使企业不断改进技术，降低尾气排放。例如，制定更加严格的汽车尾气排放标准，对不符合标准的车辆禁止销售和上路行驶。同时，加强对企业的执法检查，建立健全汽车碳排放监测和评估体系，定期对企业的碳排放情况进行监测和评估。对违反法律法规的企业，依法予以严厉处罚，以起到警示作用。此外，还应加强信息公开，定期公布企业的碳排放和环保表现情况，接受社会监督。例如，建立汽车碳排放信息公开平台，让消费者能够清楚了解各品牌汽车的碳排放情况，从而引导消费者选择环保的汽车产品。同时，鼓励公众对企业的环保行为进行监督，对举报属实的给予奖励，形成全社会共同监督的良好氛围。

（三）加大政策支持，推动产业协同发展

为推动汽车产业低碳转型，政府应加大政策支持力度。出台财政补贴、税收优惠等政策，鼓励企业生产和销售新能源汽车，降低消费者的购买成本，提高市场占有率。例如，对购买新能源汽车的消费者给予一定的购车补贴，同时对新能源汽车生产企业给予税收减免或优惠，以提高企业的生产积极性。建立绿色金融体系，为新能源汽车企业提供融资便利，支持企业扩大生产规模和技术研发。例如，鼓励金融机构加大对新能源汽车项目的信贷投放，设立专项绿色金融债券，为新能源汽车企业提供低成本的融资渠道。此外，还应推动汽车产业链上下游企业的协同发展。加强企业之间的合作与交流，建立协同创新机制，共同攻克技术难题，提高产业整体竞争力。例如，促进汽车制造商与电池供应商、充电设施运营商等上下游企业的合作，共同研发和推广新能源汽车相关技术和产品。支持充电设施、加氢站等基础设施的建设，完善相关标准和规范，为新能源汽车的推广使用创造良好条件。例如，加大对充电设施建设的投入，制定统一的充电设施标准，确保充电设施的兼容性和安全性。通过产业协同发展，实现资源共享、优势互补，共同推动汽车产业向低碳、环保方向转型。同时，政府还应加强对产业协同发展的引导和支持，制定相关政策和规划，促进产业

链上下游企业的紧密合作，形成良好的产业生态环境。

二、构建我国 ESG 标准体系

（一）明确构建 ESG 标准体系的重要性和紧迫性

构建我国 ESG 标准体系具有至关重要的战略意义和现实紧迫性。在当前全球可持续发展的大背景下，ESG 理念已成为企业发展的核心导向。对于新能源汽车产业而言，构建完善的 ESG 标准体系更是迫在眉睫。随着全球对环境保护的日益重视，新能源汽车作为减少碳排放的重要手段，迎来了前所未有的发展机遇。然而，要实现新能源汽车产业的可持续发展，仅仅依靠技术创新是不够的，还需要建立一套全面的 ESG 标准体系来规范企业的行为。

当前，国内外对 ESG 标准的重视程度与日俱增。国际上，众多国家和地区纷纷制定了相关的 ESG 标准和指南，如欧盟的《可持续金融披露条例》、美国的《萨班斯 - 奥克斯利法案》等，这些标准和指南为企业的 ESG 实践提供了明确的方向和规范。在国内，随着我国经济的快速发展，对环境保护、社会责任和公司治理的要求也不断提高。构建符合我国国情的 ESG 标准体系，不仅有助于引导新能源汽车企业积极履行社会责任，实现可持续发展，还能提升我国在国际 ESG 领域的话语权和影响力。此外，构建 ESG 标准体系对于新能源汽车产业的发展具有强大的推动作用。新能源汽车产业是我国战略性新兴产业的重要组成部分，对于推动经济转型升级、实现"双碳"目标具有重要意义。通过制定 ESG 相关标准，能够引导新能源汽车企业加强在环境、社会和治理方面的管理，提高能源利用效率，减少环境污染，提升产品质量和安全性，促进产业的健康发展。在环境方面，ESG 标准可以规定新能源汽车企业在生产过程中应减少能源消耗和温室气体排放，加强废弃物的回收和处理，推广使用可再生材料等；在社会方面，标准可以要求企业关注员工权益，提供安全健康的工作环境，加强与供应商和合作伙伴的合作，共同推动社会责任的履行；在治理方面，标准可以促使企业建立健全的公司治理结构，加强内部控制和风险管理，提高信息透明度。

总之，构建我国 ESG 标准体系是实现新能源汽车产业可持续发展的必然要求，也是我国经济社会发展的重要战略举措。

（二）结合国内外标准现状，制定符合我国国情的 ESG 标准

在构建我国 ESG 标准体系时，应充分借鉴国内外相关标准的经验和成果，同时紧密结合我国的国情和新能源汽车产业的特点，制定出具有针对性和可操作性的标准。

目前，国际上的 ESG 标准主要包括信息披露标准、评级标准和管理标准等。例如，ISSB 发布的《国际财务报告可持续披露准则》为企业的 ESG 信息披露提供了框架和指导；MSCI 等机构的 ESG 评级体系则为投资者提供了评估企业 ESG 表现的工具。在国内，相关部门和机构也在积极推进 ESG 标准的制定工作。例如，中国证券监督管理委员会发布了《上市公司治理准则》，对上市公司的治理结构、信息披露等方面提出了要求；中国汽车工业协会发布了《中国汽车行业 ESG 评级指南》等团体标准，为汽车行业的 ESG 评级提供了参考。

结合我国国情，我国的 ESG 标准体系应包含以下几方面。

（1）ESG 信息披露标准：明确新能源汽车企业在环境、社会和治理方面应披露的信息内容、格式和频率。信息披露标准应包括新能源汽车生产过程中的能源消耗、温室气体排放、污染物排放等环境信息，员工权益保护、供应链社会责任、消费者权益保护等社会信息，以及公司治理结构、内部控制、风险管理等治理信息。同时，规定企业应如何确保披露信息的真实性、准确性和完整性。

（2）ESG 评级标准：制定新能源汽车企业 ESG 表现的评级指标和方法，为企业提供自我评级和外部评估的依据。评级标准应涵盖环境绩效、社会绩效和治理绩效等方面，例如新能源汽车的能耗效率、电池回收利用率、员工满意度、供应商合规情况、董事会独立性等指标。通过 ESG 评级，企业可以了解自身 ESG 水平，投资者和其他利益相关者可以对企业进行比较和评估。

（3）ESG 管理体系：建立新能源汽车企业实施 ESG 管理的框架和要求，帮助企业将 ESG 理念融入日常运营和决策过程。ESG 管理体系应包括制定 ESG 战略、目标和政策，明确各部门的职责和权限，建立有效的监督和评估机制等。例如，企业应制订节能减排目标和计划，加强对供应链的管理，确保供应商符合环保和社会责任要求，建立健全的风险管理体系，防范 ESG 相关风险。

（4）ESG 实施指南：为新能源汽车企业提供具体的实施步骤和方法，指导

企业如何落实 ESG 标准。实施指南应包括如何开展环境管理、社会责任履行和治理改进等方面的工作，例如，如何优化生产工艺以减少能源消耗和污染物排放，如何加强员工培训和发展，如何与利益相关者进行沟通和合作等。

在制定 ESG 标准时，应充分考虑我国的法律法规、政策导向和社会文化背景。例如，在环境方面，应严格遵守我国的环境保护法规，结合我国的能源结构和产业发展阶段，制定合理的节能减排标准。我国目前正大力推进能源转型，发展新能源汽车是实现节能减排的重要途径。因此，ESG 信息披露标准应要求企业详细披露新能源汽车的能耗和排放数据，以及在推广新能源汽车方面的计划和措施。在社会方面，应关注我国的就业政策、社会保障体系和消费者权益保护等方面的要求。新能源汽车产业的发展将带来大量的就业机会，ESG 评级应考虑企业在员工培训、职业发展和劳动权益保护等方面的表现。同时，企业应确保产品质量和安全性能，满足消费者的需求，保护消费者的权益。在治理方面，应适应我国的公司治理结构和监管体制，制定符合我国企业实际情况的治理标准。我国的公司治理结构具有一定的特点，ESG 管理体系应强调董事会的监督作用，加强内部控制和风险管理，提高信息披露的透明度，确保企业合规经营。

同时，要突出新能源汽车的特点和发展需求。例如，在电池标准方面，应规定电池的生产、使用和回收过程中的环保要求，确保电池的安全性和可持续性。电池是新能源汽车的核心部件，其性能和安全性直接影响到汽车的质量和消费者的信任。ESG 实施指南应指导企业如何选择环保的电池材料，加强电池生产过程中的管理，建立有效的电池回收体系。在充电设施标准方面，应注重充电设施的布局合理性、兼容性和安全性，以支持新能源汽车的广泛应用。充电设施的建设是新能源汽车发展的重要支撑，ESG 标准应要求企业在规划充电设施布局时，充分考虑用户的需求和便利性，确保充电设施与不同品牌和型号的新能源汽车兼容，同时加强充电设施的安全管理。

此外，还应鼓励新能源汽车企业积极参与国际标准的制定，提高我国新能源汽车行业在国际 ESG 标准领域的话语权和影响力。随着全球经济的一体化，国际标准的重要性日益凸显。我国新能源汽车企业应加强与国际组织和其他国家的交流与合作，分享我国在新能源汽车领域的经验和成果，推动制定符合我国利益和发展需求的国际标准。

　　总之，构建完善的 ESG 标准体系是促进我国新能源汽车产业可持续发展的重要举措。通过制定明确的ESG信息披露标准、评级标准、管理体系和实施指南，能够引导企业积极履行 ESG 责任，提高自身竞争力，同时也有助于提升我国新能源汽车行业的整体形象和国际地位。

（三）加强 ESG 实施和监督

　　构建 ESG 标准体系后，关键在于切实有效地实施和严格的监督。政府部门应加大对新能源汽车企业执行ESG标准的监管力度，建立健全全方位的监督机制，确保企业严格按照标准进行 ESG 实践。具体来说，政府可以通过定期检查、抽查等方式，对新能源汽车企业的 ESG 表现进行全面评估和监督。对于不符合标准的企业，应依法予以严厉处罚，并要求其限期整改。同时，政府还可以建立专门的 ESG 信息披露平台，要求企业定期公开其 ESG 信息，接受社会公众的广泛监督。此外，还应加强对 ESG 标准的宣传和培训，提高新能源汽车企业和社会公众对 ESG 标准的认识和理解，增强新能源汽车企业执行标准的自觉性和主动性。可以通过举办培训班、研讨会等形式，向企业和相关人员深入普及 ESG 标准的知识和要求，帮助他们熟练掌握标准的实施方法。同时，积极鼓励第三方机构参与 ESG 标准的实施和监督。第三方机构可以通过独立评估、认证等方式，对新能源汽车企业的 ESG 表现进行客观、公正的评级，为投资者和其他利益相关者提供可靠的参考依据。此外，还可以充分发挥行业协会等组织的作用，推动新能源汽车企业之间的经验交流和合作，共同提高 ESG 标准的实施水平。例如，政府可以对积极执行 ESG 标准的企业给予政策支持和奖励，如税收优惠、财政补贴等，以激励企业积极践行 ESG 理念。同时，第三方机构可以发布新能源汽车企业的 ESG 评级报告，为投资者提供决策参考，促进资金流向 ESG 表现良好的企业。

　　总之，加强 ESG 标准体系的实施和监督是确保新能源汽车企业真正落实ESG 标准的重要保障，需要政府、企业和社会各方共同努力。

（四）推动 ESG 标准体系的不断完善和发展

　　ESG 标准体系应是一个动态发展、不断完善的体系，需要根据新能源汽车产业的发展动态和社会需求的变化不断进行调整和更新。随着科技的进步和社会的发展，新的 ESG 问题和挑战不断涌现，如新能源汽车电池的回收利用、新能源汽车生产过程中的碳排放核算等。因此，应及时跟踪和研究这些新问题，将其纳入 ESG 标准体系的范畴，以确保标准的时效性和针对性。同时，应加强与国际组织和其他国家的交流与合作，学习借鉴国际先进的 ESG 标准和经验，不断提升我国 ESG 标准体系的水平。此外，还应鼓励新能源汽车企业在实践中积极探索创新，为 ESG 标准体系的完善提供有益的经验和建议。例如，随着新能源汽车技术的不断发展，可能需要对电池性能、续航里程等方面的标准进行更新和完善。同时，随着社会对企业社会责任的要求不断提高，可能需要在标准中增加对企业公益活动、社区贡献等方面的要求。

总之，推动 ESG 标准体系的不断完善和发展是确保新能源汽车产业持续健康发展的重要举措，需要各方密切关注产业发展动态，及时调整和完善标准体系。

三、提高新能源汽车的 ESG 评级表现

（一）加强顶层规划与战略引领

提高新能源汽车的 ESG 评级表现需要政府和企业共同努力，制定明确的战略和规划。政府应出台相关政策，引导和鼓励新能源汽车企业加强 ESG 管理，将 ESG 因素纳入企业发展战略。例如，制定优惠政策，对 ESG 表现优秀的企业给予财政补贴、税收减免等支持，激励企业积极提升 ESG 评级。

企业自身应明确 ESG 战略目标，将其与企业的长期发展目标相结合。成立专门的 ESG 管理团队，负责制定和实施 ESG 策略，确保 ESG 理念贯穿于企业的整个运营过程。在环境方面，制订具体的减排目标和计划，加大对新能源汽车技术研发的投入，提高能源利用效率，减少碳排放。同时，加强对供应链的环境管理，推动供应商采用环保材料和生产工艺。在社会方面，关注员工权益，提供良好的工作环境、培训和发展机会，促进员工的职业成长。积极参与社会公益活动，履行企业社会责任，提升企业形象。在治理方面，完善公司治理结构，加强内部控制和风险管理，确保企业决策的科学性和透明度。

（二）提升信息披露的全面性和准确性

准确、全面的信息披露是提高 ESG 评级表现的关键。政府应加强对新能源汽车企业信息披露的监管，制定明确的披露标准和要求，确保企业按照规定及时、准确地披露 ESG 信息。同时，建立健全的信息披露平台，方便投资者和社会公众获取企业的 ESG 信息。企业应建立完善的 ESG 信息管理系统，对环境、

社会和治理方面的数据进行收集、整理和分析。确保披露的信息涵盖企业的各个方面，包括能源消耗、温室气体排放、污染物排放、员工福利、供应链管理、公司治理等。在披露过程中，应采用标准化的指标和方法，提高信息的可比性和可读性。此外，企业还应加强与利益相关者的沟通，了解他们对 ESG 信息的需求，及时回应他们的关注点，增强信息披露的针对性和有效性。

（三）推动行业协同与创新发展

新能源汽车行业的发展需要各方的协同合作和创新。政府应引导企业、科研机构、高校等各方力量加强合作，共同推动 ESG 相关技术和管理的创新，建立产学研合作机制，促进科技成果转化和应用。例如，支持企业与科研机构联合开展新能源汽车电池技术、智能驾驶技术等关键领域的研发，提高新能源汽车的性能和安全性。

企业应积极参与行业协会和社会组织发起的 ESG 活动，与同行企业分享经验和最佳实践，共同推动行业的 ESG 水平提升；应加强与供应链上下游企业的合作，建立可持续的供应链体系，共同应对 ESG 挑战；在创新方面，应加大对新技术、新材料、新工艺的应用，推动新能源汽车的绿色制造和循环利用；应积极探索新的商业模式和服务模式，为消费者提供更加环保、便捷的出行解决方案。

（四）对标国际标准与经验借鉴

国际上在 ESG 评级方面有许多成熟的标准和经验，新能源汽车企业应积极对标国际标准，借鉴国际先进经验。关注国际 ESG 评级机构的评估方法和指标体系，了解国际市场对新能源汽车 ESG 表现的要求。加强与国际企业的交流与合作，学习它们在 ESG 管理、信息披露、技术创新等方面的成功经验。同时，积极参与国际 ESG 标准的制定和推广，推动我国新能源汽车行业的标准与国际接轨。通过对标国际标准，新能源汽车企业能够提高自身的 ESG 管理水平，增强在国际市场上的竞争力和影响力。此外，还应加强对国际 ESG 趋势的研究和分析，及时调整企业的发展策略，适应国际市场的变化。

总之，提高新能源汽车的 ESG 评级表现需要政府、企业和社会各方的共同努力。通过加强顶层规划、提升信息披露质量、推动行业协同创新和对标国际标准，新能源汽车企业能够实现可持续发展，为我国汽车行业的转型升级和可持续发展作出贡献。

第二节　ESG对金融与投融资的影响持续扩大

📍 **沈毅**

中国国新基金管理有限公司董事、总经理

📍 **封宁**

中国国新基金管理有限公司运营与投后管理部高级经理

一、ESG 对投融资的影响力

随着我国经济进入高质量发展新阶段，经济、社会和生态三重效益的均衡十分重要。ESG 理念恰恰体现了对长期价值增长和生态文明的追求，它不仅是推动产业绿色转型升级的有力抓手，也是促进企业可持续发展的重要手段。企业践行 ESG 不仅能够进一步提升其可持续发展能力和长期价值，还能够享受更多政策优惠和信贷资源，提升企业投资效率和经营绩效，从而为企业赢得更优惠的融资条件。

（一）良好的 ESG 表现能够提升企业的长期价值

随着 ESG 理念在我国不断获得更广泛的影响，融入企业日常运营管理的趋势愈发明显，使得 ESG 成为衡量企业高质量发展的新型标准。企业践行 ESG 的举措不仅有助于企业降低环境风险，减少运营成本，还能显著提升企业的品牌形象与声誉，进而吸引更多客户和投资者的关注，为企业创造更持久的价值。

治理是企业实现可持续发展的基石之一。出色的治理能力不仅可以增强企业的透明度和运营的规范性，还能有效地降低企业面临的风险和不确定性，从而提升投资者及其他利益相关者的信任度和满意度。此外，优秀的 ESG 表现反映出企业内部存在有效的治理机制来应对所有权与经营权分离引发的委托代理问题，从而确保企业能够稳健运营并实现可持续发展。

通常来看，ESG 评级较高的企业会更加重视员工的个人利益和长期发展，这与员工的价值目标相一致，能够激发员工的工作热情和积极性，从而避免由于人员频繁变动带来的额外运营成本。企业在良好的 ESG 表现下汇聚优质资源，能够增强企业的社会声誉和品牌形象，提升其社会责任感，并为社会带来更大价值。

（二）政府金融政策工具激励 ESG 投资理念发展

近年来，推动 ESG 在投资领域影响力提升的金融政策工具持续涌现。中国人民银行与国家金融监督管理总局已实施多项政策，如要求商业银行定期提交绿色信贷数据，并将绿色信贷和绿色债券数据纳入银行业金融机构的绿色金融评级中，以此激励银行增加绿色贷款发放或绿色债券持有。2018 年，中国人民银行进一步将优质绿色资产，如绿色贷款和绿色金融债券，纳入中期借贷便利（MLF）的担保品范围内。随后在 2020 年，财政部根据商业银行在绿色金融方面的推进情况，将绿色信贷指标纳入了商业银行的绩效考核体系。2021年，央行又推出了煤炭清洁高效利用专项再贷款和碳减排支持工具，进一步推动了我国绿色金融和 ESG 理念的发展。2024 年 8 月，中共中央、国务院发布《关于加快经济社会发展全面绿色转型的意见》，提出要丰富绿色转型金融工具，研究制定转型金融标准，为传统行业领域绿色低碳转型提供必要的金融支持。

各地政府也积极响应，设定了绿色贷款的政策性目标。例如，上海市计划到 2025 年绿色融资余额突破 1.5 万亿元；广东省则设定到 2030 年绿色信贷占比达到 10% 的目标；福建省计划从 2022 年至 2025 年，绿色贷款年均增速要高于 25%，并且每年提升贷款比重 1%；重庆市则预计到 2025 年末绿色贷款余额将超过 6000 亿元。这些政策为绿色信贷的即期和远期增长提供了坚实的保障。

政策还扶持与气候和转型相关的绿色金融产品。例如，可持续挂钩产品，这类产品虽不限制资金使用，但与可持续发展目标如碳减排挂钩，是典型的转型金融产品。同时，我国正积极与欧洲合作，推动《可持续金融共同分类目录》，并已识别出 72 项对减缓气候变化有显著贡献且中欧双方认可的经济活动。利用这一共同分类目录设计的金融产品将更易获得国内外市场的双重认可。

另外，"绿色＋普惠"成为政策工具的又一创新点。2023 年 9 月，国务院发布了《关于推进普惠金融高质量发展的实施意见》，强调普惠金融应在支持绿色低碳发展中发挥作用。商业银行正在为小微企业和个人消费者设计绿色金融产品，其中 ESG 理财产品和客户碳账户是两类典型产品。自 2019 年以来，我国的 ESG 理财产品发展迅速，到 2023 年中，市场规模已达约 1600 亿元，增速明显高于其他理财产品。客户碳账户则主要集中在个人端，将日常环保行为转化为碳积分，多家银行如中国工商银行、中国建设银行等已有相关实践，同时也在探索企业端的碳账户应用。

（三）投资者更加关注企业 ESG 表现

当前，金融机构正积极响应监管指引，将环境、社会及治理要素全面融入企业信贷评估流程中。优秀的 ESG 实践不仅能增强企业信息的透明度，显著降低信息的不对称性，还能充分展现企业在 ESG 领域的投入与成就，向外界传递其积极的发展前景。随着在 ESG 评级上的持续改进，企业也不断塑造出积极的品牌形象，与投资者等多元利益主体建立更广泛且稳定的联系，更好顺应市场的低碳潮流和消费者的绿色期望。通过增强客户忠诚度和市场占有率，又可以进一步增强企业经营的稳定性。2023 年，高盛在全球范围内进行了超过 2000 次的与被投公司互动，并在超过 12 000 个股东会议上执行了118 000 多个投票决策。高盛的尽责管理体现在其积极的股东互动、善用代理投票权力、发挥行业领导力中，并围绕"气候转型""包容性增长""公司治理"三大主题，坚持对环境和社会责任的承诺，致力于在全球范围内推广可持续和负责任的投资实践，以提升被投公司的治理质量、促进长期股东价值的增长。

从投资视角来看，ESG 信息披露为市场参与者的投资过程提供增量信息，通过在投资过程中纳入 ESG 相关信息实现投资决策的优化，帮助投资者更高效、更全面地评估投资对象风险，尽量规避"黑天鹅"事件风险。另外，ESG 报告作为企业在传统财务三张表以外的第四张报表，可为投资人提供指向企业未来经营状态的可参考信息，从而降低长期投资风险。

二、ESG 在金融领域的发展趋势

随着相关政策法规的陆续出台、信息披露标准的制定以及评级方法的明确，金融领域中的 ESG 发展正迅速走向成熟，构建出一个日益完善的本土化 ESG 生态系统，呈现出蓬勃向上的发展趋势。

（一）ESG 助力中国特色估值体系建设

2022 年 11 月，中国证监会提出"探索建立具有中国特色的估值体系（以下简称'中特估'）"，其核心点在于"服务国家战略和经济高质量发展""关注经济效益和社会价值最大化""着眼长期可持续价值创造""促进市场资源配置功能发挥"。可见，"中特估"的估值逻辑与 ESG（环境、社会和治理）理念在多个层面上有着显著的相似性。

首先，两者都强调对企业长期价值的重视，而非仅仅关注传统的财务指标。其次，它们都秉持社会可持续发展的观念，特别看重企业在环保和绿色发展上的贡献。最后，企业在安全发展和风险管理方面的表现也是两者共同关心的焦点。可以说，ESG 理念与"中特估"的核心理念不谋而合，因此，ESG 可以作为推动和完善"中特估"体系建设的重要工具和手段。在当前的资本市场上，ESG 助力中国特色估值体系下的企业高质量发展趋势已愈加明显。

（二）ESG 投资扩大化

ESG 投资，也被称作责任投资或可持续投资，它要求投资者在评估决策时，既要考虑传统的财务与绩效指标，也需将 ESG 因素融入其中，以更好地抵御潜在风险，从而实现稳定且长期的投资回报。

为了推动 ESG 投资的发展，UN PRI 颁布了 6 项基于 ESG 投资理念的核心原则。这些原则包括将 ESG 议题整合到投资决策流程中，以及要求被投企业进行合理有效的 ESG 信息披露等，这为 ESG 投资活动提供了标准化的指引。凡是签署了 UN PRI 的机构，都需要遵循这 6 项原则进行 ESG 投资，这也体现出这些机构对于开展 ESG 投资的积极态度。截至 2024 年 6 月 30 日，国内已有 139 家机构签署了 UN PRI，成为践行 ESG 投资理念的一员。国内签署 UN PRI 的机构数量正逐年上升，反映出各机构越来越强烈地希望主动参与 ESG 投资，成为推动国内 ESG 投资迅速发展的重要力量，如图 6-1 所示。

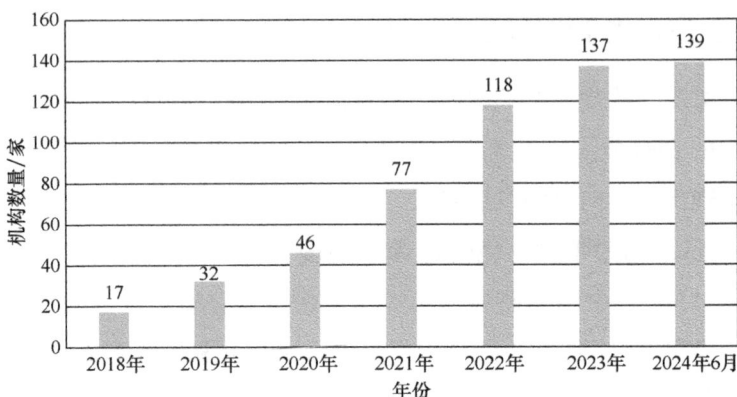

图 6-1　2018 年至 2024 年 6 份国内签署 UN PRI 的机构数量

数据来源：UN PRI 官方网站。

当前，国内 ESG 金融产品主要以 ESG 基金和 ESG 债券为主。ESG 基金可细分为纯 ESG 基金、泛 ESG 基金及 ESG 策略基金等 3 类；而 ESG 债券则涵盖绿色债券、社会债券以及可持续发展债券。Wind 数据库显示，截至 2023 年，国内 ESG 基金规模已达到 2482 亿元，较前一年增长了 287 亿元。然而，ESG 债券市场的表现则显得较为波动，绿色债券规模持续扩大，但社会责任债券和可持续发展债券的规模却出现缩减，这揭示了 ESG 债券市场发展的不均衡性。

借鉴国际市场的发展经验可以看出，我国的 ESG 投资尚处在起步阶段，但未来的发展潜力巨大。预计未来 ESG 投资产品和金融服务将持续创新和完善，例如 ESG 指数期权、期货以及 ESG ETF 期权等衍生品将会不断丰富。同时，投资者的 ESG 投资意愿也有望逐步提升。特别值得一提的是，具有国资背景的投资机构将在这一过程中发挥"主力军"的作用。这些机构将带头开展 ESG 投资，以此增强市场对 ESG 投资的信心，吸引更多的社会资本参与，共同构建一个繁荣的 ESG 投资生态圈，推动 ESG 理念在金融领域的持续发展。

（三）ESG 评级体系标准化

随着中国 A 股于 2013 年 6 月被纳入 MSCI 的 2014 年市场分类评审，中国企业与国际 ESG 评级机构的交流日渐频繁。2022 年 9 月，彭博与 MSCI 携手推出了彭博 MSCI 中国 ESG 指数系列，标志着 ESG 固定收益指数在中国的推广。2023 年，中证国新央企 ESG 成长 100 指数、中证诚通央企 ESG 指数、中证央企 ESG 50 指数等一系列央企 ESG 指数发布，以及新华网联合专业机构发布的"2023 年 A 股金融行业 ESG 指数"，进一步增强了 ESG 投资在 A 股市场的影响力，也为 ESG 投资者提供了更为丰富的投资工具选择。

近年来，国内 ESG 评级机构的数量显著增长，且各机构的背景和属性也更加多样化。据统计，截至 2023 年，中国已有 23 家 ESG 评级机构，这些机构涵盖了数据库服务、学术研究、咨询服务、公益组织和资产管理等多个领域。然而，当前我国尚未形成统一且标准化的 ESG 国家标准，同时也缺乏一个市场广泛认可的权威评级体系。由于环境、社会和治理三大领域包含大量具体指标，各机构在制定标准时往往受到自身利益和理念的影响，导致在指标选择和权重分配上存在差异。这使得 ESG 评级方法难以统一，进而影响了 ESG 评级结果的稳定性和一致性。然而，ESG 的持续发展离不开标准化工作的推动。预计未来我国 ESG 评级体系的标准化、专业化和本土化建设将不断加速，同时，符合中国国情的评估体系与估值体系也将逐步建立，从而更好地促进 ESG 理念在金融领域的发展。同时中国也将积极参与 ESG 国际标准的制定，努力推动国内标准与国际标准的对接，以提升中国在国际 ESG 评级体系中的话语权和影响力。

（四）ESG 报告披露规范化

随着对环境保护、社会责任和公司治理的日益重视，ESG 报告的披露也逐渐受到关注。为了提升 ESG 报告的披露质量和规范性，相关监管机构陆续出台了一系列政策和指引。2022 年 5 月，国务院国资委公布了《提高央企控股上市公司质量工作方案》，积极倡导更多的央企控股上市公司披露 ESG 专项报告。2023 年 8 月，《央企控股上市公司 ESG 专项报告参考指标体系》的发布，为推动 ESG 信息披露标准的统一奠定了基础。2024 年 5 月，上交所、深交所和北交所联合发布《上市公司可持续发展报告指引》，旨在引导上市公司加强 ESG 报告的披露，并进一步提升 ESG 披露的规范化水平。

从数据上看，ESG 相关报告（包括社会责任报告、ESG 报告及可持续发展报告等）的披露情况正在逐年改善。截至 2024 年 6 月 30 日，A 股上市公司共计 5364 家，其中 2357 家披露了 2023 年度 ESG 相关报告，披露率达到了 43.94%。回顾 2022 年和 2023 年，A 股上市公司中披露年度 ESG 相关报告的公司数量分别为 1659 家和 2094 家，披露率分别为 32.74% 和 39.25%。这一趋势表明，近 3 年 A 股上市公司中披露 ESG 相关报告的数量在稳步增长，披露率呈现出持续上升的趋势，如图 6-2 所示。

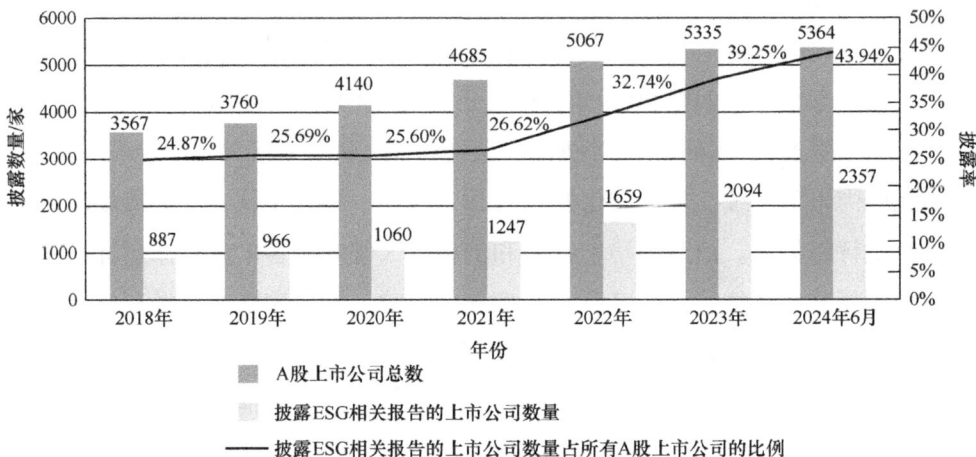

图 6-2　2018 年至 2024 年 6 月 A 股上市公司的 ESG 相关报告披露情况

数据来源：Wind 数据库。

从行业视角分析，2024 年 ESG 相关报告披露率排名前五的行业中，银行业持续维持 100% 的披露率，稳居榜首。非银金融、钢铁、公用事业以及煤炭行业的披露率分别达到了 84.88%、76.6%、64.66% 和 63.16%。金融领域在 ESG 报告披露方面表现尤为突出，细分行业如银行业和非银金融行业的披露率分别高达 100% 和 84.88%，位居全行业前列。这一现象的产生不仅因为金融行业对国家经济和民众生活具有重大影响，并作为高风险行业受到严格监管，更彰显了 ESG 理念与金融行业的深度融合与相关性。金融机构在市场中扮演着资金供给与需求的双重角色。优秀的 ESG 评级有助于金融机构在金融市场上获得股权和债权等投资资金的青睐，进而为其市值管理和降低筹资成本提供有效支撑。因此，金融机构日益重视自身的 ESG 管理，并加大 ESG 信息的披露力度，以提升其 ESG 评级表现。

ESG 信息披露可以说是践行 ESG 理念的关键环节，是 ESG 评级、ESG 产品创新和 ESG 投资决策的基石。当前，我国的 ESG 披露体系已取得显著进步，初步建立了 ESG 信息披露的框架，并正逐步从自愿披露向强制披露过渡。然而，我国目前尚未形成统一的 ESG 披露标准框架，在强制性方面也与先进国家和地区的 ESG 实践存在一定差距。可以预见，未来国内企业在 ESG 信息披露方面的标准化和量化程度将持续提高，在借鉴国际通用披露框架的基础上，逐步建立起符合我国国情的、全面统一的 ESG 信息披露标准。同时，随着披露主体范围的逐步扩大和强制化程度的不断提升，相关机构也将进一步加强对 ESG 信息披露的监管，探索对 ESG 披露报告的独立验证，以提升 ESG 各维度的披露程度和披露质量。

第三节　碳交易将成为推动新能源 汽车发展的持续动力

📍 **龚文**

中国电子节能技术协会执行秘书长

作为国民经济重要产业和交通领域主要的碳排放来源，汽车被世界各国作为应对气候变化、推动经济社会绿色低碳转型的重要工具。基于全球 ESG 价值共识，碳交易市场的完善发展将协同推进绿电、能源交易发展，促使 ESG "出海"竞争力快速提升，继而进一步延伸碳价值增益空间，释放更高碳达峰碳中和的社会价值。新能源汽车是集成新能源、新材料、新一代信息技术、先进制造等诸多新技术的载体，是符合数字化和绿色化发展方向的新产业，是当前和未来一段时期推动低碳化的关键抓手。

一、碳交易市场的运行机制

现在国际倡导降低碳排放量，各个国家有各自的碳排放量，就是允许排放碳的数量，相当于配额。例如有的国家由于环保做得好，实际的碳排放量可能低于分到的配额，就可以把自己用不完的碳排放量卖给那些实际的碳排放量大于分到配额的国家。目前，碳市场的运行机制有如下两种形式。

（1）基于配额的交易。这种交易在有关机构控制和约束下进行，有减排指标的国家、企业或组织即包括在该市场中。管理者在总量管制与配额交易制度下，向参与者制定、分配排放配额，通过市场化的交易手段将环境绩效和灵活性结合起来，使得参与者以尽可能低的成本达到遵约要求。

（2）基于项目的交易。这种交易通过项目的合作进行，买方向卖方提供资金支持，获得温室气体减排额度。由于发达国家的企业要在本国减排花费的成本很高，而发展中国家平均减排成本低，因此发达国家提供资金、技术及设备帮助发展中国家或经济转型国家的企业减排，产生的减排额度必须卖给提供帮助者，这些额度还可以在市场上进一步交易。

二、碳边境调节机制等各类绿色贸易堡垒推动碳交易市场的发展

在"双碳"目标背景下，国内的碳排放交易驶入前所未有的快车道。推动新能源发展，仅靠政府补贴远远不够，也不持久。在这种情况下，打造一个畅通的碳排放交易市场能够很好地利用市场经济这只无形的手，调动市场主体积极性，推动节能减排。更加值得关注的是，2023 年 10 月，全球首个碳边境调节机制（即欧盟碳关税）已在争议声中落地，目前正处于过渡期，2026—2034年将逐步全面实施。对于那些没有在国内征收碳税的国家的出口产品，到 2030年，将不得不面对税率预计接近每吨 100 欧元的额外成本，而使产品性价比大幅下滑。因此，要尤其警惕国外经济体在推高碳排放价格的同时，利用自身在新能源技术上的先发优势，构建起新能源技术的专利壁垒。

欧盟碳关税的实施将对全球贸易格局、环境保护政策以及发展中国家的经济发展策略带来深远影响。在能源转型的大背景下，会有更多的发达国家效仿欧盟推出各类绿色贸易堡垒，绿色低碳产品也会更有竞争力。据标普全球大宗商品预测，2026—2040 年，中国出口到欧盟的、碳边境调节机制覆盖的产品约为8.69 亿 t，其中，42% 是钢铁，8% 是水泥，6% 是铝。在现有碳边境调节机制下，需要付费的含碳量约为 2.01 亿 t，其中 85% 来自钢铁产品，6% 来自水泥，4% 来自铝。目前看来，国内企业对碳边境调节机制的了解仍处于前期摸索阶段，而碳边境调节机制的全面实施却迫在眉睫。

三、部分新能源汽车的碳交易收益情况

在全球范围内，无论是中国，还是欧盟和美国，针对新能源汽车的碳排放交易相对来说已经非常成熟。作为领跑全球的电动车企业，特斯拉每年都从碳排放交易中获得一笔不菲收入。仅在 2022 年第一季度，特斯拉的卖碳收入就高达 6.79 亿美元，同比增长 31%。从 2012 财年到 2022 财年的 10 年时间里，特斯拉靠出售碳积分赚了 70 多亿美元，而 2023 年碳积分交易收入 17.9 亿美元，再创新高。在几乎没有额外成本的收入支持下，特斯拉不仅得到投资人的青睐，

让自己坐上了全球市值最大汽车公司的宝座，把丰田、大众等巨头远远甩在了身后，也为其研发和制造环节积累了宝贵资金。多年来，特斯拉仅靠出售碳积分给福特、通用等传统车企就获利丰厚，甚至起到"粉饰"财报的作用。比如2024 年特斯拉一季报显示，公司实现营收 103.9 亿美元，净利润 4.38 亿美元，但出售碳积分收入高达 5.18 亿美元。也就是说扣除碳积分收入，一季度特斯拉还在亏损。到了二季度，特斯拉实现净利润 11.42 亿美元，出售碳积分收入是 3.54亿美元，扣除碳积分收入仍有 7.88 亿美元利润，电动车主业产生的利润明显大幅提升。具体到财报上看，二季度特斯拉汽车业务营收为 102.06 亿美元，同比大涨近 100%；电力和储能业务营收 8.01 亿美元，同比也接近翻倍；出售碳积分收入 3.54 亿美元，同比下跌 17%。汽车行业是一个资本密集型和技术密集型行业，前期需要大量投入，出售碳积分无疑在最艰难的时候给予了特斯拉最重要的支持。

特斯拉出售的汽车碳积分，也被称为碳排放信用额、碳配额或碳补偿，是企业通过投资碳减排项目来抵消其碳足迹的一种方式，可以将其理解为碳市场运行机制的一个分类。我国实行的是双积分管理制度，即燃料消耗积分和新能源汽车积分，政府对于这两个积分分别设立达标值，达到则产生正积分，达不到则会产生负积分。也就是说，汽车企业在传统燃油车带来油耗正积分的同时，还必须销售一定比例的新能源车，获得相应的新能源积分。在自然年内，如果车企新能源积分没有达到相应要求，则需要向其他车企购买新能源积分来抵消，或者只能缴纳罚款或者减少传统燃油车的产量。碳积分的单价和碳交易收入的总量，在未来会随着政策的深入和标准的提高一直水涨船高，成为新能源车企稳定且重要的收入来源，在整个新能源汽车转型的 10 ～ 20 年间发挥重要的作用。

特斯拉的业务版图主要包含两部分：一是电动汽车及相关服务，二是能源业务。在两大业务版图背后可以看到的是，特斯拉不仅推动产品和服务的绿色转型，还致力于协同全产业链的绿色变革。特斯拉减排的行动不只在于电动车本身，还围绕产能、用能、能源回收的全生命周期。在储能问题上，由于新能源存在间歇性、波动性等不稳定的先天缺陷，储能技术至关重要。特斯拉将太阳能、风能等清洁能源储存下来，并利用 Powerwall、Powerpack、Megapack 等产品，进行储能与供电。近年来，特斯拉加速储能布局，仅 2022 年，特斯拉的储能业务就同比增长 60%。值得一提的是其超大型商用储能电池 Megapack，它由一组功能强大的锂电池组成，每台 Megapack 机组可存储 3 MW·h 的能量。特斯拉储能超级工厂项目已落户上海，将规划生产 Megapack，这也是特斯拉在全球第二座专门生产 Megapack 的超级工厂。在能源的回收上，特斯拉电池将能够 100% 得到回收，并实现最高 92% 的原材料重复利用率。

但是，业界对特斯拉对外售卖碳积分，传统燃油车企被"割韭菜"的情况也有不同的看法。目前，全球汽车行业仍然处在燃油车时代，燃油车在技术和环保等层面还有很大的发展空间。现在这些大型车企为了继续生产、销售燃油车，只能通过支付大额的资金来购买碳积分，实际上是削弱了这些厂商的研发能力，更加不利于传统燃油车的技术更新和迭代，而大多数的电动车并不具备替代燃油车的能力。传统燃油车企业目前普遍"偏科"严重。从车企积分缺口来看（2020 年数据），吉利集团排名第一，共有 -134 万的积分缺口，其次是长安集团积分缺口为 -133 万，一汽－大众以 -132 万的积分缺口位居第三。这几家传统车企最主要的业务还是燃油车的生产，新能源汽车生产的尝试还在进行中。以长安集团为例，2020 年因双积分造成的单车减利约 4000 元。而从 2020 年的财报来看，长安汽车单车净利润仅为 1600 元。

尽管电动化是大势所趋，但内燃机产业在西方仍有巨大利益，一些企业和利益集团不愿轻易放弃。例如，斯特兰蒂斯将继续投入 60 亿美元研发新内燃机。事实上，新能源的发展是不可逆转的趋势，这不仅是应对气候变化的需要，也是人类社会可持续发展的必然选择。尽管新内燃机技术的研发可能会在短期内对新能源造成一定的冲击，但从长远来看，新能源的优势是不可忽视的。

四、我国新能源汽车碳交易市场具有巨大发展空间

仅 2017—2022 年，中国新能源汽车市场规模由 307.7 亿美元增长至 1604.3 亿美元，按对应年份的平均汇率，折合人民币约为 2077.0 亿元至 10 778.9 亿元。其中，2020—2021 年，中国新能源汽车市场迎来爆发式增长，增速达 150.13%。2021—2022 年，受新型冠状病毒感染疫情影响，国内新能源汽车生产端与消费端均表现欠佳，中国新能源汽车市场规模增速放缓，2022 年，

中国新能源汽车市场规模增速为7.85%。2023年，我国新能源汽车产量达到959万辆。根据国家政策规划以及近几年市场趋势，预计到2029年，我国新能源汽车产量将超过3000万辆。据国际能源署估算，在中国销售的新能源汽车当中，已有60%售价低于燃油车。但在世界其他地方，预计要等到2030年左右才能见到新能源汽车售价和燃油车相当。国际能源署预计，到2030年，中国道路上行驶的车辆近1/3会是新能源汽车，在美国和欧洲则仅超过1/5。

相较于国际上较为成熟的碳市场，无论是制度还是实践经验，国内碳市场仍处于发展的初级阶段。随着碳排放权交易建设稳步推进，全国碳排放权交易市场制度建设方面的短板日益明显。此前我国还没有关于碳排放权交易管理的法律、行政法规，全国碳排放权交易市场运行管理依据国务院有关部门的规章、文件执行，立法位阶较低，权威性不足，难以满足规范交易活动、保障数据质量、惩处违法行为等实际需要，急需制定专门行政法规，为全国碳排放权交易市场运行管理提供明确法律依据，保障和促进其健康发展。在当前全国碳市场与区域试点碳市场并存的背景下，全国碳市场仅有发电行业履约主体获准参与，市场成分相对单一。尽管我国碳金融市场已经取得初步进展，但在全国碳排放权市场的交易规则中，还未明确碳排放权的金融属性。碳金融业务的法律地位和政策支持尚未明确，这在一定程度上制约了碳金融市场的发展。

2024年5月1日，《碳排放权交易管理暂行条例》（以下简称《条例》）正式施行，作为我国应对气候变化领域的第一部专门法规，《条例》首次以行政法规的形式明确了碳排放权市场交易制度。作为碳排放权交易市场的重要补充，全国温室气体自愿减排交易市场也于2024年1月22日启动，通过开展核证自愿减排量交易为各行业各类市场主体的节能减碳行动提供支持，是碳市场体系的又一重要市场机制。自此，全国碳市场和地方碳市场平行运行，强制减排市场和自愿减排市场互相补充，共同构成我国的碳市场体系。

《条例》瞄准保障数据质量目标，从加强重点排放单位主体责任、加强对技术服务机构监管、加强监督检查、加大处罚力度4个方面，着力建立完善数据质量管理制度，着力有效防范和惩处碳排放数据质量违法违规行为。一是确保全国碳排放权交易市场健康、有序发展。二是提高数据质量管理法律保障。三是推动健全数据质量管理政策法规体系。四是提升重点排放单位数据质量管理能力。《条例》以法律形式对数据质量管理的责任、程序、措施、要求进行固定和规范，构建了碳排放数据管理制度框架，实现全流程监管，规定严惩重罚数据质量管理违法违规行为，为有效开展数据质量管理提供了强有力的法律依据；明确了重点排放单位是数据质量管理的主体，压实了重点排放单位数据质量管理的法律责任，并对碳排放数据的真实性、完整性、准确性负责；明确了主管部门监督管理的法律责任。碳排放数据管理工作主要包括：确定重点排放单位名录及开展名录管理，编制并执行数据质量控制方案，开展碳排放及相关数据监测计量，开展碳排放核算、报告、核查、检查等。《条例》还明确了与数据质量相关的 3 类技术服务机构的管理要求，3 类机构即审核排放报告的核查机构、相关样品的检验检测机构、排放报告编制的咨询机构，管理要求包括对技术服务机构业务能力要求和开展技术服务的规范，以及对技术服务机构防止不正当利益等作出了相关规定，从而强化对技术服务机构的管理，确保数据质量。

2024 年，在全国碳市场扩容、碳配额预期收紧、碳监管政策趋严等因素推动下，全国碳市场价格首次破百，年内最高涨幅超过三成。2024 年 4 月 24 日，全国碳市场碳排放配额（CEA）挂牌协议交易收盘价首次超过 100 元 /t，并持续维持高位，4 月 29 日最高涨至 103.47 元 /t。据了解，全国碳排放权交易市场于 2021 年 7 月开始上线交易，首批纳入了 2000 多家发电企业，覆盖全国碳排放总量约 40%。截至 2023 年年底，该市场已纳入 2257 家发电企业，累计成交量约 4.4 亿 t，成交额约 249 亿元。全球来看，我国碳市场减排总量遥遥领先，覆盖了 45 亿 tCO_2e，潜在交易额超过千亿元，是覆盖规模最大的碳市场。从各国的长期目标看，以欧洲、中亚、北美等地区的国家均以绝对二氧化碳排放减少为目标，还是将经济发展与环境保护置于绝对的对立面。我国探索减排增效和经济发展有机统一，环境效益和经济效益统筹兼顾之路。

新能源汽车产业已经逐渐成为推动绿色发展的重要引擎。在这一趋势中，我国凭借其深厚的制造业基础和创新能力，正逐渐成为新能源汽车市场的关键参与者。我国新能源汽车产业链的完善程度令人瞩目。从上游的电池、电机、电控等核心零部件的研发，到中游的整车制造，再到下游的销售和售后服务，我国已经形成了完整的产业链闭环。这种高度的产业链协同不仅提高了新能源汽车的整体性能和质量，而且通过规模经济降低了生产成本，为新能源汽车的普及和推广提供了坚实的基础。随着技术的不断进步和创新，我国新能源汽车在续航里程、充电速度、安全性能等方面都取得了显著的进步，为消费者提供了更加便捷、高效的出行选择。党的十八大以来，我国率先确立了发展新能源汽车的国家战略，接续制定面向 2020 年和 2035 年产业发展规划，国务院批复建立产业发展顶层设计和推进机制，各部门齐心协力、主动作为，先后推出 70 余项支持新能源汽车产业发展的政策举措，各地方结合自身实际出台配套政策，行业企业加快创新步伐，共同推动我国新能源汽车产业建立结构完整、有机协同的产业体系。我国新能源汽车产销量逐年攀高，形成了新能源汽车与相关行业互融共生、合作共赢的良好发展局面。

碳市场、碳交易系统是我国应对气候变化的重要举措。在新能源汽车领域开展碳交易试点工作对于产业发展本身也具有重要意义。随着国家补贴的正式退出，新能源汽车正在进入一个全新的发展阶段，"双积分"政策更多是从生产端来促进产品和技术发展，而碳交易体系的建设则能从消费端为新能源汽车的转型升级提供新的动力。两套体系可以并行实施，运行一段时间后也能够考虑合并或者整合，新能源汽车从实施产品补贴过渡到碳交易与碳奖励，是支持和促进新能源汽车国家战略性新兴产业健康和快速发展的必要政策。

五、我国新能源汽车碳交易发展趋势

未来，如果新能源汽车生产过程中的电力大部分来自可再生资源，其减排贡献和应对气候变化的作用将会更加明显。作为新能源汽车制造和出口大国，我国不断加强全球产业链合作，推动新能源汽车产业释放更大减排潜力。新能源汽车的产业链较长，且技术复杂，产业发展和减排潜力的释放需要全球产业链通力合作。经过不断发展，我国新能源汽车产业在技术上取得了较大进步。在加大整车出口的同时，不少国内企业加强海外产业链布局，推动当地新能源汽车产业发展。在未来的发展中，新能源汽车产业链的创新与升级还将面临诸多挑战和机遇。

随着技术的不断进步和市场的不断扩大，新能源汽车产业链各方不仅需要紧密合作，共同应对各种挑战，把握各种机遇，还要保持敏锐的洞察力和创新精神，不断推动新能源汽车产业链的升级和发展。新能源汽车产业链的创新与升级是未来可持续发展的关键所在，不仅有助于提升新能源汽车的整体竞争力，更有助于推动我国交通领域的绿色转型。在这个过程中，产业链各方的共同努力和专业机构的支持都至关重要。只有通过共同的努力和创新，才能迎接新能源汽车产业的美好未来。

第四节　ESG助力新能源汽车品牌建设

张永康

北京绿色交易所有限公司绿色发展中心主任

季承

北京绿色交易所有限公司 ESG 业务专家、深圳市国际低碳发展研究院研究员

在推动新型工业化进程中，新能源汽车是最具代表性的产业之一，其为我国绿色能源转型、数字化转型、人工智能应用提供了新动能，并为发展新质生产力打下坚实基础。

在当前面临"内卷"和"外堵"的双重压力下，新能源汽车品牌应充分发挥与生俱来的 ESG 发展优势，通过建立 ESG 管理体系、设定 ESG 管理目标、制定 ESG 品牌战略、打造 ESG 品牌形象，从而提高新能源汽车品牌的影响力和竞争力。而作为新能源汽车品牌重要的两个利益攸关方（也称"利益相关方"），消费者将得到更安全、可靠的产品，投资者也将更有信心。

"如月之恒，如日之升。"和谐共生，永续未来！虽然 ESG 在我国正处于起步阶段，但在新能源汽车品牌建设中扮演着至关重要的角色和发挥着积极作用。与传统经营模式有所区别的是，ESG 坚持的是长期主义，关注的是各利益攸关方，未来 ESG 必将给新能源汽车品牌战略和新能源汽车产业可持续发展带来深远影响。

一、ESG 重塑品牌价值

（一）扩大价值创造范围

在传统的财务管理视角下，企业以股东利益最大化为目标在短期内创造价值，而在 ESG 视角下，企业应当权衡各利益攸关方（除了股东，还包括政府、客户、供应商等）的利益，为各方长期创造共享价值。在《蛋糕经济学》一书中，亚历克斯·爱德蒙斯（Alex Edmans）强调了企业的经营应当由"分蛋糕"模式转向"做蛋糕"模式，这正是创造共享价值所秉承的观念。在传统模式下，企业创造的价值被认为是固定不变的，企业利润最大化或股东利益最大化是通过牺牲其他利益攸关方的利益来实现的，这种"分蛋糕"模式会降低其他利益攸关方与企业合作的积极性，从长远看会损股东利益，降低企业发展的可持续性。

企业通过实施"做大蛋糕"的战略，促使各利益攸关方构建利益共同体，形成相互依存、互惠共赢的关系，调动各方积极性投入更多资源，增加各利益攸关方的价值总量，从而增强可持续发展能力，在市场中能长远提升综合竞争力。

在 ESG 视角下，企业需扩大视野，通过制定实施新型商业战略长期创造共享价值，该战略不仅要重视经济价值创造，也要关注外部环境和社会的价值创造。换言之，企业既要考虑外部环境和社会因素对经济价值的影响，同时又要考虑企业发展过程中对外部环境和社会价值的影响。

著名英国学者约翰·埃尔金顿（John Elkington）认为，只有同时创造经济价值、社会价值和环境价值的企业，并为社会进步作出贡献，才是可持续发展的。他提出企业需要守住"三重底线"（triple bottom line，TBL），即经济底线（economic bottom line）、社会底线（social bottom line）和环境底线（environmental bottom line），经济底线是指企业需要有盈利能力，关注财务绩效，而社会底线和环境底线则是企业还需关注人与自然两个非财务因素的绩效，即重视人类公平发展和降低经营活动对环境的不利影响。该理论拓宽了人们对传统企业经营狭隘的认知，扩大了企业的格局和价值创造的范围，为企业增加了人力资本、自然资本、技术资本等巨大隐形财富。片面关注财务绩效，忽视非财务绩效，即只追求经济效益和股东盈利，会促使企业出现短视行为和利己主义，为寻求一时利益和短暂繁荣而忽视产品质量、降低员工福利、破坏资源环境等，所造成的负面结果终将会加倍影响到企业。

创造共享价值理论与 ESG 理论高度契合，这种价值主张解决企业内部问题的同时，不能忽视外部问题；关注企业的财务绩效的同时，也关注非财务绩效；在创造经济价值的同时，也创造社会和环境价值。可持续发展的理想状态是与环境、社会、经济相关的各项事务均能达到某种平衡，在动态中能持续均衡发展，这便要求企业在各利益攸关方间做好权衡。

（二）环境责任与品牌价值

近年来极端气候灾害频发，对生产生活造成严重影响，并实实在在提高了经济和社会的成本。气候风险已经成为影响经济发展的一个重要因素。

工业革命中，在追求经济效益最大化的同时造成大量污染物排放，忽略了对环境的保护。从经济学角度来看，气候变化就是源于人们经济活动的"外部性"，著名经济学家保罗·萨缪尔森（Paul Samuelson）和威廉·诺德豪斯（William Nordhaus）认为"外部性是指那些生产或消费对其他团体强征了不可补偿的成本或给予了无须补偿的收益的情形"。而气候变化显然是给经济和社会带来了额外的成本，这更是一个"负外部性"问题。解决"外部性"问题的方法就是将其"内部化"，著名经济学家罗纳德·哈里·科斯（Ronald Harry Coase）提出"明晰产权来发挥市场调节机制"这一观点，用于解决此类负外部性问题，碳排放权交易在此理论基础上应运而生。中国、韩国、欧洲等国家和地区都启动了碳排放权交易市场，覆盖能源、石化、交通、钢铁等多个行业，并对控制排放发挥积极作用。二氧化碳本身是没有价值的，但是当企业被控制排放二氧化碳，碳排放权不仅成为一个稀缺资源或是一个有价值的资源，也同样成了企业的资产，可以被定价进行交易。

应对气候变化只是环境责任的一个重要议题，控制污染物排放、保护生物多样性、水资源的管理等环境议题也是企业在履行环境责任时需要重点关注的。将外部问题内部化，无论是法律角度还是社会道德角度，都对企业提出了相应要求，与其被动接受，不如主动承担并解决"负外部性"问题，这在一定程度上也能够促进企业的创新，提高企业的声誉，增加企业的自然资本。随着环境保护意识增强，环境责任已经成为影响企业品牌形象和战略发展的一个重要因素。

（三）社会责任与品牌价值

企业社会责任是指企业在经营过程中除了注重自身的经济利益，还应关注公共道德和社会福利等，需要对社会作出贡献。日本著名企业家和慈善家稻盛和夫先生一直坚持"利他"的理念："企业家应该从社会的角度出发，考虑如何为社会创造价值。"

如今网络社交媒体发达，企业被曝光的渠道和数量都随之增加，社会对企业的期望也越来越高。企业履行社会责任不仅与道德标准相关，更与品牌价值紧密相连。有诸多研究表明，企业加强社会责任管理、履行社会责任会促进企业的品牌价值提升，而品牌声誉则是企业社会责任与企业品牌价值之间的桥梁。消费者对企业产生好感，才会对它的产品或服务产生兴趣。企业通过慈善活动、保障员工福利、投入科技创新等行动履行社会责任，向社会传递企业积极正面形象，提高企业品牌声誉和影响力。良好的品牌声誉是企业强有力的宣传工具，具有良好品牌声誉的企业将赢得市场的信任，进而增加消费者的忠诚度。

承担社会责任是企业的持续性工作，绝不是权宜之计。在消费者的责任消费驱动下，持续承担社会责任不再只是给企业增加成本，而企业更多的是获得商业机会、核心能力和市场竞争优势。

（四）公司治理与品牌价值

在传统的公司经营过程中，诸多企业认为公司治理是增加了成本，并不能为企业带来利润，从而很大程度忽略了公司治理的根本作用。但是在我国提出高质量发展的大背景下，公司治理不只是降低企业经营风险，保障合法合规，同时发挥了战略引领和品牌宣传作用，逐步成为提升企业核心竞争力的重要组成部分，为企业带来长远、稳定、高质量的发展。

公司治理作为 ESG 的重要支柱之一，与公司战略是相互依托、紧密关联的，将 ESG 理念融入公司战略中，建立 ESG 管理体系强化公司治理能力，是企业践行 ESG 的重要途径，也是提升公司战略水平的重要方法。通过加强董事会管理、增设 ESG 管理委员会和专项小组、建立利益攸关方沟通渠道，同时维护商业道德、保障数据安全和保护隐私等，对企业经营能起到降低风险、预防纠纷的功效，更可以帮助企业塑造良好的品牌形象。

一个具有成熟且稳定治理体系的企业，通过对外的良性宣传，如 ESG 信息披露和 ESG 评级，对品牌价值有显著的积极作用。良好的品牌形象可帮助企业提升客户的认可度和满意度，帮助企业开辟新市场及挖掘新商机，这将转化提升品牌价值，对于投资人和债权人都具有很强的吸引力，可以增强他们对企业的信心。

二、新能源汽车相关的重要 ESG 议题

（一）产品质量与安全

产品质量与安全是企业长远发展和用户信赖的基础。新能源汽车行业的产品质量与安全议题包括产品质量管理、产品安全性和产品召回等方面。

根据德勤发布的《2023 年全球汽车消费者调查 关键发现：中国》报告，通过对 24 个国家超过 26 000 名消费者的调查，结果显示汽车的产品质量是消费者选择汽车品牌最重要的因素，其次是品牌知名度和品牌形象，如图 6-3 所示（由于受访者可选择多个选项，因此右侧图表中的百分比之和超过 100%，后同）。汽车产品质量和汽车品牌高度相关，高品质、高安全性的产品可以树立对用户负责的品牌形象，有利于增强品牌声誉，更容易获得用户信赖。此外，严格的产品质量管理可以提高生产资源利用效率，减少产品缺陷，对提高新能源汽车企业的盈利能力有积极作用。

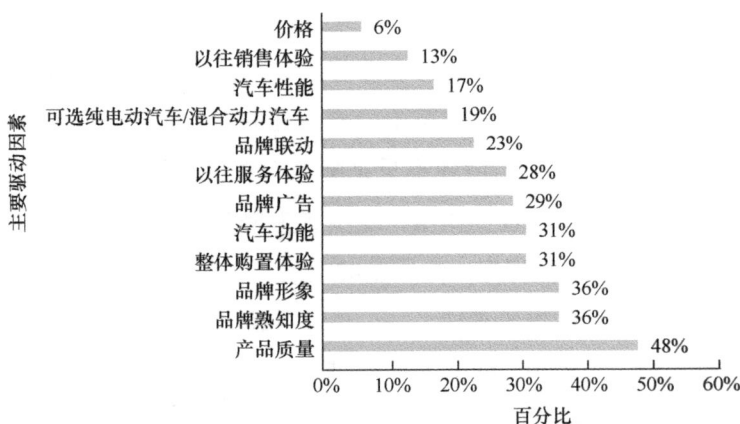

图 6-3　消费者选择汽车品牌的主要驱动因素

数据来源：德勤《2023 年全球汽车消费者调查 关键发现：中国》。

消费者对新能源汽车的品质和安全评价范围越来越广，要求越来越高，不再只关注车身结构和驾驶稳定，还关注电池的安全性、续航里程以及车内的健康环境等。在产品质量和安全议题上，保证汽车产品质量和行驶性能安全只是新能源汽车企业的基础义务，把消费者的健康与安全也纳入考量是企业的责任与担当。

案　例

吉利控股集团的"全域安全"

吉利控股集团从生命安全、健康安全、财产安全、隐私安全四大安全域提出"全域安全"的概念，给用户提供包括被动安全、主动安全、功能安全、信息安全、高压安全、防火安全、健康安全、使用安全、防盗安全在内的九大安全技术，提供无微不至的安全用车体验。

来源：《吉利控股集团 2023 可持续发展报告》。

案　例

理想汽车的健康空间

理想汽车搭建材料库，通过气味、车内挥发性有机物（VOC）评估、性能评估等严格筛选，选用健康、环保的材料，从源头上杜绝材料中有害物质对用户产生影响，对整车车内气味强度（VOI）和 VOC 浓度水平进行监测和评估。理想汽车在 VOC/VOI 评价方面获得业内广泛认可，2023 年 3 月至 7 月，理想 L9、理想 L8、理想 L7 三款车型在 C-AHI 的量产车健康评价中均获得 VOC、VOI、车内颗粒物、车内致敏物风险 4 项测试全五星认证；2023 年 9 月，理想 L9、理想 L8、理想 L7 三款车型均获得中汽中心颁布的"零甲醛"汽车证书。

理想汽车采用严格的零部件电磁兼容（EMC）性能管控标准，有效防范车辆电磁辐射，保障各车型电磁辐射影响远低于国家标准。

来源：《理想汽车 2023 年环境、社会及管治报告》。

（二）数据安全与隐私保护

相比于传统燃油汽车，新能源汽车的智能化水平正不断加速，用户对新能源汽车的智能化更加依赖，智能导航、辅助驾驶、智能语音助手等功能使用户的智驾体验更为轻松、惬意。享受智能化便利的同时，数据安全和用户隐私的问题也日益凸显，新能源汽车的智能化程度基于大量底层数据库的建立和使用，包括用户信息、车辆运行、交通路况等数据，与之相关的用户隐私、驾驶安全和国家地理信息等数据安全风险也逐渐显露。

根据汽车之家发布的《2024 年新能源汽车用户用车焦虑洞察报告》，针对新能源汽车信息和数据安全问题的调查统计，个人信息被采集和转卖、车内摄像头数据非法传播是用户最不能忍受的（见图 6-4），数据安全和隐私保护是用户对新能源汽车感到焦虑的因素之一。

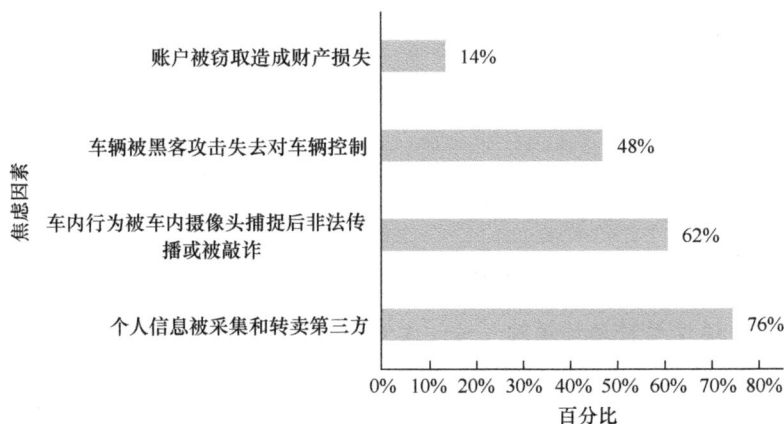

图表（焦虑因素，百分比）：
- 账户被窃取造成财产损失：14%
- 车辆被黑客攻击失去对车辆控制：48%
- 车内行为被车内摄像头捕捉后非法传播或被敲诈：62%
- 个人信息被采集和转卖第三方：76%

纵轴：焦虑因素　横轴：百分比（0%—80%）

图 6-4　消费者对新能源汽车信息 / 数据安全的焦虑

数据来源：汽车之家发布的《2024年新能源汽车用户用车焦虑洞察报告》。

我国已出台《中华人民共和国数据安全法》、GB/T 41871—2022《信息安全技术　汽车数据处理安全要求》《汽车数据安全管理若干规定（试行）》、T/TIAA 020—2021《智能网联汽车数据安全共享参考架构》团体标准等相关法律法规和标准文件，要求车企加强数据安全管理和用户隐私保护，谨慎收集、分析、存储、传输、查询、应用用户数据。

目前，多数新能源汽车企业已建立了相对完备的网络数据安全运营体系和数据安全团队，例如完善数据安全相关管理制度，建立数据合规办公室，或在各个业务领域设置专职数据合规岗位，但是由于各新能源汽车企业的防范网络安全能力不一等原因，数据泄露事件仍时有发生。

拓展汽车生态系统、丰富汽车娱乐功能、增强汽车智驾体验是目前新能源汽车品牌努力的方向，新能源汽车的新型工业化水平不仅体现于此，保证网络和隐私安全也更能体现出品牌的软实力，是新能源汽车企业应尽的社会责任。

案　例

极氪智能

极氪智能建立覆盖数据全生命周期的管理体系，并设立数据委员会作为数据治理工作的最高领导机构（见图 6-5），负责统一规划和实施数据治理工作，明确公司在数据安全与合规、数据质量控制、数据价值挖掘、数据流通、隐私保护等数据治理关键领域的企业愿景、目标、战略和行动，并持续跟进相关工作进展。

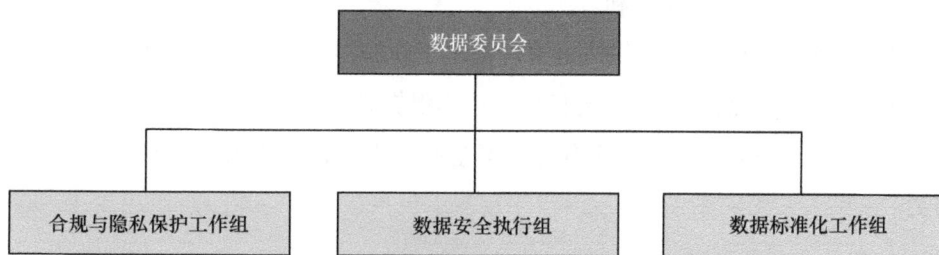

图 6-5　极氪智能的数据治理机构

极氪智能在数据安全方面获得"3 个第一"：（1）境内首家同时获得 BSI 颁发的 ISO 27001（信息安全管理体系）、ISO 27701（隐私信息管理体系）和 ISO 38505（数据治理安全管理体系）3 项证书的新能源整车制造企业；（2）参编国内首份开源办公室案例集；（3）中国信息通信研究院"可信开源合规计划"首批单位。

来源：《极氪智能 2022 年环境、社会与公司治理报告》。

（三）可持续供应链管理

汽车行业的产业链具有链条长、辐射面广的特征，因此，稳定、灵活且可持续的供应链体系是新能源汽车企业的核心竞争力之一。构建可持续供应链、有效管理供应链风险是推动新能源汽车企业塑造长期价值、实现可持续发展的重要议题。

由于新能源汽车电动化、智能化、网联化的高速发展，促使汽车产业链正在被重构。在此背景下，新能源汽车的相关技术迭代速度较快，企业需要不断掌握最新技术及市场需求，密切关注发展趋势，及时调整供应链策略，以持续保持产品和技术的竞争优势，这凸显了新能源汽车产业供应链安全的重要性。同时，绿色低碳引领和支撑作用不断加强，新能源汽车企业更加关注产品碳足迹管理体系的搭建，以实现碳中和目标。因此，新能源汽车企业可进一步通过完善供应链保障体系，确保产品稳定并持续创新；降低碳排放，打造绿色供应链；推动数字化融合，构建智慧供应链生态体系等。新能源汽车全生命周期的可持续供应链管理的最终目的是在环境方面实现零碳与循环、在社会方面建立合作并持续创新、在治理方面更加合规并不断盈利。

新能源汽车的崛起，为供应链管理提出了新的挑战，通过可持续供应链管理，整合最优质的资源高效精确实现目标，这不仅提升了品牌竞争力，还有效控制风险降低成本。可持续的供应链不是一家企业的责任，更需要整个产业链的共同努力。

案例

小鹏汽车打造"国家绿色供应链管理企业"

2023年，小鹏汽车与西门子（中国）有限公司签订战略合作协议。通过此次合作，小鹏汽车将从战略规划、运营管理、技术改造、绿色供应链以及绿色金融五大维度，实现汽车工厂的全生命周期低碳化和碳排放路径透明化。小鹏汽车还入选了工业和信息化部绿色制造名单，并获得"国家绿色供应链管理企业"称号。

来源：《小鹏汽车 2023 年环境、社会及管治报告》。

案 例

极氪智能对供应商ESG管理

极氪智能将 ESG 理念积极融入供应商管理中，主动选择环境及社会友好型供应商，并成立供应链 ESG 工作小组，携手供应商在商业道德、环境保护与气候行动、健康安全等方面共同发力，实现可持续发展目标。2022 年，共有 364 家供应商完成 Drive Sustainability SAQ 审核，总占比 82.37%。

来源：《极氪智能 2022 年环境、社会与公司治理报告》。

案 例

宁德时代的负责任采购

宁德时代对于生产运营过程中可能涉及的镍、钴、锰、锂、石墨、云母、铜、铝等矿产资源坚持道德采购，并承诺不使用来自冲突地区的矿产资源，也明确要求供应商不得使用来自冲突地区以及违反公司政策的矿产资源。

宁德时代严格遵守《中国矿产供应链尽责管理指南》《OECD 矿产尽调指南》以及《多德－弗兰克华尔街改革和消费者保护法》中关于钨、锡、钽、金矿产在冲突地区的管理条例，并将其纳入与矿产资源供应商签订的合同或协议之中，确保自身及供应链的所有产品不使用源于受冲突影响和违背公司《负责任矿产供应链的尽责管理政策》的矿产资源。

来源：《宁德时代 2023 年环境、社会与公司治理（ESG）报告》。

（四）应对气候变化与碳排放

新能源汽车的碳中和，是指在汽车产品的全生命周期内实现净零排放，包括原材料采集、零部件加工、整车制造、汽车使用，到废旧汽车和电池回收处理等各个环节，为此新能源汽车企业需要在产品的全生命周期纳入减碳考量。

因此，新能源汽车企业在产品设计和供应链管理层面，需要升级绿色供应链，特别是针对铝、钢、塑料等车用材料和动力电池等高碳零部件；创立清洁能源链，为加速电动汽车普及和保障电动汽车从制造到使用的全过程最大程度地利用清洁电力；打通材料再生循环链，新能源汽车企业应联合供应链中各方参与者构建生态体系，创新业务模式和服务方案，推进循环经济的规模化和商业化。

案 例

吉利控股集团的碳管理信息化平台

吉利控股集团持续完善自主研发的碳管理信息化平台——吉碳云，利用自主研发的区块链、大数据和隐私计算等数字技术，构建数字化碳管理的完整闭环，对平台进行版本迭代，扩展了企业碳盘查与监测、产品碳足迹核算、能源碳排放管理、双碳数字大脑、企业 ESG 管理、员工碳普惠、碳中和计算器等功能。截至 2022 年年底，吉碳云已应用于吉利控股集团各下属业务单位、生产基地，帮助吉利 76 个主体核算组织层面碳排放，为吉利体系 100 多款车型、上千个零部件核算碳足迹，在产业链上游 1500 余家供应商落地应用，年管理碳排放超 1 亿 t。

来源：《吉利控股集团 2022 年可持续发展报告》。

案 例

极氪智能的绿色工厂

极氪致力于建立可持续的绿色工厂，尽可能地降低生产环节对气候变化带来的负面影响。2023 年，极氪下属宁波杭州湾吉利汽车部件有限公司已通过"宁波前湾新区四星级绿色工厂认证"。在生产车间屋顶和机动车停车棚棚顶铺设分布式光伏发电设施，建成浙江宁波最大分布式光伏＋储能项目。同时为保障工厂双班生产用电，2022 年极氪工厂开始对其余用电量实现绿电直购，绿色电力使用率已达到100%。

来源：《极氪智能 2022 年环境、社会与公司治理报告》。

案例

蔚来的产品全生命周期碳管理

蔚来坚定推进产品全生命周期的碳足迹管理，持续将环保低碳理念融入产品设计、材料选择、生产制造、物流运输、服务运营、废车回收等环节，联动价值链上下游合作伙伴，打造绿色、低碳的智能电动汽车产品。凭借基于全生命周期评价的整车碳足迹开发流程与管理项目等亮点表现，蔚来入选上海市 2023 年度工业通信业碳管理试点名单，并成为唯一入选的整车企业代表。

蔚来的低碳管理并不仅针对产品，更将可持续发展理念融入门店设计与建设中。2023 年，NeoPark 新桥智能电动汽车产业园内的蔚来中心获得 LEED 金级认证，并被外部认证机构评为"净零碳建筑认证先锋项目"，环保设计理念备受认可。

来源:《蔚来 2023 年环境、社会及公司治理报告》。

案例

宁德时代的零碳战略

宁德时代制定了明确的零碳战略，"到 2025 年实现核心运营碳中和，到 2035 年实现价值链碳中和"。该碳中和规划是当前全球锂电产业最大规模的碳中和行动，在此规划及目标指引下，宁德时代有望成为第一家实现碳中和的全球头部电池企业。

2022 年宁德时代碳排放强度为 9.99 $tCO_2e/MW \cdot h$，相比于 2021 年降低了 28.54%，全年推进减排项目共 418 个，相当于避免约 447 230 t CO_2e 的排放。

来源:《宁德时代 2022 年度碳排放核算报告》。

三、实现新能源汽车 ESG 品牌价值

（一）ESG 是品牌与消费者的黏合剂

近年来，中国的新能源汽车产业取得了爆发式增长，市场规模和产品渗透率都创历史新高。根据中国汽车工业协会发布的数据，2023 年，中国新能源汽车全年产销迈入 950 万辆规模，连续 9 年位居全球第一。2023 年，新能源汽车

产销量分别完成 958.7 万辆和 949.5 万辆，同比分别增长 35.8% 和 37.9%，市场占有率达到 31.6%，高于去年同期 5.9 个百分点。

从消费者角度来看，贝恩公司的消费者调研显示，全球超过 70% 的消费者愿意为可持续产品和服务支付合理的溢价。这说明，可持续性是影响消费者决策行为的关键因素之一，消费者对产品和服务的可持续性偏好，正驱动企业践行 ESG，实现可持续发展。

汽车之家研究院对中国的新能源汽车消费者进行调研，并发布了《2024 新能源汽车行业营销流量增长指南》，发现当前新能源汽车消费者有三大特征：年轻乐活，菁英中坚，女性力量。目前，新能源汽车消费者中的年轻一代，尤其是 22 岁以下人群增长趋势明显；消费主力军依然是 30 ～ 50 岁的中坚人群；女性用户占比更高，相对于燃油车，新能源汽车对于女性的吸引力更大。这 3 类人群对企业可持续发展、ESG 实践成果的关注度更高，是新能源汽车企业重要的利益攸关者。

打造新能源汽车 ESG 品牌是一项系统性工程，涉及企业的每个部门，从技术创新、产品研发、供应链管理、负责任营销等方面，到企业商业道德、公司治理、员工权益等，都与之紧密相连。企业应更好地承担起环境、社会和治理责任，树立良好的企业形象，提升品牌价值，并赢得消费者的信任和支持，增强品牌与消费者的黏性。

（二）ESG 是品牌与投资者的润滑油

新能源汽车企业努力践行 ESG 理念，在 ESG 实践中取得优异成绩，这在资本市场中会吸引投资者的目光。有学者研究发现，企业良好的 ESG 表现可以影响投资者关注度和投资者情绪，进而对股票流动性具有显著提升作用。

随着金融市场的发展，基于各项金融指标的投资决策开始发生改变，投资人增加了可持续性和社会责任的考量因素，认为企业的环境和社会行为以及治理结构对于长期绩效和价值创造会产生重要影响。

2006 年，UN PRI 的成立对 ESG 的发展和领域设定起到关键作用。责任投资原则推动了金融投资机构在决策中纳入 ESG 因素，从而推动 ESG 投资理念在全球快速发展，并在全球范围内践行至今。

ESG 投资正在逐渐改变资本市场的游戏规则，全球 ESG 投资实践获得显著增长，认同 ESG 理念的机构数量创历史新高。截至 2023 年 12 月底，已经有 5372 家机构签署了责任投资原则。

责任投资原则要求签署方承诺贯彻执行负责任投资 6 项原则，并按照要求定期进行报告。这 6 项原则分别如下。

（1）将 ESG 议题纳入投资分析和决策过程。

（2）成为积极的所有者，将 ESG 议题纳入所有权政策和实践。

（3）要求被投企业对 ESG 相关信息进行披露。

（4）围绕投资产业链，推动广泛的贯彻和实施责任投资原则。

（5）通过共享和协作的方式提升能力建设，提高责任投资实施效果。

（6）要求签署方对 PRI 报告责任投资原则的实施情况和进展。

ESG 投资正在成为资本市场的一个重要趋势，它不仅为投资者提供了新的投资选择，也为推动全球可持续发展作出了贡献。随着全球对 ESG 的重视程度不断提高，新能源汽车企业应利用 ESG 发展的天然优势，在资本市场中获得更多关注。

附 录

（一）我国 ESG 相关政策（见附录 1）

附表 1　我国 ESG 相关政策

时间	政策	要点	ESG 因素
2003年9月	国家环境保护总局发布《关于企业环境信息公开的公告》	要求污染超标企业披露相关环境信息	E
2006年9月	深圳证券交易所发布《上市公司社会责任指引》	鼓励上市公司自愿披露社会责任相关信息	S
2007年2月	国家环境保护总局发布《环境信息公开办法（试行）》	鼓励企业自愿公开环境信息	E
2007年12月	国务院国资委发布《关于中央企业履行社会责任的指导意见》	要求央企建立社会责任报告制度，有条件地定期发布社会责任报告或可持续发展报告	ESG
2008年5月	上海证券交易所发布《上市公司环境信息披露指引》和《关于加强上市公司社会责任承担工作的通知》	要求上市公司披露环保相关重大信息，并鼓励披露年度社会责任报告	ESG
2008年12月	上海证券交易所发布《关于做好上市公司2008年年度报告工作的通知》	要求纳入"上证公司治理板块"样本公司、发行境外上市外资股的公司及金融类公司披露社会责任报告	ESG
2010年12月	深圳证券交易所发布《关于做好上市公司2010年年度报告披露工作的通知》	要求纳入深证100指数的上市公司披露社会责任报告	ESG
2012年8月	香港联交所发布《环境、社会及管治报告指引》（第一版）	建议上市公司自愿披露ESG报告	ESG
2012年12月	中国证监会发布《公开发行证券的公司信息披露内容与格式准则第30号——创业板上市公司年度报告的内容与格式》（2012年修订）	要求社会责任报告应经董事会审议，并以单独报告发布	ESG
2013年4月	深圳证券交易所发布《上市公司信息披露工作考核办法》（2013年修订）	信披质量分为4个等级，其中未按规定披露社会责任报告的上市公司信披考核结果不能为A	S
2015年12月	香港联交所发布《环境、社会及管治报告指引》（第二版）	扩大强制披露的范围，将披露建议全面调整为"不披露就解释"，持续提升对在港上市公司的ESG信息披露要求	ESG

续表

时间	政策	要点	ESG 因素
2016年7月	国务院国资委发布《关于国有企业更好履行社会责任的指导意见》	要求国有企业建立健全社会责任报告发布制度，定期发布报告	ESG
2018年6月	A股正式纳入MSCI新兴市场指数	所有被纳入MSCI的上市公司需要接受ESG评级	ESG
2018年9月	中国证监会修订了《上市公司治理准则》	要求上市公司按照法律法规和相关要求披露环境信息和社会责任信息	ESG
2019年12月	香港联交所发布《环境、社会及管治报告指引》（第三版）	增加"管治构架"和"汇报原则"的强制披露规定，新增气候变化指标，环境KPI为披露目标，社会KPI披露责任提升为"不遵守就解释"	ESG
2020年9月	深圳证券交易所发布《上市公司信息披露工作考核办法》	履行社会责任披露的上市公司将加分	S
2020年12月	香港绿色和可持续金融跨机构督导小组发布"巩固香港金融生态系统，共建更绿和更可持续未来"策略计划	相关行业在2025年或之前按照TCFD建议的框架披露气候信息	E
2020年12月	上海证券交易所发布《科创板股票上市规则》	科创板公司应当在年度报告中披露履行社会责任情况并视情况编制和披露社会责任报告、可持续发展报告、环境责任报告等文件	ESG
2021年5月	生态环境部发布《环境信息依法披露制度改革方案》	汽车产品生命周期碳排放信息公示制度研究，进一步明确碳排放公示具体实施流程、参与方、公示内容等；研究制定汽车产品碳标签标识技术规范，支撑碳排放信息公示，以及更低碳汽车产品的识别	E
2021年7月	中国人民银行发布《金融机构环境信息披露指南》	对金融机构环境信息披露提出要求	E
2021年7月	中汽中心发布《乘用车生命周期碳排放核算技术规范》	涵盖汽车材料、零部件及整车生产、使用等全生命周期各个阶段。具有可操作、可落地性，将为我国汽车行业全面推动温室气体排放控制提供体系核算支撑	E

续表

时间	政策	要点	ESG 因素
2021年11月	香港联交所发布《气候信息披露指引》	促进上市公司按照TCFD建议的框架披露气候信息	E
2021年11月	工业和信息化部发布《"十四五"工业绿色发展规划》	提出加快发展新能源、新材料、新能源汽车等战略性新兴产业，严格落实汽车产品有害物质限制使用管控要求，修订汽车产品有害物质含量限制强制性标准	E
2021年12月	财政部、工业和信息化部、科技部、国家发展改革委发布《关于2022年新能源汽车推广应用财政补贴政策的通知》	明确了财政补贴政策有关要求。明确2022年12月31日起新能源汽车购置补贴政策终止	E
2021年12月	香港联交所要求ESG报告与上市公司年度报告同步披露	2022年1月1日起正式实施	ESG
2021年12月	生态环境部发布《企业环境信息依法披露管理办法》	要求符合条件的重点排污单位、上市公司、清洁生产审核企业、发债企业强制披露环境信息	E
2022年1月	上海证券交易所发布《关于做好科创板上市公司2021年年度报告披露工作的通知》	要求科创板公司应当披露ESG信息，科创50指数成分公司应当在年报披露的同时披露社会责任报告或ESG报告	ESG
2022年4月	中国证监会发布了修订的《上市公司投资者关系管理工作指引》	增加了公司的环境、社会和治理信息投资者沟通内容	ESG
2022年5月	国务院国资委发布《提高央企控股上市公司质量工作方案》	要求推动更多央企控股公司披露ESG报告，力争到2023年相关专项报告披露全覆盖	ESG
2022年7月	工业和信息化部《关于修改〈乘用车企业平均燃料消耗量与新能源汽车积分并行管理办法〉的决定（征求意见稿）》	更新了新能源汽车积分计算方法与考核比例，纯电、混动以及燃料电池单台可获得积分进一步下调，增加了积分交易市场调节机制，通过建立积分池制度调节积分市场供需，从而保障积分供需达到基本预期，稳定企业预期	E

时间	政策	要点	ESG因素
2022年8月	工业和信息化部、国家发展改革委、生态环境部发布《工业领域碳达峰实施方案》	支持汽车等行业龙头企业，在供应链整合、创新低碳管理等关键领域发挥引领作用，将绿色低碳理念贯穿于产品设计、原料采购、生产、运输、储存、使用、回收处理的全过程，加快推进构建统一的绿色产品认证与标识体系，推动供应链全链条绿色低碳发展等	E
2023年3月	香港联交所发布《2022年上市委员会报告》	提出着重将气候披露标准调整至与气候相关财务披露工作组（TCFD）的建议及国际可持续发展准则理事会（ISSB）的新标准一致	E
2023年5月	生态环境部、工业和信息化部、商务部、海关总署、国家市场监督管理总局发布《关于实施汽车国六排放标准有关事宜的公告》	2023年7月1日起，全国范围全面实施国六排放标准6b阶段，禁止生产、进口、销售不符合国六排放标准6b阶段的汽车	E
2023年7月	国资委《关于转发〈央企控股上市公司ESG专项报告编制研究〉的通知》	为央企控股上市公司编制ESG报告提供了建议与参考	ESG
2023年8月	生态环境部办公厅等发布《关于深化气候适应型城市建设试点的通知》	鼓励2017年公布的28个气候适应型城市建设试点继续申报深化试点，同时也进一步明确试点申报城市一般应为地级及以上城市，鼓励国家级新区申报	ES
2023年10月	国务院发布《国务院关于推进普惠金融高质量发展的实施意见》	明确了未来5年推进普惠金融高质量发展的指导思想、基本原则和主要目标，提出了一系列政策举措	ES
2023年10月	生态环境部、国家市场监督管理总局发布《温室气体自愿减排交易管理办法（试行）》	保障全国温室气体自愿减排交易市场有序运行的基础性制度，规定了温室气体自愿减排交易及其相关活动的基本管理要求，明确了各市场参与主体的权利和责任	E

时间	政策	要点	ESG因素
2023年12月	工业和信息化部、财政部、税务总局发布《关于调整减免车辆购置税新能源汽车产品技术要求的公告》	对新能源汽车产品技术提出了新的要求，纯电动乘用车续驶里程不低于200 km，动力电池系统的质量能量密度不低于125 W·h/kg，同时对换电模式、耐低温等新技术新模式给予政策倾斜，并对车辆的安全提出了要求	E
2023年12月	中国汽车工业协会发布《中国汽车行业ESG信息披露指南》《中国汽车行业ESG评价指南》《中国汽车行业ESG管理体系 要求及使用指南》	汽车行业首套ESG团体标准，为汽车行业ESG管理工作提供了指导和规范。该系列标准旨在推动中国汽车行业ESG工作，指导企业按照统一、规范的标准开展工作，解决中国汽车行业的ESG"是什么""如何做""做得怎么样"等问题	ESG

（二）新能源汽车 ESG 相关法律法规及标准（见附表 2）

附表 2　新能源汽车 ESG 相关法律法规及标准

序号	文件名称	序号	文件名称
一、节能环保适用的法律法规及相关标准清单			
1	《中华人民共和国环境保护法》	8	《国家危险废物名录》
2	《中华人民共和国环境影响评价法》	9	《中华人民共和国水污染防治法》
3	《中华人民共和国水土保持法》	10	《中华人民共和国环境噪声污染防治法》
4	《中华人民共和国大气污染防治法》	11	《排污许可管理条例》
5	《国家第六阶段机动车污染物排放标准》	12	《固定污染源排污许可分类管理名录》
6	《排污许可证申请与核发技术规范 汽车制造业》（HJ 971—2018）	13	《挥发性有机物无组织排放控制标准》（GB 37822—2019）
7	《中华人民共和国固体废物污染环境防治法》	14	《汽车行业整车制造绿色工厂评价导则》（QC/T 1160—2022）

序号	文件名称	序号	文件名称
15	《绿色工厂评价通则》（GB/T 36132—2018）	28	《节能监察办法》
16	《中华人民共和国节约能源法》	29	《节约用电管理办法》
17	《中华人民共和国清洁生产促进法》	30	《清洁生产审核办法》
18	《中华人民共和国循环经济促进法》	31	《建设项目环境保护管理办法》
19	《中华人民共和国可再生能源法》	32	《城镇污水处理厂污染物排放标准》（GB 18918—2002）
20	《中华人民共和国环境保护税法》	33	《电镀污染物排放标准》（GB 21900—2008）
21	《固定资产投资项目节能审查办法》	34	《污水综合排放标准》（GB 8978—1996）
22	《部分工业行业淘汰落后生产工艺装备和产品指导目录（2010年本）》	35	《工业企业废水氮、磷污染物间接排放限值》
23	《工业节能管理办法》	36	《固体废物鉴别标准 通则》（GB 34330—2017）
24	《关于加强工业固定资产投资项目节能评估和审查工作的通知》	37	《危险废物鉴别标准 通则》（GB 5085.7—2019）
25	《关于进一步加强淘汰落后产能工作的通知》	38	《危险化学品重大危险源辨识》（GB 18218—2018）
26	《关于开展国家重大工业节能专项监察的通知》	39	《环境保护图形标志》
27	《国务院关于加强节能工作的决定》		

二、职业健康和安全适用的法律法规及相关标准清单

序号	文件名称	序号	文件名称
1	《中华人民共和国职业病防治法》	4	《中华人民共和国道路交通安全法》
2	《中华人民共和国消防法》	5	《中华人民共和国特种设备安全法》
3	《中华人民共和国安全生产法》	6	《中华人民共和国突发事件应对法》

续表

序号	文件名称	序号	文件名称
7	《工作场所职业卫生监督管理规定》	13	《危险化学品安全管理条例》
8	《职业卫生档案管理规范》	14	《易制毒化学品管理条例》
9	《职业病危害告知与警示标准》	15	《特种设备作业人员监督管理办法》
10	《职业健康检查管理办法》	16	《全国安全生产专项整治三年行动计划》
11	《职业病危害项目申报办法》	17	《工贸企业重大事故隐患判定标准》
12	《职业病分类和目录》	18	《重大火灾隐患判定方法》（ＧＢ 35181—2017）

三、人力资源适用的法律法规及相关标准清单

序号	文件名称	序号	文件名称
1	《中华人民共和国劳动合同法》	13	《禁止使用童工规定》
2	《中华人民共和国劳动合同法实施条例》	14	《工资支付暂行规定》
3	《中华人民共和国工会法》	15	《职工带薪年休假条例》
4	《中华人民共和国劳动法》	16	《企业职工带薪年休假实施办法》
5	《中华人民共和国未成年人保护法》	17	《企业职工患病或非因工负伤医疗期规定》
6	《中华人民共和国劳动争议调解仲裁法》	18	《全国年节及纪念日放假办法》
7	《中华人民共和国就业促进法》	19	《失业保险条例》
8	《中华人民共和国社会保险法》	20	《劳务派遣暂行规定》
9	实施《中华人民共和国社会保险法》若干规定	21	《残疾人就业条例》
10	《女职工劳动保护特别规定》	22	《住房公积金管理条例》
11	《工伤认定办法》	23	《职业学校学生实习管理规定》
12	《工伤保险条例》		

序号	文件名称	序号	文件名称
四、产品质量管理适用的法律法规及相关标准清单			
1	《中华人民共和国消费者权益保护法》	5	《乘用车内空气质量评价指南》
2	《中华人民共和国产品质量法》	6	《乘用车企业平均燃料消耗量与新能源汽车积分并行管理办法》
3	《家用汽车产品修理、更换、退货责任规定》	7	《新能源汽车动力蓄电池回收利用溯源管理暂行规定》
4	《缺陷汽车产品召回管理条例实施办法》		
五、其他适用的法律法规及相关标准清单			
1	《中华人民共和国刑法》	8	《中华人民共和国个人信息保护法》
2	《中华人民共和国公司法》	9	《中华人民共和国广告法》
3	《中华人民共和国反洗钱法》	10	《中华人民共和国商标法》
4	《中华人民共和国反不正当竞争法》	11	《中华人民共和国专利法》
5	《中华人民共和国反垄断法》	12	《中华人民共和国著作权法》
6	《中华人民共和国网络安全法》	13	《企业知识产权合规管理体系　要求》（GB/T 29490—2023）
7	《中华人民共和国数据安全法》		
六、公司治理相关的法律法规			
1	《中华人民共和国公司法》	9	《上市公司独立董事管理办法》
2	《中华人民共和国反不正当竞争法》	10	《上市公司监管指引第5号——上市公司内幕信息知情人登记管理制度》
3	《中华人民共和国民法典》	11	《上市公司董事、监事和高级管理人员所持本公司股份及其变动管理规则》
4	《中华人民共和国市场主体登记管理条例》	12	《上市公司信息披露管理办法》
5	《中华人民共和国证券法》	13	《最高人民法院关于适用〈中华人民共和国民法典〉合同编通则若干问题的解释》
6	《上海证券交易所股票上市规则》	14	《上市公司投资者关系管理工作指引》
7	《A股主板上市规则》	15	《中华人民共和国反垄断法》
8	《上市公司股东大会规则》	16	《上市公司自律监管指引——可持续发展报告（试行）（征求意见稿）》

（三）全球 ESG 相关政策、标准和指南（见附表 3）

附表 3　全球 ESG 相关政策、标准和指南

时间	政策/标准/指南	要点
2000年6月	全球报告倡议组织（GRI）发布第一版《可持续发展报告指南》（G1）	GRI通用指南
2002年9月	全球报告倡议组织（GRI）发布第二版《可持续发展报告指南》（G2）	GRI通用指南
2006年10月	全球报告倡议组织（GRI）发布第三版《可持续发展报告指南》（G3）	GRI通用指南
2010年11月	国际标准化组织（ISO）发布《社会责任指南》（ISO 26000:2010）	为组织的社会责任活动提供了一项国际标准
2013年5月	全球报告倡议组织（GRI）发布第四版《可持续发展报告指南》（G4）	GRI通用指南
2014年10月	欧盟发布《非财务报告指令》（NFRD）	要求欧盟成员国出台国内法令，强制员工人数超过500人的大型公共利益实体从2018年起编制非财务报告
2016年6月	新加坡交易所要求上市公司在年报中融入ESG信息	由自愿披露上升为"不遵守就解释"，要求上市公司2018年开始每年发布可持续发展报告
2016年10月	全球报告倡议组织（GRI）发布《可持续发展报告标准》	提供全球公认的可持续披露标准，于2018年7月正式生效，取代了此前发布的G4
2017年2月	伦敦证券交易所发布《ESG报告指南》	鼓励上市公司发布ESG报告
2017年6月	气候相关财务信息披露工作组（TCFD）发布《气候相关财务信息披露工作组建议报告》	从治理、战略、风险管理及指标、目标四大核心要素，构建气候相关信息披露的框架
2018年11月	可持续发展会计准则委员会（SASB）发布《可持续发展会计准则》	SASB首套标准，创建了可持续工业分类系统
2019年5月	纳斯达克交易所发布《ESG报告指南》（第二版）	在第一版的基础上引入了TCFD、GRI及SDGs相关内容

时间	政策/标准/指南	要点
2019年11月	欧盟发布《可持续金融披露条例》（SFDR）	要求金融市场参与者披露相应的可持续影响和风险，说明其投资和信贷对环境可持续发展"不造成重大损害"
2019年12月	全球报告倡议组织（GRI）新增"税收"议题标准	提高税收透明度的全球报告标准，是GRI标准的一部分
2020年5月	全球报告倡议组织（GRI）发布新的"废弃物"议题标准	GRI行业标准
2021年4月	欧盟发布《企业可持续发展报告指令》	要求大型公司和上市公司均须披露可持续发展报告并对其进行审计
2021年10月	全球报告倡议组织（GRI）发布经修订的通用标准《可持续发展报告标准》	GRI通用标准
2021年10月	全球报告倡议组织（GRI）发布首份行业标准——油气行业标准	GRI行业标准
2021年12月	新加坡交易所分阶段要求上市公司强制披露TCFD报告	2022年1月1日起，企业均应依据"遵循或解释"原则在可持续发展报告中披露气候信息。2023年财年起，金融、能源等行业强制披露气候信息
2021年12月	新加坡交易所公布《通用核心ESG指标入门》	提供了27项核心ESG指标清单
2022年3月	全球报告倡议组织（GRI）发布煤炭行业标准	GRI行业标准
2022年3月	国际可持续发展准则理事会（ISSB）发布首批《国际财务报告可持续披露准则（征求意见稿）》	S1:《国际财务报告可持续披露准则第1号——可持续相关财务信息披露一般要求》S2:《国际财务报告可持续披露准则第2号——气候相关披露》
2022年6月	全球报告倡议组织（GRI）发布农业、水产养殖和渔业行业标准	GRI行业标准

时间	政策/标准/指南	要点
2022年11月	欧盟正式批准《企业可持续发展报告指令》（CSRD）	取代《非财务报告指令》（NFRD），扩大欧盟企业ESG披露范围，制定欧盟统一披露标准
2023年1月	欧盟发布《可持续金融披露条例》的《监管技术标准》（SFDR RTS）	欧盟金融市场参与者应根据SFDR RTS的报告模板和方法详细披露主要不利影响（PAI）指标等信息
2023年2月	全球报告倡议组织（GRI）对矿业行业标准征求意见	确定采矿业的实质性话题，并提供信息披露框架
2023年6月	国际可持续发展准则理事会（ISSB）正式发布了首批两份《国际财务报告可持续披露准则》	明确适用企业进行可持续披露的概念基础和一般性要求等内容；规范适用企业如何披露气候变化给企业经营带来的风险和机遇相关的重要信息

（四）2023中国汽车产业 ESG 评级指标体系（见附表4）

附表4　2023中国汽车产业 ESG 评级指标体系

一级指标	二级指标	三级指标		指标性质	指标分类
G·ESG治理	G1公司治理	G1.1	董事长/总经理分权	定性指标	一般通用指标
		G1.2	董事会构成多元	定性指标	一般通用指标
		G1.3	董事会独立性	定性指标	一般通用指标
		G1.4	守法合规体系	定性指标	一般通用指标
		G1.5	守法合规培训绩效	定量指标	一般通用指标
		G1.6	反不正当竞争	定性指标	一般通用指标
		G1.7	申诉与举报机制	定性指标	一般通用指标
		G1.8	反商业贿赂及反腐败体系	定性指标	一般通用指标
		G1.9	反贪腐培训绩效	定量指标	一般通用指标
		G1.10	信息透明	定性指标	一般通用指标
	G2董事会ESG治理	G2.1	董事会ESG管理方针	定性指标	一般通用指标
		G2.2	董事会ESG工作领导机制	定性指标	一般通用指标

续表

一级指标	二级指标	三级指标		指标性质	指标分类
G·ESG治理	G2 董事会ESG治理	G2.3	董事会对ESG风险与机遇的识别	定性指标	一般通用指标
		G2.4	董事会ESG目标审查	定性指标	一般通用指标
		G2.5	高管薪酬与ESG挂钩	定性指标	前瞻引领指标
	G3 ESG管理	G3.1	ESG工作责任部门	定性指标	一般通用指标
		G3.2	ESG战略	定性指标	一般通用指标
		G3.3	ESG工作制度	定性指标	一般通用指标
		G3.4	开展ESG绩效考核	定性指标	一般通用指标
		G3.5	参与汽车行业ESG研究或行业ESG标准制定	定性指标	行业特色指标
		G3.6	ESG荣誉	定性指标	一般通用指标
		G3.7	ESG培训绩效	定量指标	一般通用指标
		G3.8	发布社会责任/ESG报告份数	定量指标	一般通用指标
		G3.9	ESG报告第三方独立审验	定性指标	一般通用指标
		G3.10	加入国内外ESG相关组织	定性指标	一般通用指标
		G3.11	实质性ESG议题识别与管理	定性指标	一般通用指标
		G3.12	开展利益相关方沟通活动	定性指标	一般通用指标
V·社会价值	V1 国家价值	V1.1	乡村振兴	定性指标	中国特色指标
		V1.2	"一带一路"	定性指标	中国特色指标
		V1.3	国家安全	定性指标	一般通用指标
		V1.4	国家重大工程	定性指标	中国特色指标
	V2 产业价值	V2.1	创新驱动	定性指标	一般通用指标
		V2.2	研发投入	定量指标	一般通用指标
		V2.3	数智化体系建设	定性指标	行业特色指标
		V2.4	建设智能制造标杆工厂	定性指标	行业特色指标
		V2.5	带动上下游产业链协同发展	定性指标	前瞻引领指标

一级指标	二级指标	三级指标		指标性质	指标分类
V·社会价值	V2 产业价值	V2.6	保障产业链供应链安全稳定	定性指标	前瞻引领指标
		V2.7	参与行业标准制定	定性指标	前瞻引领指标
		V2.8	尊重和保护知识产权	定性指标	行业特色指标
		V2.9	战略合作机制和平台	定性指标	一般通用指标
	V3 环境价值	V3.1	碳达峰碳中和战略与目标	定性指标	前瞻引领指标
		V3.2	碳达峰碳中和行动计划与路径	定性指标	前瞻引领指标
		V3.3	减碳降碳成效	定量指标	一般通用指标
		V3.4	推动全价值链减排降碳	定性指标	行业特色指标
		V3.5	守护绿色生态	定性指标	一般通用指标
	V4 民生价值	V4.1	带动就业	定性指标	一般通用指标
		V4.2	新增就业人数	定量指标	一般通用指标
		V4.3	员工本地化	定性/定量指标	一般通用指标
		V4.4	采购本地化政策	定性指标	一般通用指标
		V4.5	汽车零配件本地化采购率	定量指标	行业特色指标
		V4.6	新能源汽车下乡	定性指标	行业特色指标
		V4.7	参与基础设施建设	定性指标	前瞻引领指标
		V4.8	公益行动领域	定性指标	一般通用指标
		V4.9	打造汽车行业特色品牌公益项目	定性指标	行业特色指标
		V4.10	交通安全知识普及	定性指标	行业特色指标
		V4.11	公益捐赠总额	定量指标	一般通用指标
		V4.12	志愿服务绩效	定量指标	一般通用指标
E·环境风险管理	E1 环境管理	E1.1	环境管理体系	定性指标	一般通用指标
		E1.2	环境管理量化目标	定性指标	一般通用指标
		E1.3	环保投入	定量指标	一般通用指标
		E1.4	环保预警及应急机制	定性指标	一般通用指标

一级指标	二级指标	三级指标		指标性质	指标分类
E·环境风险管理	E1环境管理	E1.5	新建生产基地环境评估政策	定性指标	行业特色指标
		E1.6	通过环境管理体系认证	定性指标	一般通用指标
		E1.7	环境指标统计核算体系方法	定性指标	行业特色指标
		E1.8	碳足迹管理体系	定性指标	行业特色指标
		E1.9	数字化碳排放管理	定性指标	行业特色指标
		E1.10	节能减排与减碳政策及目标	定性指标	行业特色指标
		E1.11	通过汽车绿色工厂认证	定性/定量指标	行业特色指标
		E1.12	汽车产品生产者责任延伸	定性指标	行业特色指标
		E1.13	环保培训和宣教	定性/定量指标	一般通用指标
		E1.14	新能源汽车的研发、制造与销售体系	定性指标	行业特色指标
		E1.15	燃油高效利用技术的研发与使用	定性指标	行业特色指标
		E1.16	汽车轻量技术的研发与应用	定性指标	行业特色指标
	E2资源利用	E2.1	能源管理体系	定性指标	一般通用指标
		E2.2	能源消耗量及消耗强度	定量指标	一般通用指标
		E2.3	采购和使用环保原材料	定性指标	行业特色指标
		E2.4	可持续材料开发与利用	定性指标	行业特色指标
		E2.5	清洁能源使用政策	定性指标	一般通用指标
		E2.6	清洁能源使用量	定量指标	一般通用指标
		E2.7	非化石能源比重	定量指标	行业特色指标
		E2.8	绿色包装	定性指标	行业特色指标
		E2.9	水资源使用政策	定性指标	一般通用指标
		E2.10	新鲜水用水量及耗水强度	定量指标	一般通用指标

一级指标	二级指标	三级指标		指标性质	指标分类
E·环境风险管理	E2 资源利用	E2.11	循环用水量	定量指标	一般通用指标
		E2.12	绿色办公	定性/定量指标	一般通用指标
	E3 排放物	E3.1	废水减排政策	定性指标	一般通用指标
		E3.2	废水排放量	定量指标	一般通用指标
		E3.3	废气减排政策	定性指标	一般通用指标
		E3.4	废气排放量	定量指标	一般通用指标
		E3.5	废弃物排放管理政策	定性指标	一般通用指标
		E3.6	一般废弃物排放量及排放强度	定量指标	一般通用指标
		E3.7	危险废弃物排放量及排放强度	定量指标	一般通用指标
		E3.8	废旧汽车回收	定性指标	行业特色指标
		E3.9	建立电池回收渠道和服务网点	定性指标	行业特色指标
		E3.10	新能源汽车电池回收利用率	定量指标	行业特色指标
	E4 应对气候变化	E4.1	应对气候变化目标及制度	定性指标	一般通用指标
		E4.2	识别与应对气候变化风险和机遇	定性指标	一般通用指标
		E4.3	碳核查/盘查/碳交易举措	定性指标	一般通用指标
		E4.4	温室气体排放量及排放强度	定量指标	一般通用指标
	E5 守护生态安全	E5.1	业务经营对生物多样性及生态的影响	定性指标	一般通用指标
		E5.2	汽车产品使用过程中对环境的影响	定性指标	行业特色指标
		E5.3	生物多样性保护行动	定性指标	一般通用指标
		E5.4	生态修复治理	定性指标	一般通用指标

一级指标	二级指标	三级指标		指标性质	指标分类
S· 社会风险管理	S1 雇佣	S1.1	遵守劳工准则	定性指标	一般通用指标
		S1.2	多元化和机会平等	定性指标	一般通用指标
		S1.3	员工构成	定性指标	一般通用指标
		S1.4	劳动合同签订率	定量指标	一般通用指标
		S1.5	员工流失率	定量指标	一般通用指标
		S1.6	民主管理	定性指标	一般通用指标
		S1.7	薪酬福利体系	定性指标	一般通用指标
		S1.8	社会保险覆盖率	定量指标	一般通用指标
		S1.9	人均带薪年休假天数	定量指标	一般通用指标
		S1.10	员工隐私管理	定性指标	一般通用指标
		S1.11	女性管理者比例	定量指标	一般通用指标
		S1.12	员工关怀	定性指标	一般通用指标
		S1.13	员工满意度	定性/定量指标	一般通用指标
	S2 发展与培训	S2.1	职业发展通道	定性指标	一般通用指标
		S2.2	职业培训体系	定性指标	一般通用指标
		S2.3	职业培训投入	定量指标	一般通用指标
		S2.4	职业培训绩效	定量指标	一般通用指标
	S3 职业健康和安全生产	S3.1	职业健康管理	定性指标	一般通用指标
		S3.2	通过职业健康及安全管理体系认证	定性指标	一般通用指标
		S3.3	新增职业病数	定量指标	一般通用指标
		S3.4	员工心理健康援助	定性指标	一般通用指标
		S3.5	安全生产管理体系	定性指标	一般通用指标
		S3.6	安全宣贯与培训	定性指标	一般通用指标
		S3.7	隐患排查与整治	定性指标	一般通用指标
		S3.8	应急管理体系	定性指标	一般通用指标
		S3.9	安全生产投入	定量指标	一般通用指标
		S3.10	安全生产培训绩效	定量指标	一般通用指标
		S3.11	安全生产事故数	定量指标	一般通用指标

续表

一级指标	二级指标	三级指标		指标性质	指标分类
S· 社会风险管理	S3 职业健康和安全生产	S3.12	工伤／死亡人数	定量指标	一般通用指标
		S3.13	因工伤损失工作日数	定量指标	一般通用指标
	S4 客户责任	S4.1	提升产品服务可及性	定性指标	行业特色指标
		S4.2	生产一致性	定性指标	行业特色指标
		S4.3	针对特殊群体的产品设计与研发	定性指标	行业特色指标
		S4.4	针对客户需要的设计	定性指标	行业特色指标
		S4.5	产品安全技术的研发与应用	定性指标	行业特色指标
		S4.6	确保产品安全的制度和监察措施	定性指标	行业特色指标
		S4.7	汽车安全隐患的排查	定性指标	行业特色指标
		S4.8	产品安全文化	定性指标	行业特色指标
		S4.9	产品／服务质量管理	定性指标	一般通用指标
		S4.10	产品合格率	定量指标	一般通用指标
		S4.11	负责任营销	定性指标	一般通用指标
		S4.12	止损和赔偿机制	定性指标	一般通用指标
		S4.13	保修和三包政策	定性指标	行业特色指标
		S4.14	积极应对客户投诉	定性指标	一般通用指标
		S4.15	信息安全与隐私保护	定性指标	一般通用指标
		S4.16	车联网网络安全	定性指标	行业特色指标
		S4.17	客户服务网络	定性指标	行业特色指标
		S4.18	客户服务中心建设	定性指标	行业特色指标
		S4.19	主动售后服务体系	定性指标	行业特色指标
		S4.20	产品知识普及或客户培训	定性指标	行业特色指标
		S4.21	潜在风险警示	定性指标	行业特色指标
		S4.22	公平交易	定性指标	一般通用指标
		S4.23	倡导可持续消费	定性指标	一般通用指标
		S4.24	关爱弱势道路使用者	定性指标	行业特色指标

一级指标	二级指标	三级指标		指标性质	指标分类
S·社会风险管理	S4客户责任	S4.25	客户满意度	定性/定量指标	一般通用指标
		S4.26	完整及时的客户投诉处理系统和流程	定性指标	一般通用指标
		S4.27	投诉解决率	定量指标	一般通用指标
		S4.28	缺陷汽车召回	定性指标	行业特色指标
		S4.29	助力品牌向上发展	定性指标	行业特色指标
	S5负责任供应链管理	S5.1	供应链ESG管理体系	定性指标	一般通用指标
		S5.2	供应商ESG审查评估	定性指标	一般通用指标
		S5.3	审查的供应商数量	定量指标	一般通用指标
		S5.4	因为不合规被中止合作的供应商数量	定量指标	前瞻引领指标
		S5.5	因为不合规被否决的潜在供应商数量	定量指标	前瞻引领指标
		S5.6	供应商ESG培训绩效	定量指标	一般通用指标
		S5.7	企业促进供应商质量体系建设	定性指标	行业特色指标
		S5.8	经销商管理与渠道建设	定性指标	行业特色指标
		S5.9	经销商能力建设	定性指标	行业特色指标

参考文献

[1] 王大地，孙忠娟，王凯，等．中国ESG发展报告2023[M]．北京：首都经济贸易大学出版社，2023．

[2] 张真，刘轶芳，刘倩．中国新能源汽车产业可持续发展报告2024[R]．2024．

[3] 楼秋然．ESG信息披露：法理反思与制度建构[J]．证券市场导报，2023(3)：24-34．

[4] 薛天航，郭沁，肖文．双碳目标背景下ESG对企业价值的影响机理与实证研究[J]．社会科学战线，2022(11)：89-99，281．

[5] 司孟慧，许诗源，胡晓静．地方政府ESG信用评级体系研究——基于可持续发展理念[J]．征信，2022，40(6)：9-17．

[6] 姚树洁，蒋艺翅．可持续发展之路：ESG实践与企业创新[J]．山东大学学报：哲学社会科学版，2023(4)：99-111．

[7] 石福安，李晓冬，马元驹．ESG背景下的企业社会责任驱动模式研究[J]．财会月刊，2023，44(1)：26-35．

[8] 袁晓玲，金中国，李朝鹏．中国实现碳中和：进程评估与实践困境[J]．北京工业大学学报：社会科学版，2024，24(4)：12-29．

[9] 广汽集团．广汽集团2023年社会责任报告[R]．2024．

[10] 吉利汽车．吉利汽车控股有限公司2023年环境、社会及管治报告[R]．2024

[11] 比亚迪．比亚迪：2023年社会责任报[R]．2024．

[12] 上汽集团．上汽集团2023年度ESG可持续发展报告[R]．2024．

[13] 中汽中心．乘用车生命周期碳排放核算技术规范[S]．2021．

[14] 范柏余，孙昱晗，马伊晨，等．欧盟《电池与废电池法规》对我国电池和汽车产业影响及应对措施分析[J]．中国汽车，2023(12)：26-30．

[15] 付其蓉．新能源动力电池回收利用的法律规制[J]．现代营销（下旬刊），2024(1)：164-166．

[16] 程晓琪．我国动力电池回收与再利用政策研究[J]．汽车与新动力，2024，7(2)：94-96．

[17] 黄世忠．ESG视角下价值创造的三大变革[J]．财务研究，2021(6)：3-14．

[18] Elkington J. Cannibals with forks：the triple bottom line of 21st century business [M]. Capstone Publishing Limited，1997：69-96．

[19] 季承．关于ESG实践与投资权衡问题的探索[J]．特区经济，2024，(4)：98-101．

[20] 保罗·萨缪尔森，威廉·诺德豪斯．经济学[M]．萧琛，等，译．北京：华夏出版社，1999．

[21] 辛杰. 企业社会责任对品牌资产的影响：消费者期望与动机的作用[J]. 当代财经，2012(10)：70-79.

[22] 冯攀攀，庞江武，秦新辉. ESG表现对股票流动性的影响研究——基于投资者关注与情绪的视角[J]. 金融理论与实践，2024(1)：79-89.

[23] 刘锦涛. 欧盟ESG市场现状与中国借鉴[N]. 中国银行保险报，（2023-04-27）（2024-07-15）.

[24] CDP. 2023年中国企业CDP披露分析报告——拥抱气候信息披露新标准，融入全球可持续报告主流化进程[R]. 2024.

[25] 付佩，兰利波，陈颖，等. 面向2035的节能与新能源汽车全生命周期碳排放预测评价[J]. 环境科学，2023，44(4)：10.

[26] 电力规划设计总院. 中国电力发展报告 2023[R]. 2024.

[27] 国际清洁交通委员会，中国电动汽车百人会. 从燃料氢全生命周期温室气体排放视角看中国燃料电池汽车示范城市群建设[R]. 2022.